ITALIEN
im 1. Jh. n. Chr.
km 100 200
Maßstab 1:5 540 000
GERMANIA
Raetia
Noricum
ALPES MONTES
ILLYRICUM
Dalmatia
Gallia Transpadana
Venetia
Liguria
Aemilia
Etruria
Umbria
Picenum
Samnium
Latium
Campania
Apulia
Calabria
Lucania
Bruttium
Corsica
Sardinia
Sicilia
AFRICA
MARE LIGUSTICUM
MARE TYRRHENUM
MARE ADRIATICUM
MARE IONIUM
MARE AFRICUM
Augusta Vindelicum
Augusta Rauricorum
Tridentum
Comum
Mediolanum
Vercellae
Ticinus
Cremona
Placentia
Verona
Mantua
Patavium
Aquileia
Atria
Pola
Parma
Mutina
Bononia
Ravenna
Genua
Ariminum
Lucca
Pisae
Florentia
Arretium
Ancona
Perusia
Clusium
Volsinii
Asculum
Hadria
Reate
Tarquinii
Corfinium
Caere
Roma
Ostia
Praeneste
Antium
Tarracina
Formiae
Capua
Beneventum
Neapolis
Pompei
Vesuvius
Luceria
Cannae
Venusia
Brundisium
Tarentum
Poseidonia (Paestum)
Heraclea
Sybaris
Croton
Locri
Rhegium
Messana
Panormus
Drepanum
Segesta
Lilybaeum
Selinus
Agrigentum
Syracusae
Aetna
Liparaeae Insulae
Aleria
Olbia
Sulci
Carales
Utica
Carthago
Tunes
Zama
Spalatum
Salonae
Via Postumia
Via Aurelia
Via Aemilia
Via Flaminia
Via Appia
Via Traiana
Via Popilia
Via Valeria
Rhenus
Danuvius
Aenus
Anisus
Isonta
Murus
Rhodanus
Ticinus
Atesis
Padus
Tanarus
Rubico
Metaurus
Arnus
Tiberis
Anio
Aternus
Aufidus
Casuentus
Himeras
Bagradas
Lacus Venetus
Lacus Lemanus
Lacus Verbanus
Lacus Larius
Lacus Benacus
Lacus Trasimenus
Lacus Volsiniensis
Lacus Fucinus
Praeneste
Tusculum
Alba Longa
Lavinium
Volturnus
Clanius
Cumae
Misenum
Herculaneum
Nola
Stabiae
Golf von Neapel
km 30

Campus

Gesamtkurs
Latein

Ausgabe **B**

Band 1

Latein

Elias Krobath 5c

C.C. BUCHNER

Campus

Gesamtkurs Latein. Ausgabe B

Herausgegeben von Clement Utz, Andrea Kammerer und Reinhard Heydenreich.

Erarbeitet von Wolfgang Freytag, Johannes Fuchs, Reinhard Heydenreich, Ulf Jesper, Andrea Kammerer, Elisabeth Kattler, Birgit Korda, Michael Lobe, Diana Lohmer, Stefan Müller, Wilhelm Pfaffel, Andreas Rohbogner, Clement Utz und Christian Zitzl.

Band 1 wurde bearbeitet von Wolfgang Freytag, Reinhard Heydenreich, Ulf Jesper, Andrea Kammerer, Birgit Korda, Michael Lobe, Stefan Müller, Wilhelm Pfaffel, Clement Utz und Christian Zitzl.

Bamberger Wortschatz

2. Aufl. 2 $^{5\,4\,3\,2}$ 2017 16 15 14
Die letzte Zahl bedeutet das Jahr dieses Drucks.
Alle Drucke dieser Auflage sind, weil unverändert, nebeneinander benutzbar.

Lektorat: Bernd Weber
Illustrationen und Karten: tiff.any GmbH / Heimo Brandt, Berlin
Gestaltung und Satz: creo Druck & Medienservice GmbH, Bamberg / Ines Müller, Bamberg
Druck und Bindung: creo Druck & Medienservice GmbH, Bamberg

www.ccbuchner.de

ISBN 978-3-7661-**7801**-5

Hinweise zur Konzeption und zur Arbeit mit *Campus*

Das Lehrwerk *Campus* bietet einen systematischen und altersgerechten Lateinkurs für den Sprachunterricht. Die **Grammatikstoffe** werden kleinschrittig und behutsam vorgestellt, intensiv eingeübt und von Beginn an verlässlich in ansprechenden Texten repräsentiert. Das **Vokabular** basiert auf den statistischen Untersuchungen des Bamberger Wortschatzes und bezieht darüber hinaus den sog. Kulturwortschatz ein.

Jeder Band enthält den Stoff eines Schuljahres und ist in zwei Teile gegliedert: Teil 1 umfasst die Lektionen mit Texten und Übungen, Teil 2 Wortschatz und Grammatik. Das Buch für das erste Lernjahr bietet sechs Themenkreise, die abwechslungsreich in die Welt der Römer und die antike Kultur einführen. Jeder Themenkreis wird durch eine Doppelseite mit den nötigen Basisinformationen eingeleitet. Diese enthält – in den weiß unterlegten Flächen – das **kulturkundliche Grundwissen**, das mit dem Schriftzug *fundamentum* gekennzeichnet ist.

Jede **Lektion** umfasst eine Doppelseite, die den Stoff übersichtlich und leicht zugänglich vorstellt; diese hat regelmäßig folgendes Aufbauschema (vgl. S. 4 f.):

- Linke Seite (enthält keinen neuen Wortschatz, allenfalls einige Vokabeln, die den neuen Grammatikstoff repräsentieren):

E Lateinischer Text zur Einführung des Grammatikstoffs
Ü Aufgaben zur (ersten) Übung des Grammatikstoffs
I Sachinformation zum kulturellen Hintergrund der Lektion

- Rechte Seite (enthält den gesamten neuen Wortschatz):

T Lektionstext mit dem aktuellen Grammatikstoff und allen neuen Vokabeln
V Aufgaben zur inhaltlichen und sprachlichen Vertiefung

Für die Behandlung einer Lektion bieten sich – vereinfacht dargestellt – **zwei methodische Verfahren** an:

von links nach rechts: ❙ Behandlung des Grammatikstoffs (E) ❙ Einübung des Grammatikstoffs (Auswahl aus Ü) ❙ Übersetzung und Erschließung des Lektionstextes (T, V a) ❙ Sprachliche Vertiefung (Auswahl aus V)

von rechts nach links: ❙ Behandlung des Lektionstextes (T, V a) ❙ dabei: Erarbeitung des Grammatikstoffs (T) ❙ Einübung des Grammatikstoffs (Auswahl aus Ü, E) ❙ Sprachliche Vertiefung (Auswahl aus V)

Mischformen sind selbstverständlich möglich.

Die Behandlung der Lektionstexte ist verbindlich; die anderen Bestandteile der Doppelseiten sind ein **Angebot**, aus dem die Lehrkraft gezielt auswählen muss.
Weiteres **fakultatives Zusatzmaterial** – beispielsweise für Intensivierungsstunden – bieten die 13 *plus*-Lektionen, die den Stoff der jeweils vorangegangenen Kapitel umwälzen und vertiefen. Diese sind im Sinne des Lehrplans ebenso als **Additum** zu verstehen wie die deutsch-lateinischen Übersetzungen, die ebenfalls mit dem Schriftzug *plus* gekennzeichnet sind.

Bei der **Zeitplanung** sollte man Folgendes berücksichtigen:

- Für eine Lektion können (bei fünf Stunden pro Woche) gut drei Unterrichtsstunden veranschlagt werden, wenn man auf die *plus*-Lektionen verzichtet.
- Durchschnittlich 2,5 Unterrichtsstunden sind pro Lektion anzusetzen, wenn man alle *plus*-Lektionen in den Unterricht integrieren möchte.

Die Lektion – Auf einen Blick

Linke Seite

keine neuen Vokabeln
Ausnahme: beispielhafte Repräsentanten des neuen Grammatikstoffs

Einfacher Text:
gezielte **Einführung** bzw. Systematisierung des neuen **Grammatikstoffs**

Illustration
motivierender Einstieg in **E**

8

E

1. Dominus servam monere debet. Serva cibos parare debet.
2. Serva semper cibos domini parat.
3. Dominus vocat: „Para cibos, Homilia! Parate cibos, servi!"
4. Syrus: „Statim cibos paro."
5. Syrus et serva cibos parant.
6. Cornelia intrat et rogat:
7. „Cur cibos paras, Homilia? Cui cibos paratis, servi?"
8. Homilia et servus: „Domino cibos paramus."

Übungen
präzise und kleinschrittige Festigung der Grammatik, steigernde Anordnung, von der Einzelform zum Kontext

Ü

a) Ordne jedem Wortstamm eine Endung zu. Übersetze die gebildeten Verbformen:

-o	debe-	-te	-t	-mus
-o	intra-	-nt	dele-	
gaude-	-tis	-s	pare-	tace-
roga-	-re	terre-	mone-	

b) Konjugiere:
1. rogare et gaudere 2. intrare et videre
3. vocare et tacere 4. parare et parere

c) Irrläufer. Eine Verbform hat sich verirrt und gehört nicht in die Reihe. Begründe:
1. intramus - paremus - rogamus - vocamus
2. dolent - rogant - terrent - parant - monet
3. gaudes - taces - vides - pares - paras
4. paro - pareo - gaudes - terreo - taceo

d) Cornelia und Julia spielen. Sie springen immer vom Singular in den Plural und umgekehrt:
intro, rogat, mones, parant, timemus, vocas, rogamus, vocant, paratis, paretis, dolent

e) Regentropfen haben die Endungen unleserlich gemacht. Ergänze sie und übersetze:
Servi cibos para💧💧. Syrus puellas statim voca💧. Iulia intra💧: „Cur voca💧, Syre? Et cur cibos para💧💧💧, servi?" Statim Syrus: „Domino cibum para💧💧 debemus. Itaque cibos para💧💧💧. Domino et amicis placet cibos habere." Iulia: „Para💧💧 cibos, servi!"

f) 1. Quis ibi vocat? Iulia vocat. 2. Avus et Cornelia rident et gaudent. Nam amica puellae villam domini intrat. 3. Dominus servas vocat. Servae domino parent et statim cibos parant.

Kleiner **Text**,
als **Hausaufgabe** geeignet
(hier **Ü** f)

Sachinformation
Vorbereitung auf **T**

I

Das Abendessen
Ganz Rom freute sich auf die wichtigste Mahlzeit des Tages, die cena. Da man Heizmaterial und Beleuchtung sparen musste, fand die cena normalerweise am späteren Nachmittag bis zum Einbruch der Dunkelheit statt. Bis zur cena blieb bei den meisten Römern die Küche kalt. Die cena war Mittelpunkt des Familienlebens und bestand aus mindestens drei Gängen: Vor-, Haupt- und Nachspeise. Bei keiner Vorspeise durften Eier fehlen. Den Hauptgang bildeten Fisch- und Fleischgerichte. Zum Nachtisch gab es meist mit Honig bestrichene Süßigkeiten. Der Tisch der einfacheren Leute war nicht so reich gedeckt. Sie aßen häufig einen Brei aus Getreide oder Bohnen, dem man auch anderes Gemüse hinzufügte. Fleisch gab es sehr selten, auch Fisch konnte man sich nicht täglich leisten.

34 a-Konjugation

Auf den **Lektionsdoppelseiten** ist nur die Behandlung des **T-Stückes** obligatorisch. Alle anderen Elemente – hier grün unterlegt – stellen ein Angebot dar, aus dem die Lehrkraft eine Auswahl nach methodischen und didaktischen Kriterien treffen wird.

Die römisch bezifferten *plus*-**Lektionen** haben fakultativen Charakter: Sie bieten keinen neuen Wortschatz und keinen neuen Grammatikstoff. Sie dienen der Festigung und Vertiefung der unmittelbar vorausgegangenen 3-4 Lektionen. Über ihre Durchnahme wird die Lehrkraft nach Bedarf entscheiden.

Die Lektion – Auf einen Blick

Rechte Seite

alle neuen Vokabeln

Zum Abendessen: Käse und Oliven

Der Sklave Syrus soll in Rom bei Julias und Cornelias Eltern übernachten und am nächsten Morgen zum Großvater, seinem Besitzer, zurückkehren. Die Mutter Corinna arbeitet schon nebenan in einer kleinen Küche. Syrus schaut ihr dabei zu, während die Töchter noch auf der Straße mit ihrem Freund Gajus spielen.

Syro servo placet dominae respondere et dominam rogare; nam linguam nunc amat. Dominam rogat: „Cur tu[1] cibos paras, domina? Cur tu laboras, domina? Cur puellae non laborant?“ Itaque Quintus puellas nunc vocat: „Iulia, propera! Cornelia, propera! Properate! Cenam parare debetis.“ Filiae properant; statim intrant. Et Gaius amicus intrat.

Quintus: „Parate caseum[2] et olivas[3], filiae! Tum mensam ornate!“ Puellae: „Primo mensam ornamus. Tum caseum paramus, ... non olivas. Nam Gaius olivas non amat.“ Gaius: „Sic est. Olivas non amo, sed caseum et fabas[4] amo.“ Corinna: „Parate amico fabas, filiae! Sic amicum delectatis.“ Profecto Gaius amicus gaudet; itaque Corinnae gratiam habet.

[1] tū du
[2] cāseus Käse
[3] olīva Olive
[4] faba Bohne

Vom Speisezettel der Römer: Brötchen, Eier, Oliven, Artischocken, Schnecken und verschiedene angemachte Speisen.

a) Entscheide, ob die folgenden Aussagen richtig, falsch oder nicht in T enthalten sind:
1. Dominus puellas vocat. 2. Filiae statim intrant. 3. Servus copias complet. 4. Puellae olivas (Oliven) parant. 5. Gaius olivas non amat. 6. Gaius Quinto gratiam habet.

b) Ergänze die Prädikate in der angegebenen Form und übersetze:
1. Muros (augere, 3. Pl.) 2. Filiam (amare, 1. Sg.) 3. Turbam (videre, 1. Pl.) 4. Amicos (vocare, 2. Pl.) 5. Domino (parere, 1. Sg.) 6. Insulam (intrare, 2. Sg.) 7. Amicas (delectare, 2. Pl.) 8. Mensam (ornare, 3. Sg.)

c) *plus* Immer ich!
1. Die Herrin bereitet Speisen vor. Deshalb ruft sie Claudia und Tullia: „Ihr müsst arbeiten, Töchter! Bereitet das Essen vor und schmückt den Tisch!“ 2. Claudia: „Immer muss ich arbeiten, immer muss ich gehorchen, immer muss ich eilen.“ 3. Tullia: „Immer arbeite ich, immer gehorche ich.“ 4. Die Mädchen: „Immer eilen wir, immer bereiten wir Speisen vor. Niemals sehen wir die Freundinnen.“

Ferien – Auf dem Land 35

T — **Zentraler Lektionstext mit dem aktuellen Grammatikstoff und allen neuen Vokabeln**

I — **Abbildung**
Auseinandersetzung mit T und I

V — **Vertiefende Aufgaben**

Inhaltliche Aufgabe:
Erfassung / Erschließung von T, ggf. weiterführende Recherche oder produktive Rezeption (hier V a)

Aufgabe(n):
zusammenfassende **Sicherung** des neuen Grammatikstoffs (hier V b)

Kleiner **Text** mit hoher Repräsentanz der neuen Vokabeln, als **Hausaufgabe** geeignet (hier V c)

Ferien – Auf dem Land 12

Unterwegs in Kampanien – Handel und Politik 60

Eindrücke in Pompeji – Leben und Sterben **80**

Ferien – Auf dem Land

1

2

Ihr lernt mit diesem Buch nicht nur eine neue Sprache, sondern zugleich eine ganz neue Welt kennen – die des antiken Rom. Begleiten werden euch dabei zunächst Julia und Cornelia, zwei Mädchen in eurem Alter. Ihr Vater heißt Quintus, die Mutter Corinna. Ihr erlebt zu Beginn des Buches, wie Julia und Cornelia die Sommerferien auf dem Landgut ihres Großvaters zubringen; später geht es zurück nach Rom zu den Eltern und in die Schule. Bei eurer Lese- und Entdeckungsreise durch die Welt des Altertums werdet ihr einige Gemeinsamkeiten, aber noch mehr Unterschiede zu unserer heutigen Zeit feststellen. Das beginnt zum Beispiel schon damit, dass auf dem Landgut des Großvaters Sklaven arbeiten: Homilia, Syrus und Lydus.

Sklaven *fundamentum*

Sklaven waren Menschen, die ihre Freiheit verloren hatten und ihre Arbeitskraft einem anderen zur Verfügung stellen mussten. Sie waren meist Kriegsgefangene aus Ländern, die das römische Heer erobert hatte, oder Menschen, die so hohe Schulden hatten, dass sie gezwungen waren, sich geradezu selbst zu verkaufen. Ein Sklave galt als eine Sache, nicht als Mensch, und wurde wie jede beliebige Ware auf dem Markt gehandelt – und oft roh und rücksichtslos behandelt: Dem Besitzer von Sklaven war von schwerer körperlicher Misshandlung bis zur Tötung des Sklaven alles erlaubt.

Zum Glück für Lydus und Syrus verhält sich der Großvater aber anders. Der gütige Herr betreibt auf seinem Landgut (villa rustica) die Art von Landwirtschaft, die für die alten Römer typisch war: Viehzucht und Ackerbau.

3

4

1 Der Ölbaum wird im Mittelmeerraum seit über 4000 Jahren kultiviert. Im 7./6. Jh. v. Chr. brachten ihn die Griechen auch nach Italien.

2 Darstellung eines Landgutes auf einem römischen Fußbodenmosaik. 4. Jh. n. Chr. Tunis, Musée du Bardo.

3 Hirtenszene. Römisches Relief. 1.–3. Jh. n. Chr. Rom, Museo Nazionale delle Terme.

4 Olivenernte. Römisches Mosaik. 2. Jh. n. Chr. Tunis, Musée du Bardo.

5 Rekonstruktion eines römischen Gutshofes (villa) bei Borg-Perl (Saarland).

6 Römische Legionäre beim Straßen- und Festungsbau. Relief von der Trajanssäule in Rom. 113 n. Chr.

7 Der Adler: das Symbol des römischen Herrschaftsanspruchs. Schmuckstück aus dem 1. Jh. v. Chr.

5

Römische Landwirtschaft

Den hohen Stellenwert der Viehzucht bei den Römern kann man an dem lateinischen Wort für Geld (pecunia) erkennen. Es leitet sich von pecus (Vieh) her. Wer also viel Vieh besaß, galt als vermögend. Man züchtete in Italien Schafe, Ziegen, Esel, Maultiere, Schweine, Pferde und Rinder und betrieb auch Bienenzucht zur Honiggewinnung. Was den Ackerbau betrifft, so bauten die alten Römer Gemüse, aber auch Getreide und Obst an. Nicht zuletzt waren die Römer Meister des Weinanbaus. Ihre Bedeutung auf diesem Gebiet zeigt sich darin, dass das lateinische Wort für Wein (vinum) sich in nahezu allen modernen Sprachen Europas erhalten hat: *wine* (engl.), *vin* (frz.), *vino* (it./span.), *Wein* (dt.).

Das Römische Reich

Die Römer waren nicht nur ein Volk von Bauern, sondern auch von Kriegern. Binnen weniger Jahrhunderte hatten sie vom Kernland Italiens ausgehend Zug um Zug fast die gesamte damals bekannte Welt unterworfen. Die Gesamtheit aller eroberten Gebiete nannte man das römische Reich (imperium Romanum). Es reichte von Britannien bis Nordafrika, vom Atlantik bis zum Schwarzen Meer. Die von Rom besiegten Länder wurden zu sog. Provinzen gemacht, d.h. sie wurden unter die Aufsicht eines Statthalters gestellt und mussten jedes Jahr hohe Steuerabgaben an Rom zahlen. Weil die Römer diese Länder oft über Jahrhunderte besetzt hielten, übernahmen die Bewohner mit der Zeit nicht nur römische Gebräuche (wie etwa den Weinbau), sondern auch die römischen Begriffe dafür. So kommt es, dass die heutigen romanischen Sprachen wie das Italienische, Spanische, Portugiesische, Rumänische und Französische sich aus dem Lateinischen ableiten.

Es darf aber bei aller Begeisterung für die großen Kulturleistungen der Römer nicht verschwiegen werden, dass sie als Eroberer und Sklavenhalter viel Leid verursacht haben. Die aus ihren Heimatländern verschleppten Sklaven Syrus und Lydus haben diese negative Seite der römischen Herrschaft am eigenen Leib erlebt. Doch lest selbst …

6

7

1

Ü

a) Vergleiche:
lat. serva – dt. die Sklavin, eine Sklavin

b) Übersetze die lateinischen Hauptwörter **(Substantive)** ins Deutsche:
via - silva - serva - puella - villa

c) Bestimme das Geschlecht **(Genus)** der folgenden Substantive im Deutschen und übersetze sie ins Lateinische:
ein Landhaus – das Mädchen – der Wald – eine Sklavin – ein Mädchen – der Weg – das Landhaus – ein Wald

Auf dem Landgut

d) Welche **Endung** haben alle in die Zeichnung eingetragenen lateinischen Substantive?

e) Übersetze die lateinischen Substantive der **o-Deklination** ins Deutsche:
equus - campus - murus - vicus - servus - avus

f) Bestimme jeweils die **Deklinationsklasse** der folgenden Substantive und trenne die Endung ab. Übersetze dann:
avus - villa - via - campus - equus - vicus - puella - silva - murus - servus - serva

g) Bestimme das Genus der folgenden Substantive im Deutschen und übersetze sie ins Lateinische. Vergleiche jeweils das Genus des lateinischen Substantivs mit dem der deutschen Entsprechung.
das Dorf – der Großvater – das Landhaus – die Mauer – das Pferd – ein Wald – ein Feld – ein Sklave – ein Pferd – das Feld – eine Sklavin – eine Mauer – das Mädchen

1

Ü

a) Setze die folgenden Substantive, die in der Einzahl **(Singular)** stehen, in die Mehrzahl **(Plural)**:
via - serva - silva - villa

b) Übersetze ins Lateinische:
Wald – Wege – ein Mädchen – die Landhäuser – Wälder – ein Weg – die Mädchen – Sklavinnen – das Landhaus – die Wälder – eine Sklavin – die Wege – ein Wald – Wege und Wälder – das Mädchen und eine Sklavin

c) Vergleiche die Verwendung der Begleiter **(Artikel)** und die Bildung des Plurals in der deutschen, englischen und lateinischen Sprache:

Singular	Mädchen	ein Mädchen	das Mädchen
Plural	Mädchen		die Mädchen
Singular	girl	a girl	the girl
Plural	girls		the girls
Singular	puella		
Plural	puellae		

Auf dem Landgut

d) Bilde den Nominativ Plural:
murus - vicus - avus - servus - campus

e) Bestimme die Deklinationsklasse und den **Numerus** der folgenden Substantive:
viae - equi - serva - servi - avus - villa - campi - murus - via - vicus - puellae

f) Übersetze ins Lateinische:
eine Mauer – Dörfer und Felder – das Pferd – Pferde – Mauern – der Großvater – ein Pferd – die Sklaven und die Pferde – ein Dorf

g) Übersetze ins Deutsche:
puellae - villa - servi et servae - campus - silvae - murus - campi - puella et serva - viae

h) Von welchen lateinischen Wörtern kannst du die kursiv gesetzten Wörter im folgenden Text ableiten?
„Die Familie fährt mit dem *Camping*bus *via* Innsbruck nach Italien. Ihre Freunde sind stolze *Villen*besitzer am Meer. Aber die Kinder gehen lieber in ein Ferien*camp*, wo alles auf Wunsch *serviert* wird."

i) Für Sprachwissenschaftler! Ordne den deutschen Begriffen die entsprechenden lateinischen Begriffe zu:
Zahl – (ein Namenwort) beugen – Mehrzahl – Hauptwort – (grammatisches) Geschlecht – 1. Fall – Einzahl – Fall – Begleiter – Genus – Plural – Numerus – Nominativ – Substantiv – Singular – Artikel – deklinieren – Kasus

2

E

1. Cornelia puella est.	Cornelia et Iulia puellae sunt.
2. Iulia ridet.	Puellae rident.
3. Servus tacet.	Servi tacent.
4. Avus monet.	Servi parere debent.

Ü

a) Ordne richtig ein:

vici - villae - avus - puella - servae - servus - silvae - via - muri

b) Füge die jeweils verlangte Endung an den Wortstamm an und übersetze:
mone-re (3. Pers. Sg.), pare-re (3. Pers. Pl.), tace-re (3. Pers. Pl.), ride-re (3. Pers. Pl.), debe-re (3. Pers. Sg.)

c) Was ein Sklave alles tun muss. Übersetze:
1. Servus tacere debet. 2. Servus ridere debet. 3. Servus parere debet.
Und die Sklavinnen?
4. Servae ridere debent. 5. Servae tacere debent. 6. Servae parere debent.

d) Verbinde Subjekt und Prädikat zu sinnvollen Sätzen und übersetze:
servi - avus - rident - puellae - monet - serva - tacent - paret

e) Ergänze das Prädikat in der richtigen Form und übersetze:
1. Puellae (ridere). 2. Servi (parere).
3. Serva (tacere). 4. Iulia puella (esse).
5. Iulia et Cornelia puellae (esse).
6. Avus (monere). 7. Equi (parere).

f) Übersetze. Achte dabei genau auf den Numerus und die Endungen des Prädikats:
1. Cornelia et Iulia puellae sunt. 2. Puellae tacent. Puellae parere debent. 3. Servi et serva rident. 4. Et avus ridet.

I

Sklaven auf dem Land

Das Leben auf einem Landgut war einfach und hart. Bei jeder Witterung wurden Sklaven und Sklavinnen für die Arbeiten innerhalb und außerhalb der Gebäude eingesetzt. Sie mussten mit Hilfe von Pferden und Rindern die Felder pflügen, Getreide und Feldfrüchte ernten, Bäume fällen, das Holz zerkleinern, Balken zuhauen, Fässer bauen und mit Pech ausstreichen, Steine bearbeiten, Ziegeldächer ausbessern, Oliven einsammeln und pressen, Getreide mahlen, Brotteig kneten, Wasser schöpfen, Wolle spinnen, Stoffe färben, die Tiere in den Ställen versorgen und alle Gebäude sauber halten. Dabei waren die Ruhepausen in der Nacht kurz, einen freien Tag hatten sie nicht. Hinzu kamen sprachliche Schwierigkeiten, da die meisten Sklaven die lateinische Sprache erst lernen mussten – wie ihr auch.

Ein Pferd in Gefahr

T

Cornelia und Julia sind den Umgang mit Pferden schon gewohnt und kennen sich auf dem Landgut des Großvaters bestens aus. Heute wollen sie die Pferde aus dem Stall herausführen.

Cornelia puella est. Iulia puella est. Cornelia et Iulia puellae sunt. Cornelia ridet. Iulia non ridet. Cur Iulia non ridet? Equus non paret.

Avus monet: „Equus parere debet. Quid equus timet?“ Iulia: „Oculus dolet.“ Avus: „Cur oculus dolet?“

Julia zeigt dem Großvater einen Hornissenstich direkt neben dem Auge. Sofort holt der Großvater die Sklavin Homilia und die beiden Sklaven Syrus und Lydus zu Hilfe. Gemeinsam gelingt es ihnen, den Stich zu behandeln und das Pferd von seinen Schmerzen zu befreien.

Cornelia et Iulia rident. Et Homilia serva ridet: „Nunc oculus non iam[1] dolet. Nunc equus paret.“ Syrus et Lydus non rident; servi tacent. Cur servi tacent?

[1] nōn iam nicht mehr

V

Römischer Sklave mit Pferd.
Relief vom sog. Zirkusdenkmal in Neumagen an der Mosel. 2./3. Jh. n. Chr. Trier, Rheinisches Landesmuseum.

a) Beantworte die folgenden Fragen auf Deutsch:
1. Cur Iulia non ridet? 2. Cur equus non paret? 3. Cur Homilia ridet?
Überlege: 4. Cur Syrus et Lydus tacent?

b) Suche aus T je eine „Tätigkeit“, die zu den folgenden Namen bzw. Substantiven passt:
Homilia serva - Iulia - Lydus servus - Cornelia - puellae - equus - servi

c) Bilde jeweils die richtige Verbform und übersetze dann:
1. Avus non (ridere, tacere) 2. Servae (tacere, ridere, parere) 3. Puella (ridere, monere) 4. Oculi (dolere) 5. Servus tacere (debere)

d) *plus* Warum schweigen alle?
1. Die Sklaven müssen schweigen. Die Sklaven gehorchen. 2. Die Sklavin Homilia schweigt. Warum schweigt die Sklavin? 3. Die Mädchen lachen nicht. Was fürchten die Mädchen? 4. Auch der Großvater schweigt jetzt. Warum schweigt der Großvater? Die Augen tun ihm° weh.

Wörter, hinter denen ein ° steht, werden nicht übersetzt.

3

E

1. Avus monet. Avus puellam monet. Avus servum monet.

2. Avus Corneliam et Iuliam monet. Avus puellas monet.

3. Avus Syrum et Lydum monet. Servos monet.

Ü

a) Achte genau auf die Endungen und übersetze:
1. Avus Corneliam monet. 2. Servi equos timent. 3. Servus servas monet. 4. Puellae silvas non timent. 5. Avus equum non timet.

b) Setze die in Klammern stehenden Substantive als Akkusativobjekte ein. Achte auf den Numerus. Übersetze:
1. Avus [?] monet. (Iulia, servi, servae)
2. Servae [?] non timent. (avus, silva, puellae)

c) Bestimme jeweils Deklinationsklasse, Kasus und Numerus:
oculum, puellas, campi, oculos, servam, vicum, viae, avus, silvas, puellam, muri, servos, serva, equi, campum, villae, Corneliam, Syrum, oculi, puella, campus

d) Bringe die Substantive in die richtige Reihenfolge: Nom. Sg., Akk. Sg., Nom. Pl., Akk. Pl.
1. viam, vias, viae, via 2. campos, campus, campum, campi 3. servi, servum, servus, servos 4. murus, muros, murum, muri
Und jetzt nochmal. Aber aufgepasst: a- und o-Deklination sind vermischt: villae, vicum, vici, villas, vicos, villa, villam, vicus

e) Nominativ Singular und Akkusativ Singular suchen ihren Plural und umgekehrt.
Ordne jeweils richtig zu und übersetze:

via vicus vicum avos villas murum villa puellam murus viam oculi	vias villae puellas muri muros vici vicos oculus avum viae villam

f) Ersetze jedes Bild durch das passende lateinische Substantiv im richtigen Kasus und Numerus. Übersetze dann:
1. Puellae  non timent. Iulia et Cornelia silvas timent. Servos puellae non timent. 2. Serva non ridet. Quid est?  dolent. 3.  servum monet. Cur avus servum monere debet?  ridet. Non tacet.

I

Wie wird man Sklave?

In den meisten Fällen wurden Kriegsgefangene aus eroberten Gebieten in Rom als Sklaven zu einem Preis von 200 bis 500 Denaren, dies sind etwa 3000 bis 7500 Euro, verkauft. Dies gilt auch für Syrus und Lydus, die erst vor wenigen Tagen auf dem Landgut des Großvaters eingetroffen sind: Sie stammen aus Syrien und aus Lydien, einem Teil der heutigen Türkei. Die Heimat der Sklavin Homilia, die schon einige Jahre beim Großvater arbeitet, ist Griechenland. Aber auch durch Menschenraub und Verschuldung konnte man in Sklaverei geraten. Über 500 Jahre lang waren Sklaven und Sklavinnen rechtlich und wirtschaftlich völlig von ihrem Herrn abhängig. Sie wurden Tieren, ja sogar Werkzeugen gleichgesetzt und als Sache angesehen.

Sprachprobleme

T

Hic avus est; avus dominus est. Ibi Homilia serva sedet. Avus servam monet; serva non tacet, sed paret et respondet.
Sed Syrus et Lydus tacent. Cur tacent? Cur servi dominum timent?
Nunc avus servos monet: „Quis murum auget? Quis vias terget[1]? Quis ...?"

[1] tergĕre reinigen

Mit Händen und Füßen versucht der Großvater den Sklaven die verschiedenen Arbeiten zu erklären, die auf dem Landgut erledigt werden müssen. Er nimmt einen Hammer und schlägt einen Stein zurecht, dann holt er einen Spaten und zeigt, wie man den Boden lockert, dann eine Säge und zerkleinert Äste. Auch die Mädchen legen ihre Zurückhaltung ab. Sie geben den Sklaven Eimer und zeigen, wo sich der Brunnen befindet und wohin sie das Wasser tragen sollen.

Nunc et Cornelia servos monet. Sed servi non respondent.
Servi dominum non timent; neque Corneliam timent; servi neque dominum neque puellas timent.
Quid servos terret? Lingua servos terret. Nam servi linguam timent.

Rekonstruktion eines „vallus", einer römischen Erntemaschine.
Das von einem Maultier vorangetriebene Erntegerät war eine Art Frontmäher.

V

a) 1. Beschreibe mit eigenen Worten das Verhalten der Sklaven gegenüber dem Großvater und den Mädchen. Auf welche lateinischen Verben stützt du dich bei dieser Beschreibung?
2. Erkläre das Verhalten der Sklaven mit deinem Wissen aus I. 3. Was könnte man dagegen unternehmen, wenn jemand Angst hat zu sprechen? 4. Stelle mit Hilfe von T Tätigkeiten von Sklaven auf einem Landgut zusammen. Beachte auch die Abbildung.

b) Setze alle Substantive und Verben in den Plural und übersetze die neu gebildeten Sätze:
1. Serva dominum non timet. 2. Serva tacet. 3. Puella servam timet. 4. Dominus servam non monet. 5. Servus murum auget. 6. Dominus servum monet.

c) nam - sed - et - neque ... neque
Füge diese „kleinen" Wörter sinnvoll ein:
1. Servus [?] serva respondere debent. 2. Serva non respondet, [?] tacet. 3. Serva [?] avum [?] puellas timet. 4. Puella servam timet; [?] serva tacet.

d) *plus* Die übermütigen Mädchen
1. Hier sitzt Julia, dort sitzt Cornelia und lacht.
2. Die Sklavin ermahnt die Mädchen. 3. Die Mädchen antworten nicht; sie fürchten die Sklavin nicht. 4. Sie lachen die Sklavin aus. 5. Sie fürchten weder die Sklavin noch die Sklaven.
6. Jetzt ermahnt der Großvater die Mädchen.
7. Die Mädchen gehorchen.

Sklavenschicksal

Mittlerweile haben die Bewohner der villa sich darauf eingestellt, dass Lydus und Syrus kein Latein verstehen. Doch bei ihrer Ankunft war das nicht klar. Damals empfing sie der Großvater mit der Sklavin Homilia und zeigte ihnen ihre neue Umgebung:

Avus: „Hic villa est, ibi via et vicus sunt, ibi campi sunt. Et ibi servi sedent. Servi parere debent.“

Avus Syrum et Lydum monet, sed servi non respondent.

Avus (zu Homilia): „Servi non respondent. Cur tacent? Hmm ..., ibi equi sunt. Fortasse[1] servi equos timent.“

Homilia serva: „Servi non equos, sed dominum timent.“

Avus: „Cur servi dominum timent?“

Homilia: „Dominus servos monet. Servi dominum timent.“

Avus: „St! Servi dominum non timent! Hmm ..., ibi silva est! Fortasse servi silvam timent.“

Homilia: „Servi neque equos neque silvam, sed dominum timent.“

Nunc Homilia serva Lydum et Syrum monet. Sed servi tacent.

Avus ridet: „Ha! Servi servas timent.“

Homilia: „Hmm ..., fortasse servi linguam timent!“

Homilia nimmt Lydus und Syrus an der Hand, gibt ihnen einen Eimer und zeigt auf den Brunnen. Sofort gehen die beiden los und holen Wasser. Da merkt der Großvater, dass sie noch kein Latein verstehen ...

[1] fortāsse vielleicht

V

a) Lies den Text langsam und überlege, worum es geht. Achte besonders auf Wörter oder ganze Sätze, die mehrfach vorkommen.

b) Der Großvater und Homilia wollen herausfinden, warum Lydus und Syrus nicht sprechen. Zeige, dass sie dabei wie Detektive vorgehen.

c) „Servi parere debent.“ (Z. 2)
Sklaven arbeiteten nicht nur in der Landwirtschaft. Erschließe weitere Tätigkeiten aus den Abbildungen auf dieser Doppelseite.

I *plus*

a) Übersetze:

1. Quis est dominus? Avus dominus est.
2. Hic avus sedet, ibi puellae sedent.
3. Servi tacent. Cur servi nunc tacent? Servi respondere debent, sed linguam timent.
4. Servae neque avum neque puellas timent. Quis ridet? Servae hic sedent et rident.

b) Syrus und Lydus müssen lernen. Hilf ihnen, indem du die richtigen Endungen ergänzt und dann übersetzt:

1. Puellae silv[?] non timent. 2. Cornelia: „Iulia puell[?] es[?]!" 3. Servi ride[?]: „Cornelia et Iulia puell[?] su[?]!"
4. Puellae serv[?] mone[?] debe[?].
5. Servae domin[?] non time[?].

c) Welche Endungen passen zu welchen Wörtern? Es gibt jeweils mehrere Möglichkeiten. Füge zusammen und übersetze:

-t -um -a -us -os -as -nt -am

vill- tace- av- vic- ride- mur- vi- puell-

d) Schreibe kurze lateinische Sätze, in denen folgende Wörter vorkommen:
cur - serva - monere - equus - non parere - avus - servus - timere - oculus - dolere

e) Auf welche lateinischen Wörter lassen sich die folgenden Wörter zurückführen?
servieren – dominieren – parieren – monieren

f) Nenne die lateinischen Fachbegriffe:
1. Namenwort 2. Mehrzahl 3. grammatisches Geschlecht 4. sächliches Substantiv 5. Satzgegenstand 6. vierter Fall

g) Ordne den lateinischen Sätzen jeweils die richtige Übersetzung zu und überlege, weshalb die andere Übersetzung falsch ist.

1. Servi linguam timent.
(a) Die Sklaven fürchten die Sprache.
(b) Die Sprache fürchtet der Sklave.

2. Servus dominum non timet.
(a) Den Herrn fürchtet der Sklave nicht.
(b) Der Herr fürchtet den Sklaven nicht.

3. Dominus servas monet.
(a) Die Sklavinnen mahnen den Herrn.
(b) Der Herr mahnt die Sklavinnen.

4. Servae avum non timent.
(a) Den Großvater fürchtet die Sklavin nicht.
(b) Den Großvater fürchten die Sklavinnen nicht.

5. Puellae servam monent.
(a) Die Mädchen ermahnen die Sklavin.
(b) Die Mädchen ermahnt die Sklavin.

6. Cur avus servos monet?
(a) Warum ermahnt der Großvater die Sklaven?
(b) Warum ermahnt der Großvater die Sklavinnen?

4

E

1. Serva timet. Cornelia: „Quid times?“
2. Serva: „Linguam timeo. Et Syrus linguam timet. Linguam timemus.“
3. Cornelia: „Cur linguam timetis?“
4. Serva: „Respondere debemus.“

Cornelia stellt sich der Sklavin Homilia vor:

5. Cornelia: „Cornelia sum.“
6. Homilia: „Puella es.“
7. Cornelia: „Et ibi Iulia est. Puellae sumus.“
8. Homilia: „Puellae estis.“ Cornelia et Iulia puellae sunt.

Ü

a) Ordne die Endungsbausteine richtig zum Wortstamm. Finde mögliche Kombinationen und übersetze sie:

-t	ride-	time-	-nt	-o
sede-	responde-		-mus	tace-
-s	-tis	debe-	auge-	pare-

b) Ich bin die Biene sum und stelle dir meine Familie esse vor. Ihre lateinischen Namen kennst du schon. Nenne sie:
du bist – wir sind –
sie sind – ihr seid –
er, sie, es ist – ich bin

c) Bilde jeweils die Verbform, die der angegebenen Form von esse entspricht, z.B. est (ridere) → ridet:
1. sunt (augere) 2. sumus (terrere)
3. estis (respondere) 4. es (monere)
5. est (tacere) 6. sum (ridere)

d) Warum schweigen die Sklaven?
1. Servi tacent. Non respondent. Nam linguam timent. 2. Nunc dominus: „Cur non respondetis? Neque respondetis neque ridetis. Cur tacetis?“ 3. Cornelia respondet: „Lingua servos terret.“ 4. Servi: „Linguam timemus. Sed nunc respondemus.“ 5. Avus ridet. Et servi rident.

I

Das antike Schulheft
Als „Schulheft“ hatten Kinder in der Antike Täfelchen (tabulae), die mit Wachs beschichtet waren. In diese ritzte man mit einem spitzen Griffel aus Metall oder aus Knochen die Buchstaben ein. Zum Erlernen der Buchstaben half der Lehrer den Schülerinnen und Schülern, indem er ihnen die Buchstaben in Holzformen oder sogar als Gebäckstückchen zeigte. Wollte man das Geschriebene löschen, so wurde das Wachs mit dem breiten Ende des Griffels wieder geglättet.

**Schreibtäfelchen und Griffel.
Wandmalerei aus Pompeji. 1. Jh. n. Chr.**

Nachhilfeunterricht

T

Der Großvater erklärt den Mädchen, dass er die Sklaven Syrus und Lydus erst vor kurzem auf dem Markt in Rom gekauft hat. Sie verstehen nur einige wenige lateinische Wörter. Jetzt haben die beiden Mädchen Mitleid mit Syrus und Lydus und setzen sich zu ihnen. Auch der Nachbarjunge Rufus, den die Mädchen schon seit dem letzten Jahr kennen, ist zu ihnen herübergekommen. Sie beschließen, den beiden Sklaven Sprachunterricht zu geben.

Puellae gaudent. Et Rufus amicus gaudet. Nunc Rufus Syrum servum docet. Rufus: „Syrum doceo. Syrum docere studeo."
Zu Syrus gewandt: „Hic tabula est."
Rufus tabulam tenet: „Tabulam teneo."

Rufus übergibt die Schreibtafel dem Sklaven.

Rufus tabulam praebet: „Nunc tabulam tenes." Iam Syrus servus tabulam tenet. Primo tacet, sed tum respondet: „Tabulam te ..., ti ..., time ... o." Rufus ridet: „Tabulam non times, sed tabulam tenes." Nunc servus respondet: „Tabulam teneo."
Syrus gibt die Schreibtafel zurück: „Tabulam tenes."

Tum Cornelia et Iulia Lydum servum docent: „Puellae sumus. Equos tenemus. – Servus es. Equum tenes." Lydus servus recte respondet: „Servus sum. Equum teneo. – Puellae estis. Equos tenetis." Puellae et Rufus amicus gaudent: „Nunc linguam non iam timetis. Saepe ridetis, numquam tacetis." Et Lydus respondet: „Recte! Nunc ridemus, non iam tacemus."

Römische Dame mit Schreibtäfelchen und Griffel. Wandmalerei aus Pompeji. 1. Jh. n. Chr.

V

a) 1. Welche lateinischen Verben hat Syrus verwechselt? 2. Verteilt die wörtlichen Reden der Personen und lest den Text sinnbetont vor.

b) 1. Amicus servum docere studet. 2. Sed amicus non gaudet; nam servus numquam respondet. 3. Nunc amicus servum monet: „Cur taces? Cur respondere non studes?" 4. Servus non iam tacet, sed respondet: „Dominum timeo."
Setze amicus und servus in allen Sätzen in den Plural. Welche weiteren Veränderungen ergeben sich dadurch? Übersetze die neu gebildeten Sätze.

c) *plus* Schwieriger Unterricht
1. Zuerst bemüht sich das Mädchen, einen Freund zu unterrichten. 2. Aber der Freund freut sich nicht. Er fürchtet die Sprache. 3. Dann hält das Mädchen eine Schreibtafel hin. 4. Der Freund hält weder die Schreibtafel richtig noch antwortet er richtig. 5. Das Mädchen fragt°: „Warum antwortest du niemals richtig?" 6. Der Freund antwortet: „Ich freue mich nicht. Ich bemühe mich nicht, richtig zu antworten. Ich bemühe mich nicht, die Schreibtafel richtig zu halten. 7. Warum lachen wir nicht zusammen°?"

E

1. Cornelia tabulam praebet.
   Puella servo tabulam praebet.
2. Puella Syro et Lydo tabulam praebet.
   Puella servis tabulam praebet.
3. Tum puella Homiliae tabulam praebet.
   Puella servae tabulam praebet.
4. Serva puellae respondet.
5. Puellae servos docent. Servi puellis respondent.

Ü

a) Wo hat sich der Dativ versteckt?
Suche alle Dativformen und nenne dazu den jeweiligen Nominativ Singular:
puella - vici - equo - servis - amicum - amico - vias - avo - villam - muris - campus - tabulae - domino

b) Lydus und Syrus lernen Latein.
Wem können sie schon antworten?

Servi	Iuliae	(Iulia)	respondent.
	[?]	(avus)	
	[?]	(puellae)	
	[?]	(amici)	
	[?]	(serva)	
	[?]	(dominus)	

c) Bilde zu folgenden Substantiven den Dativ und den Akkusativ. Behalte den Numerus bei:
via - campus - vici - servus - amici - muri - lingua - puellae - avus - domini

d) Die Texte lateinischer Autoren sind eine Fundgrube für kurze und einprägsame Ausdrücke, die zum Nachdenken anregen, sog. **Sentenzen**. Überlege, was der folgende Ausspruch bedeuten könnte:
Amicus amico.

e) Setze die in Klammern stehenden Substantive jeweils in den richtigen Kasus:
1. Servi (puella, avus, domini, amicus) respondent. 2. Amicus (equus, tabula) tenet. 3. Dominus tabulas (servus, serva, puellae, amici) praebet.

f) Cornelia als Lehrerin
Setze richtig ein und übersetze:

1. Primo puella servis  praebet. Tum ridet. 2. Nam  tabulam tenent, sed puellae non respondent.

3. Cornelia  docet. 4. Nunc servi non iam tacent, sed respondere debent.

5.  respondent.
Primo puellae, tum  respondent.

6. Gaudent et rident.

7. Et  gaudet.

Nam servi respondere student.

wer?
wem?
wen?
was?

Geisterstunde

Nach dieser lustigen Nachhilfestunde beschließen die Mädchen in der folgenden Nacht im Stall bei den Tieren zu schlafen. Es ist sehr warm, der Mond scheint hell über dem Landgut, die Grillen zirpen. Aber plötzlich werden die Pferde unruhig. Die Hühner gackern verängstigt, ein Ochse brüllt.

T

Quid est? Soni puellas terrent. Quid ibi latet? Subito larva[1] apparet[2]. Larva gladium tenet et ridet: „Gladium teneo, puellas torquere studeo. Neque avo neque domino pareo. Neque servae neque servo pareo. Sceleratus sum.“ Iulia iam flet; nam larvae puellas torquere placet.

Sed Cornelia ridet et gaudet: „Quis es? Neque dominis neque servis pares. Cui pares? Cur non respondes? Es ...“ Subito Cornelia tacet. Nam Syrus et Lydus apparent – et statim larvam tenent. Nunc etiam larva tacet. Cornelia iterum ridet; nam larva Rufus amicus est.

Nunc puellis et servis ‚Rufum larvam‘ terrere et torquere placet. Itaque puellae gaudent et servis respondent: „Non tantum servi estis; nunc etiam amici estis.“

[1] lārva Gespenst
[2] appārēre erscheinen

Römische Theatermaske. Wandmalerei aus Pompeji. 1. Jh. n. Chr. Neapel, Archäologisches Nationalmuseum.

a) Ergänze die folgenden Sätze sinnvoll:
1. Larva (Gespenst) [?] terret. 2. Larva [?] non paret. 3. [?] puellas torquere placet. 4. Puellae sonos [?]. 5. Cornelia larvam [?] timet. 6. [?] larvam terrent. 7. [?] et [?] amicum torquere placet.

b) Welche Möglichkeiten der Übersetzung gibt es bei dem folgenden Satz?
Servae puellae respondent.

c) Überfall
1. Ibi duo (zwei) scelerati latent. Scelerati gladium tenent; subito servam terrent. 2. Sceleratis servam torquere placet: „Cui pares? Quis dominus est?“ 3. Primo serva tacet, sceleratis non respondet. 4. Itaque servam iterum monent: „Cur non respondes? Quis dominus est?“ 5. Tum serva sceleratis respondet: „Tacere debeo; nam domino pareo.“

V

d) *plus* Quält die Pferde nicht!
1. Dort sind Pferde. Warum fürchtet ihr die Pferde? Ich fürchte die Pferde nicht. 2. Pferde gehorchen nur ihren° Herren. Ich freue mich; denn Pferde sind auch Freunde. 3. Das Pferd gefällt dem Mädchen und dem Freund. 4. Die Geräusche erschrecken die Pferde. 5. Warum erschreckt ihr die Pferde? Warum quält ihr die Pferde?

6

E

1. Iulia flet. Avus: „Cur fles, Iulia? Responde!“
2. Rufus tacet. Avus: „Cur taces, Rufe? Responde!
3. Respondete, Iulia et Rufe!“
4. Cornelia: „Rufus puellas torquet. Sed Syrus et Lydus amici sunt.“
5. Avus: „Este amici, Rufe, puellae, servi! Es amicus etiam tu (du), Rufe!“

Ü

a) Bilde zu den folgenden Infinitiven den Imperativ im Singular und Plural und übersetze:
ridere - parere - gaudere - tenere - praebere - esse - studere - sedere - monere - augere

b) Setze die folgenden Nominative in den Vokativ Singular und Plural:
servus - avus - puella - serva - amicus - dominus - sceleratus

c) Wandle die folgenden Aussagesätze in Befehlssätze um (z.B. Servus tacet. → Tace, serve!) und übersetze diese:
1. Puellae rident. 2. Syrus et Lydus respondere student. 3. Amici respondent. 4. Iulia docet. 5. Avus et Cornelia gaudent. 6. Puella servo tabulam praebet. 7. Servus tabulam tenet. 8. Servi Corneliae parent. 9. Scelerati tacent.

d) Überall -e. Bestimme die Form und übersetze:
ride, augete, amice, responde, pare, ave, este, gaudete, recte, mone, docete, stude, saepe

e) Ein Nachbar des Großvaters ist ein sehr strenger Herr. Er gibt ständig Befehle. Um zu erfahren, was er befiehlt, musst du die Imperative richtig in die Befehlssätze einfügen und übersetzen.

1. Nunc [?], servae!	praebete
2. Muros [?], serve!	parete
3. Primo puellis tabulas [?], servi!	tene
4. Equum [?], serva!	auge

f) Beantworte lateinisch die Fragen mit dem richtigen Wort im richtigen Kasus:
1. Quid servi tenent? (tabula, silva, via) 2. Cui equi placent? (campus, dominus, murus) 3. Quis avo respondet? (villa, equus, serva) 4. Cur puella flet? (oculus dolere, vicus tacere, gladius ridere)

Johann Baptist Byss: Äolus lässt die Winde frei. 1720. Würzburg, Staatsgalerie.

I

Der Gott der Winde
Äolus (griech. Aiolos) galt als der Hüter und Gott der Winde. Die Menschen der Antike stellten sich vor, dass er die Winde in einer Höhle eingeschlossen hatte und nach Belieben herauslassen konnte. Häufig forderten ihn andere Götter auf, Winde freizulassen, um Seefahrer zu unterstützen oder sie auch in Seenot zu bringen.

Angst vor einem Unwetter

T

Am nächsten Tag wollen die Mädchen den Sklaven helfen, die Pferde zu füttern. Sie stehen an der Stalltür, um Futter zu holen.

Puellae: „O ave! Equi cibum non iam habent. Cibum complere debemus.“
Statim avus servos monet: „Complete copias, servi! Praebe equis cibum, Lyde! Praebe equis etiam aquam, Syre! Parete, servi!“

Während die Sklaven die Vorräte auffüllen, springen die Mädchen ausgelassen im Hof herum.

Sed quid nunc est? Cur avus subito tacet? Quid avum terret? Venti avum terrent. Nam saepe venti silvas et vicos et villas delent. Puellae tantum adhuc gaudent et rident. Itaque avus puellas monet: „Tace, Cornelia! Tace, Iulia! Tacete, puellae! Venti populos terrent, sed venti Aeolo deo parent. Aeolus deus ventos retinere[1] debet.“ Puellae avo parent et statim tacent.

Der Großvater bringt dem Gott der Winde ein Opfer dar und fleht ihn an:

„Aeole! Venti tibi[2] parent. Retine nunc ventos, Aeole!“
Et profecto: Venti deo parent et tacent. Venti neque vicum neque villam neque silvas delent. Itaque avus Aeolo deo gratiam habet: „Aeole! Nunc ventos timere non iam debemus. Semper tibi gratiam habemus.“

Am Abend, als sich der Sturm gelegt hat, müssen die Mädchen ihre Sachen packen, denn der Vater Quintus und die Mutter Corinna und auch die Freunde und Lehrer erwarten sie in Rom. Morgen soll die Heimreise sein.

[1] retinēre zurückhalten

[2] tibi dir

V

a) Füge die folgenden Elemente sinnvoll zusammen und übersetze die entstehenden Sätze:

Profecto venti tacent;	sed	venti vicos delent.
Puellae ventos timent;	itaque	avus copias non iam habet.
Servi equis cibum praebere debent;	nam	avus Aeolo gratiam habet.

b) Aussagen werden zu Befehlen.
Servus tacet. Tace, serve! Bilde entsprechend:
1. Puella copias complet. 2. Servi avo parent. 3. Dominus puellis cibum praebet. 4. Servae avo gratiam habent. 5. Servus muros auget.

c) *plus* Schutz vor Wind und Regen
1. Die Winde und das Wasser erschrecken oft die Völker; denn oft zerstören sie die Dörfer. 2. Auch der Großvater fürchtet die Winde. Deshalb ermahnt er die Sklavin und die Sklaven: 3. „Vergrößert die Vorräte, Sklaven! Fülle das Futter auf, Sklavin! Gehorche, Sklavin! Gib den Pferden Wasser, Lydus!“ 4. Syrus antwortet: „Die Winde zerstören das Landhaus nicht. Danke den Göttern, Großvater!“

Ein strenger Verwalter

T

Nicht alle Sklaven werden von ihrem Herrn so gut behandelt wie Syrus und Lydus vom Großvater. Neben dem kleinen Landgut des Großvaters liegt das große eines reichen Römers, der sein Leben in Rom verbringt, sein Gut nur selten besucht und es von einem Verwalter (vīlicus) führen lässt. Seine Sklaven müssen hart arbeiten und werden von dem strengen Verwalter Sabinianus überwacht, der alles auf seiner tabula notiert. Die Sklaven haben große Angst vor Sabinianus, versuchen aber, sich bei ihm beliebt zu machen, indem sie andere „anschwärzen". Africanus und Phrygus unterhalten sich über ihre Lage:

Africanus: „Cur servi sumus? Cur parere debemus? Saepe fleo, numquam gaudeo, non iam rideo. Sabinianum timeo. Neque amicum habeo, nam hic servi amicos non habent."
Phrygus: „Amicum habes: Ego[1] amicus sum. Sed Sabinianum recte times, nam servos semper torquet. Numquam servis gratiam habet, sed servos semper terret et monet. Neque cibos neque aquam servis praebet!" Africanus: „Profecto! Sabinianus semper copias complere studet. Sed copias equis tantum praebet, non servis! Equi, non servi cibos et aquam habent!"

[1] ego ich

Sklaven im Marmorsteinbruch. Römisches Grabrelief. Um 250 n. Chr. Ostia, Museo Ostiense.

In der Tat wurden auf den großen Landgütern die Sklaven sehr schlecht verpflegt. Sie bekamen zwar Grundnahrungsmittel wie Brot, Gemüse, Getreidebrei und Wasser, aber nur wenig und noch dazu von schlechtester Qualität. Für diese schlimmen Zustände war vor allem der Verwalter verantwortlich, obwohl fast alle Verwalter ebenfalls Sklaven waren. Das wissen auch Phrygus und Africanus:

Phrygus: „Cur dei Sabinianum non delent? Servos semper terret. Sed etiam Sabinianus servus est. Servi Sabinianum timent, et Sabinianus dominum timet."
Africanus: „St! Tace, Phryge! Nam ibi Sabinianus est! Iam tabulam tenet!"
Sabinianus primo tacet, sed tum monet: „Phryge, Africane! Tacete! Servi parere debent!"

V

a) 1. Stelle die Wörter zusammen, die in dem Text häufig auftauchen. 2. Versuche aus diesen Wörtern zu erschließen, worum es in dem Text geht.

b) Wie lebten die römischen Sklaven wirklich? Eher so wie Lydus und Syrus oder wie Phrygus und Africanus? Sammelt Informationen zum Thema und stellt sie auf Plakaten dar. Beachtet auch die auf der Abbildung dargestellte Tätigkeit.

II *plus*

a) Ordne jedem lateinischen Wort den richtigen Fachbegriff zu:

serve ridere puellas parete! cibo murus nunc	Nominativ Dativ Adverb Infinitiv Akkusativ Imperativ Vokativ

b) Wem gibt Cornelia was?

Cornelia ... 1. equo cibum praebet.
2. servis tabulam praebet.
3. servae aquam praebet.
4. amicis cibos praebet.

c) Formenstaffel.
Setze die Infinitive in die genannten Personen:

esse	delere	tacere
studere	tenere	flere
docere	torquere	ridere

3. Sg. → 3. Pl. → 2. Pl. → 2. Sg. → 1. Sg. → 1. Pl.

d) Latein lebt – in vielen Sprachen.
Nenne das lateinische Ursprungswort:
1. lingua (i.) 2. amici (i.)
3. to complete (e.)
4. acqua (i.) 5. terror (e.)
6. dolere (i.)

e) Bilde zur angegebenen Singularform jeweils die entsprechende Pluralform und umgekehrt:
1. avo, villas, murus, silvam, puellis, tabulas, cibi, equo, amicum
2. es, sumus, praebet, tacete, fles, pareo, auget, comple, ridemus, habent, deletis, gaudes, est

f) Bilde aus den folgenden Wörtern korrekte lateinische Sätze und übersetze:
1. tacent semper servi; respondent avo non.
2. puellae praebet tabulam avus.
3. non servi iam tacent; nam docere linguam puellae student.

g) Beantworte lateinisch die Fragen mit dem richtigen Wort im richtigen Kasus:
1. Quid venti delent? (muri, sonus, tabulae)
2. Cui Cornelia tabulam praebet? (via, aqua, servi) 3. Quis servos monere debet? (dominus, silvae, vicus)

h) Auf welche lateinischen Wörter lassen sich die folgenden Wörter zurückführen?
1. Dozent 2. Student 3. Tafel 4. komplett
5. Gaudi 6. Terror 7. Sessel

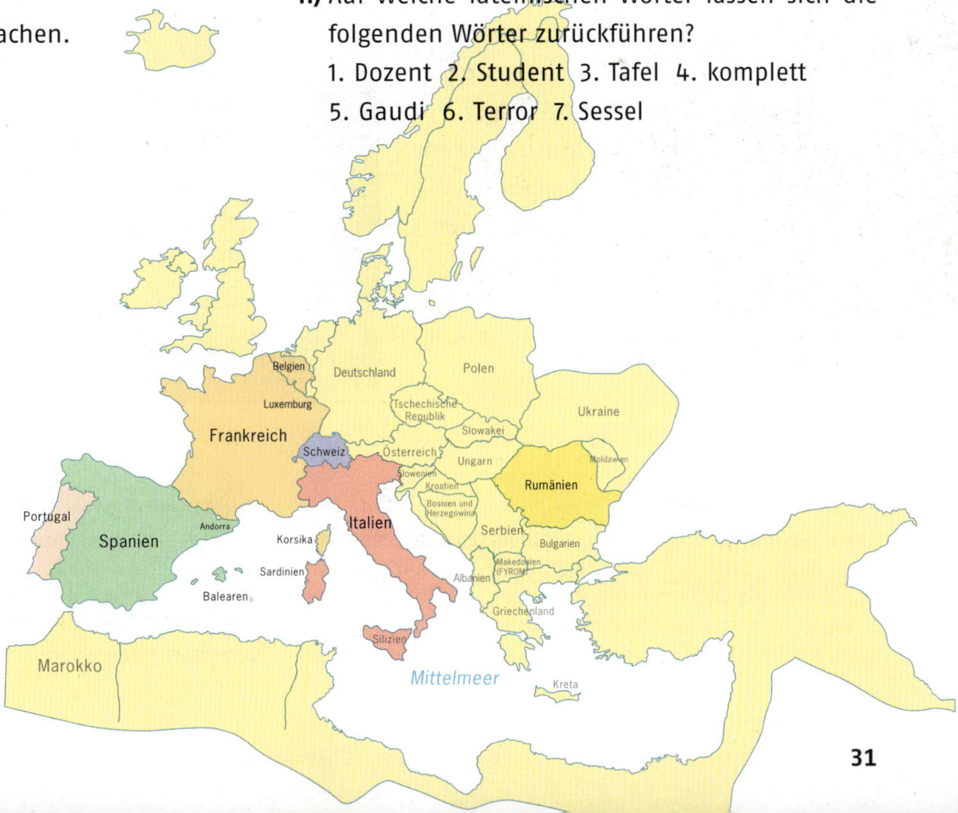

Die romanischen Sprachgebiete im heutigen Europa. In welchen Ländern außerhalb Europas werden ebenfalls romanische Sprachen gesprochen?

7

E

1. Ventus villam delet. Ventus villam amici delet.
2. Ventus etiam villas amicorum delet.
3. Ventus equum terret. Ventus equum puellae terret.
4. Ventus semper equos puellarum terret.

Ü

a) So viele Pferde! Wessen Pferde?
equus Corneliae - equus avi - equi amicorum - equi puellarum - equus servorum - equus Iuliae - equi domini - equus amici

b) Hilf Syrus und Lydus beim Übersetzen:
equus avi - muri villae - deus venti - cibus equi - equi puellarum - gladii sceleratorum - villae amicorum - gratia servorum - lingua domini - tabulae servarum

c) Bilde den Genitiv zu folgenden Nominativen:
villae, murus, amici, campus, lingua, via

d) Bestimme die Substantive nach Kasus, Numerus und Genus. Übersetze:
1. Amici servae domini gratiam habent. Nam servā amicis avi cibos praebet. 2. Equi domini amicis placent. Servi equos domini tenent et docent. 3. Serva tabulam Corneliae tenet. 4. Cibi avi puellis placent. 5. Saepe venti campos dominorum delent.

e) Bedrohung für das Dorf
1. Puellae et servae avi silvam timent. Cur silvam timent? Quis ibi est? 2. Scelerati ibi latent. Equi avi et amicorum sceleratis placent. 3. Scelerati gladios habent et amicos terrent. 4. Etiam servi sceleratos timent; nam scelerati saepe villas vici delent.

Römische Straße in Pompeji mit Wagenspuren und Trittsteinen.

I

Straßen und Straßenbau

„Alle Wege führen nach Rom." – Dieses berühmte Sprichwort hat seine Berechtigung: Ausgehend von Rom, dem Mittelpunkt des römischen Reiches, führten Straßen bis in die entferntesten Provinzen. Auf ihnen sollten die Soldaten schnell zu ihren Einsatzorten gelangen – und zurück. Für Ausbesserungen bzw. Erweiterungen des Straßennetzes waren staatliche Wegebeauftragte im Einsatz. Viele Römerstraßen sind noch über zwei Jahrtausende nach ihrem Bau zumindest teilweise erhalten, etwa die Via Appia (im Jahre 312 v. Chr. begonnen), die über 363 römische Meilen (ca. 537 km) von Rom nach Brundisium (Brindisi) führte.

Straßenschäden

T

Der Tag ist angebrochen. Ein Karren, vor den ein Maulesel gespannt ist, steht vor dem Landhaus. Syrus wird den Maulesel führen und die Mädchen zurück nach Rom zu ihren Eltern begleiten. Der Großvater gibt ihnen noch einige Bohnen und Oliven und ein großes Stück Ziegenkäse mit. Dann steigen Julia und Cornelia auf den Karren:

„Vale, Iulia! Vale, Cornelia! Valete, puellae!“ Cornelia tacet, Iulia iam flet. Avus lacrimas Iuliae videt. Lacrimae puellae etiam Homiliam movent. Itaque serva avi puellis ficos[1] praebet. Puellae gaudent, sed adhuc tacent; tandem respondent: „Vale, ave! Vale, Rufe! Vale, Homilia! Vale, Lyde! Valete!“

Mox Cornelia et Iulia villam avi non iam vident. Sed subito turbam vident. Iulia: „Quid ibi video? Quid est? Turbam sceleratorum video.“ Cornelia: „Tace, Iulia! Non turbam sceleratorum vides, sed silicarium[2] et servos silicarii vides.“

Syrus bringt den Karren zum Stehen und hält den Maulesel fest. So können die Mädchen mit dem Straßenarbeiter sprechen, der ihnen freundlich Auskunft erteilt:

„Saepe violentia[3] aquae et ventorum vias delet. Itaque servi vias renovare[4] debent. Mox via iterum patet.“

Nach kurzer Pause nähert sich das Fuhrwerk der Stadt Rom. Die hohen Wasserleitungen (Aquädukte), die Stadtmauern und das Kapitol tauchen auf.

Tandem muros et insulas Romae vident. Mox etiam turbam amicorum et amicarum vident; amici et amicae iam gaudent. Nunc puellae rident; nam laetitia amicorum et amicarum etiam laetitiam puellarum auget.

Die Mädchen springen vom Karren herab und begrüßen ihre Freunde. Ihren Eltern geben sie den Ziegenkäse, die Bohnen, Oliven und die restlichen Feigen, die sie vom Großvater erhalten haben. Dann genießen sie den letzten Tag der Ferienzeit.

[1] fīcus Feige

[2] silicārius Straßenarbeiter

[3] violentia Gewalt

[4] renovāre ausbessern

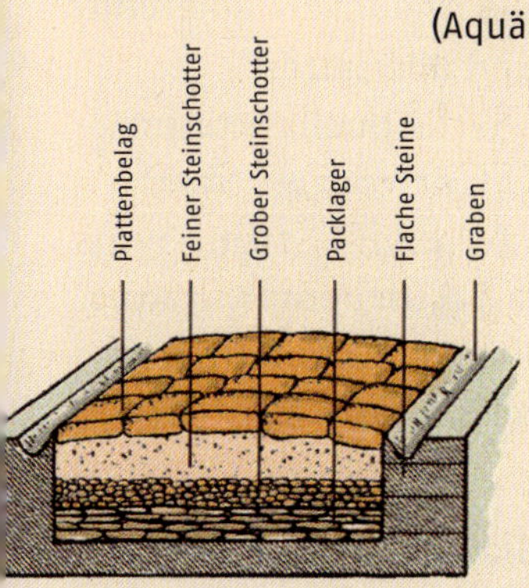

Querschnitt durch die Anlage einer römischen Straße.

V

a) T ist in vier Abschnitte geteilt. Gib jedem Abschnitt eine Überschrift und sammle Wörter, die deine Wahl begründen.

b) Füge die in Klammern stehenden Substantive als Genitivattribute in die Sätze ein und übersetze:
1. Ventus muros (vicus) delet.
2. Ventus turbam (amici et amicae) terret.
3. Amicae (puella) non iam rident.
4. Lacrimae (servus) avum movent.

c) *plus* In der Großstadt
1. Die Freunde und Freundinnen der Mädchen freuen sich; denn eine Menschenmenge füllt schon die Gassen und Straßen Roms an. 2. Hier sitzen Herren. Dort sehen sie die Sklaven der Herren. Die Sklaven müssen Vorräte auffüllen und die Mauern der Häuser vergrößern. 3. Auch ein Verbrecher ist dort versteckt (verborgen). Die Sklaven sehen das Schwert des Verbrechers. Endlich halten die Sklaven den Verbrecher fest.

8

E

1. Dominus servam monere debet. Serva cibos parare debet.
2. Serva semper cibos domini parat.
3. Dominus vocat: „Para cibos, Homilia! Parate cibos, servi!“
4. Syrus: „Statim cibos paro.“
5. Syrus et serva cibos parant.
6. Cornelia intrat et rogat:
7. „Cur cibos paras, Homilia? Cui cibos paratis, servi?“
8. Homilia et servus: „Domino cibos paramus.“

Ü

a) Ordne jedem Wortstamm eine Endung zu. Übersetze die gebildeten Verbformen:

-o	debe-	-te	-t	-mus
-o	intra-	-nt	dele-	
gaude-	-tis	-s	pare-	tace-
roga-	-re	terre-	mone-	

b) Konjugiere:

1. rogare et gaudere 2. intrare et videre
3. vocare et tacere 4. parare et parere

c) Irrläufer. Eine Verbform hat sich verirrt und gehört nicht in die Reihe. Begründe:

1. intramus - paremus - rogamus - vocamus
2. dolent - rogant - terrent - parant - monet
3. gaudes - taces - vides - pares - paras
4. paro - pareo - gaudes - terreo - taceo

d) Cornelia und Julia spielen. Sie springen immer vom Singular in den Plural und umgekehrt:
intro, rogat, mones, parant, timemus, vocas, rogamus, vocant, paratis, paretis, dolent

e) Regentropfen haben die Endungen unleserlich gemacht. Ergänze sie und übersetze:
Servi cibos para💧💧. Syrus puellas statim voca💧. Iulia intra💧: „Cur voca💧, Syre? Et cur cibos para💧💧💧, servi?“ Statim Syrus: „Domino cibum para💧💧 debemus. Itaque cibos para💧💧💧. Domino et amicis placet cibos habere.“ Iulia: „Para💧💧 cibos, servi!“

f) 1. Quis ibi vocat? Iulia vocat. 2. Avus et Cornelia rident et gaudent. Nam amica puellae villam domini intrat. 3. Dominus servas vocat. Servae domino parent et statim cibos parant.

I

Das Abendessen

Ganz Rom freute sich auf die wichtigste Mahlzeit des Tages, die cena. Da man Heizmaterial und Beleuchtung sparen musste, fand die cena normalerweise am späteren Nachmittag bis zum Einbruch der Dunkelheit statt. Bis zur cena blieb bei den meisten Römern die Küche kalt. Die cena war Mittelpunkt des Familienlebens und bestand aus mindestens drei Gängen: Vor-, Haupt- und Nachspeise. Bei keiner Vorspeise durften Eier fehlen. Den Hauptgang bildeten Fisch- und Fleischgerichte. Zum Nachtisch gab es meist mit Honig bestrichene Süßigkeiten. Der Tisch der einfacheren Leute war nicht so reich gedeckt. Sie aßen häufig einen Brei aus Getreide oder Bohnen, dem man auch anderes Gemüse hinzufügte. Fleisch gab es sehr selten, auch Fisch konnte man sich nicht täglich leisten.

Zum Abendessen: Käse und Oliven

T

Der Sklave Syrus soll in Rom bei Julias und Cornelias Eltern übernachten und am nächsten Morgen zum Großvater, seinem Besitzer, zurückkehren. Die Mutter Corinna arbeitet schon nebenan in einer kleinen Küche. Syrus schaut ihr dabei zu, während die Töchter noch auf der Straße mit ihrem Freund Gajus spielen.

Syro servo placet dominae respondere et dominam rogare; nam linguam nunc amat. Dominam rogat: „Cur tu[1] cibos paras, domina? Cur tu laboras, domina? Cur puellae non laborant?“ Itaque Quintus puellas nunc vocat: „Iulia, propera! Cornelia, propera! Properate! Cenam parare debetis.“ Filiae properant; statim intrant. Et Gaius amicus intrat.

Quintus: „Parate caseum[2] et olivas[3], filiae! Tum mensam ornate!“ Puellae: „Primo mensam ornamus. Tum caseum paramus, ... non olivas. Nam Gaius olivas non amat.“ Gaius: „Sic est. Olivas non amo, sed caseum et fabas[4] amo.“ Corinna: „Parate amico fabas, filiae! Sic amicum delectatis.“ Profecto Gaius amicus gaudet; itaque Corinnae gratiam habet.

[1] tū du

[2] cāseus Käse

[3] olīva Olive

[4] faba Bohne

Vom Speisezettel der Römer: Brötchen, Eier, Oliven, Artischocken, Schnecken und verschiedene angemachte Speisen.

a) Entscheide, ob die folgenden Aussagen richtig, falsch oder nicht in T enthalten sind:
1. Dominus puellas vocat. 2. Filiae statim intrant. 3. Servus copias complet. 4. Puellae olivas (Oliven) parant. 5. Gaius olivas non amat. 6. Gaius Quinto gratiam habet.

b) Ergänze die Prädikate in der angegebenen Form und übersetze:
1. Muros (augere, 3. Pl.) 2. Filiam (amare, 1. Sg.) 3. Turbam (videre, 1. Pl.) 4. Amicos (vocare, 2. Pl.) 5. Domino (parere, 1. Sg.) 6. Insulam (intrare, 2. Sg.) 7. Amicas (delectare, 2. Pl.) 8. Mensam (ornare, 3. Sg.)

V

c) *plus* Immer ich!
1. Die Herrin bereitet Speisen vor. Deshalb ruft sie Claudia und Tullia: „Ihr müsst arbeiten, Töchter! Bereitet das Essen vor und schmückt den Tisch!“ 2. Claudia: „Immer muss ich arbeiten, immer muss ich gehorchen, immer muss ich eilen.“ 3. Tullia: „Immer arbeite ich, immer gehorche ich.“ 4. Die Mädchen: „Immer eilen wir, immer bereiten wir Speisen vor. Niemals sehen wir die Freundinnen.“

E

1. Aeolus saepe villas delet.
   Aeolus saepe villas vento delet.
2. Aeolus avum et servos ventis terret.
3. Avus servos non iam linguā terret.
4. Servi avum delectant.
   Servi avum cenā delectant.
5. Servi avum saepe cenis delectant.

Ü

a) Ablativ Singular sucht Ablativ Plural und umgekehrt:
amicā, equis, villis, tabulā, servis, deo, cenā, filiā, cibis, dominis, viā, lacrimis

b) Welche Wortformen sind Ablative? Suche sie und nenne den Nominativ Singular:
populo, rogo, primo, gladio, subito, habeo, vento, profecto, sono, voco, amico, deo

Der römische Bacchustempel in der syrischen Stadt Baalbek. 2. Jh. n. Chr.
Die Bauwerke der Römer in den Provinzen glichen denen der Hauptstadt Rom. Erschließe aus der Abbildung wichtige Bestandteile eines Tempels.

c) Bestimme die folgenden Substantive nach Kasus, Numerus und Genus. Nenne bei mehrdeutigen Endungen alle Möglichkeiten:
dominam, filiae, amicis, campis, puellarum, vento, sonum, lacrimis, laetitia, tabulis, amicae, deorum, populi, gladium, sceleratorum

d) Freud und Leid
1. Servus domini filias cenā delectat.
2. Amicus amicas semper terret.
3. Statim puellae servo avi parent.
4. Cornelia et Iulia servis amici tabulam praebent. 5. Amici puellarum gaudent.
6. Servi filiam et amicos cibis et aquā delectant. 7. Amicus servos sonis terret.
8. Scelerati amicos gladiis terrent.

I

Provinzen
Ein von den Römern bei Kriegszügen erobertes Gebiet wurde zur Provinz (provincia) erklärt und künftig als römisches Staatsgebiet betrachtet. Diese Provinzen wurden von römischen Beamten verwaltet, die offiziell ohne Bezahlung arbeiteten. In Wirklichkeit jedoch war die Verwaltung einer Provinz eine lohnende Aufgabe, denn die römischen Beamten erhielten von den Bürgern viele Geschenke und steckten häufig auch einen großen Teil der Steuern in ihre eigene Tasche. Die erste römische Provinz war seit 242 v. Chr. die Insel Sizilien. Syrien (Syria) war seit dem Jahr 64 v. Chr. römische Provinz und sollte die Römer vor allem vor den Parthern schützen, die weiter im Osten lebten.

Warum bist du ein Sklave?

T

Corinna mensam cibis complet; nam familiam cenā delectare studet. Etiam candelas[1] parat et mensam candelis ornat. Nunc familia bene cenat. Subito Gaius Syrum servum spectat et rogat: „Syre, cur servus es? Unde es?“ Sed Syrus tacet, diu dubitat. Gaio non respondet.

Ungeduldig erzählt Gajus voller Stolz und Überheblichkeit:

„Romani pugnas bene parant. Romani gladiis, non perticis[2] pugnant. Itaque Romani barbaros[3] pugnis semper superant.“

Schnell fällt ihm der Vater Quintus ins Wort:

„Tace, amice! Syria est patria Syri. Sed nunc Syria est provincia Romanorum. Sumus domini ...“

Aber jetzt mischt sich Syrus doch ein und unterbricht Quintus:

„Sic est. Romani sunt domini Europae et Asiae et Africae. Sed amici non sunt. Nam populi dolos et iniurias Romanorum timent. Dolis et iniuriis Romani populos terrent. Nunc Romani etiam Syriam dolo et iniuriā tenent. Itaque nunc captivus sum, servus Romanorum sum. Syriam patriam adhuc amo; etiam filiam et filium amo – sed familiam non iam habeo.“ Nunc Gaius dubitat; diu dubitat et tacet.

Der Freund Gajus geht nach dem Abendessen zu seinen Eltern nach Hause, die in der Nähe des Fischmarktes wohnen. Syrus wird morgen früh im Morgengrauen den Heimweg zu seinem Herrn, zu Julias und Cornelias Großvater, antreten.

[1] candēla Kerze

[2] pertica (Holz-)Stange

[3] barbarus Ausländer, Barbar

Ein römischer Legionär bei der Pflege seiner Rüstung.

V

a) Vergleiche die folgenden Sätze und überlege, warum die jeweilige Person zögert und schweigt:
Z. 4: Syrus tacet, diu dubitat. Gaio non respondet. – Z. 14f.: Nunc Gaius dubitat; diu dubitat et tacet.

b) Setze alle Formen in den Plural:
1. Sceleratus equum gladio torquet.
2. Servus sceleratum pugnā superat.
3. Amicus filiam dolo terret.
4. Amicam iniuriā non delectas.
5. Servus filiam et filium cibo delectat.

c) *plus* 1. Der Freund Titus zögert nicht, das Mädchen Terentia durch eine List zu erschrecken. 2. Titus liebt Kämpfe. 3. Endlich kämpft er nicht mehr, sondern gehorcht der Herrin. 4. Die Herrin erfreut auch den Sklaven Clesipus durch eine Mahlzeit. Tatsächlich isst Clesipus gut. 5. Der Herr betrachtet den Sklaven und ermahnt ihn°: „Arbeite, Sklave! Eile sofort! Der Gott Äolus zerstört die Felder durch Wind und Wasser.“ 6. Endlich dankt der Herr dem Sklaven.

10

E

1. Aeolus populum ventis terret.

2. Itaque venti avo non placent.

3. Nam venti campos avi delent.

Ü

a) Bilde mit den folgenden Wörtern sinnvolle Sätze:

1. avus - serva - villa - intrare
2. serva - cena - amicus - dominus - parare
3. semper - amicus - delectare - familia
4. Cornelia - esse - sed - ibi
5. vocare - avus - filia - statim
6. primo - tum - praebere - mensa - serva - ornare - aqua - cibus - et - familia
7. familia - cenare - tum
8. et - gaudere - puella - ridere

b) Benenne Kasus und Numerus. Bei (!) gibt es mehrere Möglichkeiten:

avos, lacrimis (!), cena (!), deorum, dominam, mensae (!), pugnas, gladii (!), filiarum

c) Ordne die Antworten den Fragen zu:

1. Cui?	Servus vocat.
2. Quis?	Silvam spectamus.
3. Quid?	Scelerati sunt.
4. Cur latent?	Filiae respondemus.

d) Irrläufer. Welches Wort gehört nicht in die Reihe? Begründe:

1. filiis - servo - puellis - amicis
2. amicos - avum - villa - dominam
3. deo - silvā - muris - viam
4. campi - viae - villae - vicos

e) Welche Übersetzung ist die richtige? Welche Fehler enthalten die falschen Lösungen?

1. Servus equis cibum praebet.
   (a) Der Sklave gibt den Pferden Speisen.
   (b) Der Sklave gibt den Pferden Futter.
2. Dominus villam parat.
   (a) Der Herr erwirbt ein Haus.
   (b) Der Herr besitzt ein Haus.
3. Sceleratus equum torquet.
   (a) Verbrecher quälen das Pferd.
   (b) Der Verbrecher quält das Pferd.
4. Puellae insulam intrant.
   (a) Die Mädchen besuchen die Insel.
   (b) Die Mädchen betreten die Insel.

Stadtmaus und Landmaus

T

Am letzten Tag der Ferien erzählt die Mutter Corinna den beiden Töchtern eine Gutenachtgeschichte, die Fabel von der Begegnung einer Stadtmaus mit einer Landmaus.

Mus rusticus[1] cottidie laborat, semper copias complet, semper cibos parat, semper vigilat, sed thesaurum non habet.
Tamen[2] mus rusticus amicum invitat et amicum cenā delectare studet. Itaque amico cibos parat et mensam ornat.

Amicus est mus urbanus[3]. Mus urbanus numquam laborat, numquam copias parat. Tamen semper bene cenat; nam semper cibos domini et dominae habet.
Tandem mus urbanus cavum amici intrat. Sed statim dubitat et tacet; neque cavus neque mensa neque cena amico placet.
Mus urbanus: „Modestiam non amo. Luxuriam amo. Cur cottidie hic laboras? Laborare non debeo, tamen semper bene ceno. Cur Romam[4] properare dubitas? Ibi laborare non debes.“

Nunc mus rusticus gaudet. Mox amici non iam cavum, campos, silvas, sed muros et insulas Romae vident. Noctu villam domini et dominae intrant. Ibi cibi amicos delectant. Etiam mus rusticus villam et mensam et cenam amat.
Sed subito Molossi[5] appropinquant et amicos latratu[6] terrent.
Mus rusticus Molossos timet. Itaque vocat: „Silvae et campi et cavus me[7] delectant. Modestiam amo. Luxuriam recuso. Vale, amice!“

[1] mūs rūsticus Landmaus
[2] tamen trotzdem
[3] mūs urbānus Stadtmaus
[4] Rōmam nach Rom
[5] Molossī molossische Hunde (große griechische Hunde)
[6] lātrātū durch Gebell
[7] mē mich

V

a) 1. Auf welche Stellen aus der Fabel beziehen sich die Abbildungen auf S. 38?
2. „Modestiam et ... amo.“ Welche deutschen Substantive kannst du in diese Lücke sinnvoll einsetzen? Begründe deine Entscheidung.
3. Jede Fabel hat eine Lehre. Welche erkennst du in dieser Fabel? 4. Wenn du die Wahl hättest: Würdest du dich für ein eher einfaches Landleben oder für ein bequemes Stadtleben entscheiden? Begründe deine Antwort.

b) 1. Notiere alle Sätze, in denen weder die Stadtmaus noch die Landmaus noch die molossischen Hunde Subjekt sind. Bestimme die Subjekte in diesen Sätzen. 2. Nenne alle Sätze, in denen das Subjekt im Prädikat enthalten ist. 3. Notiere alle Dativobjekte und Genitivattribute aus T.

c) *plus* Nicht reich, aber zufrieden!
1. Der Herr und die Herrin lieben die Bescheidenheit. Sie haben keine (nicht) Schätze.
2. Aber sie bemühen sich, die Vorräte zu vergrößern. 3. Auch nachts arbeitet der Herr oft.
4. Die Herrin lädt sogar Freunde ein. Dann schmückt sie den Tisch immer mit Speisen.
5. So erfreut sie die Freunde. Nun muss sie sich beeilen. 6. Denn die Freunde nähern sich schon dem Wohnblock.

„Küchenlatein"

T

Nach dem Essen arbeitet Syrus mit der Familie in der Küche. Er wirkt sehr bedrückt, die vorausgegangene Unterhaltung hat ihn traurig gemacht. Julia will mehr über Syrien, die Heimat des Syrus, hören. Doch Syrus antwortet nicht. Cornelia will ihn aufheitern und redet leise mit ihm. Syrus spricht nur zögernd und stockend. Cornelia fasst seine Antwort zusammen:

„Syria patria Syri est, itaque Syrus Syriam adhuc amat. Vicos et campos et silvas Syriae desiderat[1]. Etiam familia et amici Syri ibi sunt. Sed Romam Syrus non amat, nam insulas Romae et turbam timet. Neque cibos Romanorum amat. Et lingua Romanorum Syrum adhuc terret."
Cornelia diu exspectat[2], sed Syrus adhuc tacet. Tum Cornelia vocat: „Ha! Age[3], Syre! Neque insulas neque cibos Romanorum amas, sed linguam profecto non iam times. Responde: Puella sum. Servus avi es!" Syrus dubitat, tum respondet: „Puella sum. Servus avi es." Cornelia et Iulia statim gaudent et rident.
Tum Iulia docet: „Puella sum." (Sie zeigt auf sich.) „Servus avi es." (Sie zeigt auf Syrus.) Syrus: „Ah! Servus avi sum, puella es." Cornelia: „Filia Corinnae et Quinti sum. Etiam Iulia filia Corinnae et Quinti est. Filiae Corinnae et Quinti sumus." Nunc Syrus ridet et respondet: „Servus avi sum; etiam Lydus servus avi est. Servi avi sumus!"
Cornelia gaudet: „Recte, Syre! Puellae equos amant, itaque puellae equos cibis et aquā semper delectant." Syrus ridet, tum iterum dubitat et respondet: „Servi cibos et aquam amant; sed domini servos aquā et cibis non semper delectant."

[1] dēsīderāre vermissen

[2] exspectāre warten, abwarten

[3] age Los!

Eine typische Küche aus dem 1. Jh. n. Chr. mit Kochutensilien an der Wand. Die Toilette befindet sich neben dem gemauerten Herd.

V

a) Unterteile den Text in Sinnabschnitte. Achte bei der Einteilung besonders auf die benutzten Verbformen.

b) Cornelia benutzt ihren „Sprachunterricht", um Syrus wieder aufzuheitern. Was meint sie genau, wenn sie Syrus auffordert: responde (Z. 7)? Wie versteht Syrus ihre Aufforderung?

c) Welche Besonderheiten einer römischen Küche (Abb. oben) fallen dir im Vergleich zu einer heutigen auf? Versuche diese zu erklären.

III plus

Ü

a) „Wir wollen nicht verwechselt werden!"
Bestimme jeweils die Formen und übersetze:
1. Familia cenat. Cena, puella! Puellae cenas parant. Cur non cenas, puella? Serva cenā avum delectat. Avus cibos cenat.
2. Cenam paro. Avo pareo. Servi avo parent. Filiae mensam parant. Captivus domino paret. Serva avo cenam parat.

b) Diese kleinen Wörter!
Füge sie sinnvoll in die Sätze ein:
nunc - semper - saepe - statim - subito
1. Amica [?] flet. 2. Puella [?] dubitat.
3. Familia amicos [?] cenā delectat.
4. Servus [?] paret.
5. Cena amicis [?] placet.

c) Setze die Singularformen in den Plural und umgekehrt:
ridet - vocamus - intro - pare - parat - rogant - laborate - video - sunt - estis

d) Ergänze die Kasusendungen und übersetze:
1. Servi semper av[?] parent et cib[?] parant. 2. Etiam servae cib[?] para[?].
3. Mensam cib[?] et aqu[?] complent.
4. Cena famili[?] delectat. 5. Cibi serv[?] etiam amic[?] placent.

e) „Ich, Ich, Ich ...". Bilde die 1. Pers. Sg. und übersetze:
debere, respondere, laborare, parere, parare, flere, vocare, delectare, esse, docere, cenare

f) Auf welche lateinischen Wörter lassen sich diese deutschen Fremdwörter zurückführen?
1. Mensa 2. Video 3. Ventil 4. Vokal 5. Vokativ 6. Filiale 7. Labor 8. Ornament 9. dominant

g) Latein lebt – in vielen Sprachen.
Nenne das lateinische Ursprungswort:
1. family (e.) 2. cena (i.)
3. province (e./f.) 4. patria (i.)
5. isola (i.) 6. to enter (e.)
7. famille (f.) 8. sempre (i.)

h) Eine Einladung zum Essen
1. Familia gaudet, nam amicos avi videt.
2. Servae iam diu laborant et cenam parant. Primo mensam ornant, tum mensam cibis complent. 3. Amici avi villam intrant. Familia ridet et avus servos vocat. 4. Servi properant et statim amicis aquam praebent. Cena servarum familiam et amicos delectat.
5. Tum amici campos et silvam avi spectant. Etiam equi avi amicis placent.

Römisches Gastmahl im Triclinium. Die Gäste lagen auf hufeisenförmig aufgestellten Liegen.

1

Schulbeginn – Alltag in Rom

3

In den nächsten Kapiteln triffst du Julia und Cornelia in Rom, wo die Schule wieder beginnt. Neben dem pulsierenden Leben dieser antiken Großstadt wirst du zugleich neue Personen aus dem Umfeld von Julia und Cornelia kennenlernen, etwa den Lehrer Eudoxus und Schulfreunde wie Paula, Paulus, Marcus und Titus und nicht zuletzt den Sklavenhändler Chrysogonus.

2

Großstadt Rom *fundamentum*

Rom war eine riesige Stadt, in der Menschen unterschiedlicher Herkunft und Stellung zusammenlebten. Es gab die Viertel der reichen und mächtigen Bürger mit prächtigen Villen und Palästen, aber weit mehr wurde das Straßenbild vom einfachen Volk, der sog. plebs, bestimmt. Sie setzte sich zusammen aus einfachen Handwerkern, Tagelöhnern und einer gewaltigen Masse arbeitsloser Menschen, die in der Hoffnung auf ein besseres Leben aus den Provinzen und den ländlichen Regionen Italiens in die Stadt strömten. Diebstähle und Verbrechen waren an der Tagesordnung. Die krassen Unterschiede zwischen Arm und Reich hätten ein friedliches Leben in der Stadt ernsthaft gefährdet, wenn nicht die Kaiser das Volk durch die häufige Ausrichtung von Spielen (Gladiatorenkämpfe, Tierhetzen und Pferderennen) und kostenlose Getreidezuteilungen ruhiggestellt hätten; das meint der bekannte Spruch panem et circenses – Brot und Spiele. Die meisten Einwohner wohnten in großen Mietshäusern (insulae), die eng aneinandergebaut waren und keinerlei Luxus aufwiesen: So musste man sich das Wasser von den zahlreichen Brunnen Roms holen, zum Baden ging man in die öffentlichen Badeanlagen, die Thermen, und in den öffentlichen Toiletten saßen Männer und Frauen ohne Abtrennung nebeneinander.

4

Das Forum Romanum

fundamentum

Das eigentliche Zentrum Roms war das Forum Romanum, ein großer Platz im Herzen der Stadt, auf dem sich nicht nur bedeutende Tempel befanden, sondern auch Markt- und Gerichtshallen, ein wichtiges Versammlungsgebäude für Politiker, die Kurie (curia), und eine Unmenge von Läden. Auf dem Forum, das man sich als großen Marktplatz vorstellen kann, wurde also nicht nur verkauft und eingekauft, sondern es wurden auch Gerichtsverhandlungen abgehalten, religiöse Feste gefeiert – und große Politik gemacht. Am Rande des Forums befanden sich in Bretterverschlägen, die nur mit einem Vorhang vom lärmenden Markttreiben abgetrennt waren, auch karg eingerichtete Klassenzimmer.

5

1 **Prozession römischer Priester. Relief vom Friedensaltar des Augustus in Rom. 9 v. Chr.**
2 **Rekonstruktion eines mehrstöckigen römischen Mietshauses mit Ladengeschäften.**
3 **Blick durch den Triumphbogen des Septimius Severus auf das Forum.**
4 **Der Konstantinsbogen und das Kolosseum in Rom.**
5 **Beim Kissenhändler. Römisches Relief. Um 50 n. Chr. Florenz, Galleria degli Uffizi.**
6 **Ein bronzener Abakus aus der Kaiserzeit. Von jüngeren Schülern wurde er zum Rechnenlernen benutzt. Rom, Museo Nazionale delle Terme.**

Römischer Schulalltag

fundamentum

Seit dem 3. Jh. v. Chr. gab es in Rom öffentliche Schulen. Davor waren die Kinder von den eigenen Eltern zuhause oder, wie bei reicheren Familien üblich, von einem gebildeten griechischen Sklaven unterrichtet worden. Die Ausbildung war dreigeteilt: Vom 7. bis zum 11. Lebensjahr gingen die Kinder in die Grundschule, vom 12. bis zum 17. Lebensjahr erhielten sie Unterricht beim Grammatiklehrer, was bei uns dem Besuch einer höheren Schule entspricht. Die Kinder wohlhabender Eltern bekamen danach noch eine Ausbildung in der Redekunst und im Rechtswesen, was heute etwa dem Studium an einer Universität entspricht. Der Grundschullehrer (magister ludi) unterrichtete – schlecht bezahlt und wenig angesehen – Mädchen und Jungen zusammen in den Grundzügen des Lesens, Rechnens und Schreibens. Ein Schulbuch besaß oft nur der Lehrer selbst, d.h. die Schüler hatten eine Menge auswendig zu lernen und schulten so ihr Gedächtnis in höherem Maße als heute.

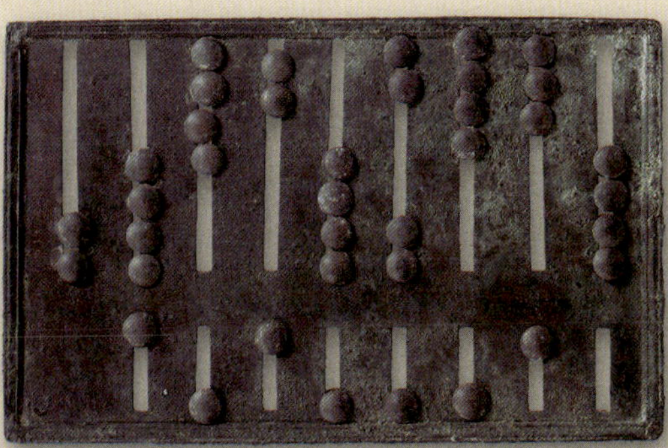

6

11

E

1. Syrus: „Semper laborare et parere debeo. Statim venire debeo."
2. Dominus Syrum et puellas vocat: „Veni, Syre! Venite, puellae!"
3. Cur Syrus non venit? Cur puellae non veniunt?
4. Dominus: „Cur non venis, Syre? Cur non venitis, puellae?"
5. Syrus dominum audit et respondet: „Iam venio, domine!"
6. Puellae dominum audiunt et respondent: „Iam venimus, domine!"
7. Dominus patriam Syri scit. Et puellae patriam Syri sciunt.

Ü

a) Setze die Singularformen in den Plural und umgekehrt:
audio, venite, audis, scimus, veniunt, scitis, venis, audi, venit, audiunt

b) Formenstaffel:

scire — venire — audire

3. Pers. Pl. → 3. Pers. Sg. → 2. Pers. Sg. → 2. Pers. Pl. → 1. Pers. Pl. → 1. Pers. Sg.

c) Konjugiere:
1. scire et esse
2. vocare et venire
3. videre et audire

d) Ergänze das Prädikat anhand des angegebenen Infinitivs und übersetze:
Serva (vocare): „(venire), Syre! (properare), amici!" Statim servi (venire). Etiam dominus servam (audire). Cur (vocare)?
Was könnte geschehen sein? Führe die Geschichte auf Deutsch zu Ende.

e) Rückkehr von einem Ausflug
1. Dominus et filia veniunt. Tandem Syrus equum domini audit et videt. Itaque statim vocat: „Venite, amici!" 2. Servi properant. Servi et servae gaudent, nam dominum et filiam audiunt. 3. Dominus laetitiam familiae scit. Itaque ridet et gaudet.

I

Die Zeiteinteilung der Römer

Die Römer kannten zwar den Begriff „Stunde", verstanden darunter aber nicht einen Zeitabschnitt von 60 Minuten Dauer. Sie unterteilten den Tag, den sie als die Zeitspanne vom Sonnenaufgang bis zum Sonnenuntergang ansahen, wie wir in zwölf Stunden. Da im Sommer aber die Tage länger waren als im Winter, waren auch die einzelnen Stunden in den Sommermonaten länger als in der Winterzeit, wenn es früher dunkel wurde. So umfasste die einzelne Stunde je nach Jahreszeit zwischen 45 und 75 Minuten. Die erste Stunde begann mit dem Sonnenaufgang, die sechste Stunde war die Mittagszeit. Wenn die Römer jemanden treffen wollten, begnügten sie sich mit ungefähren Zeitangaben wie „in der Frühe", „vor Mittag", „nach dem Mittag", „am Spätnachmittag", „am Abend".

Römische Taschensonnenuhr.
2. Jh. n. Chr. Ostia, Museo Ostiense.

Schulstart mit Verspätung

T

Während die Eltern das Frühstück vorbereiten, das aus Brot, Käse und Wasser besteht, liegen die Mädchen noch in den Betten. Die Tür zum kleinen Schlafzimmer ist geschlossen.

Ianua[1] non patet. Itaque Quintus puellas vocat et monet: „Properate, puellae! Quid exspectatis? Cur dubitatis venire? Veni statim, Iulia! Veni, Cornelia! Venite, puellae! Amicas et amicos iam video et audio.“ Iulia: „Nihil video, nihil audio; ludum non amo.“ Quintus: „Nihil vides, nihil audis, ludum non amas; itaque nihil scis. Veni tandem!“

[1] iānua Tür

Nach einem kurzen Frühstück laufen die beiden Mädchen ohne große Begeisterung und schon mit einiger Verspätung zur Schule, einer Hütte aus Holz und Lehm. Als sie eintreten, spricht der Lehrer, ein gebildeter griechischer Sklave namens Eudoxus, gerade über Europa.

Antike Weltkarte nach Herodot. 450 v. Chr.

Eudoxus puellas rogat: „Unde venitis, Iulia et Cornelia?“ Puellae Eudoxum audiunt, sed tacent. Eudoxus puellas monet, tum amicos rogat: „Quis insulas Europae scit?“

Statim Paula amica respondere studet: „Cretam tantum insulam scio. Cretam desidero; nam ibi avus villam habet.“ Tum Gaius amicus vocat: „Ubi est insula? Cretam insulam nescio, sed Siciliam insulam scio. Ibi Aetna est. Ibi Vulcanus deus habitat et laborat.“ Iulia et Cornelia respondent: „Syriam scimus. Syria est patria Syri servi. Servus avi ibi familiam habet, sed ...“ Subito amici et amicae rident. Diu rident et gaudent. Cur rident?

V

a) 1. Warum lachen die Klassenkameraden? 2. Suche auf der Landkarte im Buchdeckel Kreta, Sizilien und den Ätna. 3. Vergleiche die antike Weltkarte mit einer heutigen. Versuche, die Gemeinsamkeiten und Unterschiede zu erklären.

b) Ergänze die Prädikate in der angegebenen Form:
1. Insulam (intrare, videre, scire, 1. Sg.).
2. Nihil (audire, parare, timere, 2. Sg.).
3. Filium (videre, vocare, 3. Sg.).
4. Cenam (parare, 1. Pl.).
5. Mensam cibis (complere, ornare, 2. Pl.).
6. Cur non (venire, 3. Pl.)?

c) *plus* Kein Interesse
1. Eudoxus bemüht sich, die Freunde gut zu unterrichten. Aber die Freunde hören nichts. 2. Die Freunde lieben Kämpfe. Hier kämpfen Titus und Gajus. 3. Eudoxus ermahnt die Freunde: 4. „Kommt endlich! Warum zögert ihr? Ihr hört nichts, ihr wisst nichts; ihr kennt die Sprache nicht. Warum sitzt ihr hier herum°?“ 5. Die Freunde antworten: „Wir vermissen die Wälder und Felder.“

d) Was meint die folgende Sentenz?

Ubi bene, ibi patria.

12

E

1. Hic forum est. Hic templum est.
   Ibi templa deorum sunt.
2. Populus vias fori complet.
   Portae (Tore) templorum iam patent.
3. Romani saepe templa intrant.
4. Consilia deorum Romanis placent.
5. Itaque Romani consiliis deorum parent.
6. Ibi dominus donum praebet.
   Dominus deos dono delectat.
7. Romani deos donis delectant.

Ü

a) Bringe die folgenden Formen von donum in die richtige Reihenfolge (Nom. Sg. bis Abl. Pl.):
dona, donis, donum, dono, doni, dona, donis, donorum, dono, donum

b) Singular sucht Plural und umgekehrt. Ordne zu:

templo pugna
via consiliis
forum consilii
templa viam
templorum

fora templum
templis viae
pugnae templi
vias consilio
consiliorum

c) Nenne jeweils die Deklinationsklasse.
Bestimme dann Kasus, Numerus und Genus:
templa, viae, vici, forum, murus, avo, villa, campi, servis, dominos, amicarum, doni

d) Stadt – Land – Dorf. Nenne alle Substantive, die einen Ort oder ein Gebäude bezeichnen:
consilium, patria, donum, templa, pugna, provincia, fora, serva, iniuria, via, villa, campi, lingua, tabulae, vicus

e) -is ist nicht gleich -is. Unterscheide Substantive von Verben und übersetze:
ludis, estis, audis, nescis, dolis, scis, venis, provinciis, ventis, auditis, cenis, pugnis, cenatis, donis, cibis, consiliis, paratis

f) Besuch der Freundinnen
1. Iulia donum amicae videt et ridet. Donum tabula est. 2. Puellae templa fori nesciunt. Itaque forum intrant et templa deorum spectant. 3. Forum et templa amicis placent.

I

Schulbesuch

In der Antike bestand keine Schulpflicht. Die Schulbildung der Kinder war eine private Entscheidung der Eltern und hing von den finanziellen Verhältnissen der Familie ab. Die Lehrer an den Grundschulen waren häufig mehr oder weniger gebildete Sklaven, die von den Eltern monatlich bezahlt wurden. Der Unterricht für Kinder aus ärmeren Familien fand in schlecht ausgestatteten Räumen statt, meist in der Nähe der Märkte. Sie saßen in Klassen von 20–30 Schülern auf Holzbänken und hatten keine Tische. Der Unterricht begann sehr früh am Morgen, im Winter noch bei Dunkelheit, und dauerte den ganzen Tag.

Ein Unterrichtsgang auf das Forum

T

Eudoxus semper discipulos bene docere studet. Discipulos libenter docet. Ingenium Eudoxi discipulis placet.

Eudoxus: „Audite consilium, discipuli: Nunc forum intramus.“

Discipuli consilium Eudoxi libenter audiunt. Eudoxus consilio discipulos delectat.

Kurz darauf stehen die Kinder mitten auf dem Forum, dem Zentrum der antiken Welt, und hören den Worten ihres Lehrers zu.

Eudoxus: „Quis aedificia fori bene scit?“

Gaius: „Hic est curia, ibi sunt templa deorum et dearum. Hic est templum Saturni; ibi templum Concordiae videmus.“

Eudoxus gaudet: „Recte et bene respondes, discipule!“

Gaius rogat: „Cur Romani deis templa aedificant? Cur portae templorum nunc patent?“

Eudoxus: „Dei et deae populos beneficiis delectant. Etiam Romanis beneficia praebent. Saturnus populis frumentum praebet. Concordia dea concordiam[1] populorum auget. Itaque Romani deis templa aedificant. Templa deorum statuis[2] ornant et deis dona praebent. Etiam Saturnum deum et Concordiam deam donis delectant.“

Subito Iulia ridet et vocat: „Ibi est basilica Iulia[3].“

Verba Iuliae discipulis placent. Discipuli iterum rident.

[1] concordia Einigkeit

[2] statua Statue

[3] basilica Iūlia: s. Eigennamenverzeichnis

a) 1. Warum lachen Julias Mitschüler wieder? 2. Erstelle aus den bisher gelernten Substantiven ein Wortfeld zu aedificium. 3. Informiere dich in einem Lexikon über den Gott Saturnus und die Göttin Concordia.

b) Bestimme Kasus, Numerus und Genus aller Substantive und übersetze:
1. Deis dona praebemus. 2. Ornate templa deorum, servi! 3. Deos donis delectatis. 4. Consilia dominis non placent.

c) *plus* Dank für Concordia
1. Das Forum gefällt den Schülern. Sie betrachten die Kurie und die Tempel. 2. Gerne hören sie die Worte des Eudoxus. Die Begabung der Schüler gefällt Eudoxus. 3. Eudoxus: „Die Götter und Göttinnen geben Wohltaten. 4. Deshalb bauen die Völker Tempel. 5. Die Tempel der Götter schmücken sie mit Gemälden und Geschenken.“ 6. Dort betritt eine Menschenmenge den Tempel der Göttin Concordia. 7. Die Herren und Damen danken der Göttin.

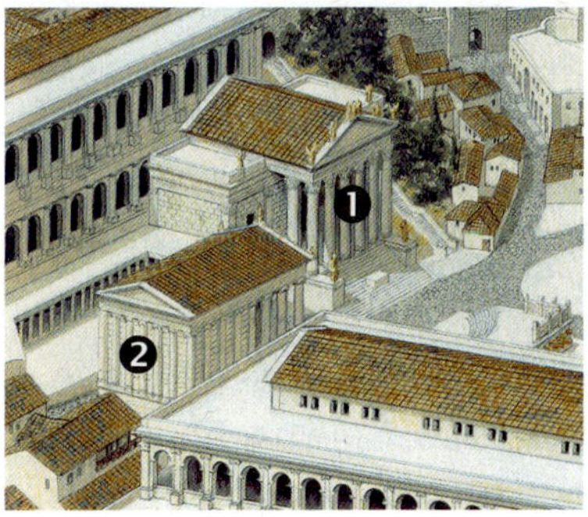

Der Tempel der Concordia ❶ und des Saturn ❷ auf dem Forum Romanum. Rekonstruktion.

V

13

E

1. Ubi villa avi est? Ibi villa est.
   Villa ad campum est.
2. Puellae ad villam avi properant.
3. Puellae ante portam villae exspectare debent.
4. Nam Homilia serva adhuc post villam laborat.
5. Unde servi properant? Servi e silvā properant.
6. Saepe servi sine domino non laborant.
7. Dominus servos vocat.
   Servi in villam domini properant.
8. Ubi puellae sunt? Nunc puellae in villā sunt.
9. Cornelia et Iulia cum familiā et cum servis in villā sunt.

Ü

a) Ordne richtig in die Kisten ein:
ante, ex, cum, post, ad, sine

b) Ergänze die Substantive. Achte dabei auf den richtigen Kasus und Numerus:
1. Ad (villa, muri, silvae, templa) propero.
2. Ante (templum, insulae, aedificia) via est.
3. Sine (donum, tabulae) amici non veniunt.
4. Cum (avus, filia, amici) cenamus.
5. Puella e (silva, templum) venit.

c) Stelle die richtige Zuordnung her und übersetze:
e - aedificium - in - amicis - cum - silva
muros - curia - ante - ad - post - templum

d) Wo oder wohin? Ordne die Sätze in zwei Gruppen und übersetze sie:
1. Servus in villam venit. 2. Dominus in curia est. 3. Servae in insulas veniunt. 4. In ludum propero. 5. Servi in aedificiis sunt.

e) Regentropfen haben viele Buchstaben unleserlich gemacht. Ergänze sie und übersetze:
1. Ubi Cornelia e_ Iulia su__? In for_ sunt. Nam ante templ__ amicae puell__ iam diu exspecta__. Muros templ_ orna__ et deae dona praeb___.
2. Ex insul_ dominae cum serv__ veniunt. Tandem puellae amicas vide__ et statim ad templ__ deae properant.

I

Basilika

Im 1. Jh. v. Chr. gab es auf dem römischen Forum vier große basilicae (griech. „Königshallen"). Davon sind heute noch die Reste der Basilika Ämilia zu sehen und die Reste der Basilika Julia, deren Bau 54 v. Chr. von Julius Cäsar begonnen wurde. Wie ihr an den Namen erkennt, wurden viele antike Bauwerke nach ihrem Erbauer benannt. Eine basilica war eine überdachte Markt- oder Gerichtshalle. Während der schlechten Jahreszeit übernahm die basilica die Funktionen des Forums: Gerichtsverhandlungen und alle Handelsgeschäfte, die sonst auf dem Forum abgewickelt wurden, fanden dann in den Basiliken statt.

In der Basilika Julia

T

Julias Hinweis auf die Basilika Julia bringt Eudoxus auf eine Idee:

Hic est basilica Iulia. Turba dominorum et dominarum ad basilicam venit. Eudoxus et discipuli ad basilicam Iuliam properant. Ibi turba Eudoxum terret. Itaque diu ante aedificium exspectant; umbra aedificii discipulis placet. Tandem basilicam intrant. Post mensam argentarium[1] vident. Argentarius mensam ornamentis complet.

Subito Aulus Calpurnius cum amico ad mensam venit. Ornamenta dominis placent; nam amicae ornamenta desiderant. Sed domini pretium ornamentorum nesciunt. Argentarius primo cum dominis ornamenta probat, tum pretium indicat. Sed pretium dominos terret. Itaque non diu dubitant: „Non argentarius, sed avarus[2] es. Ornamenta non paramus."
Argentarius respondet: „Sine ornamentis amicas non delectatis. Neque amici neque domini, sed gloriosi[3] estis. Valete!"

Subito Eudoxus discipulos non iam videt. Ubi discipuli sunt? Statim e basilica properat. Sed quid videt? Discipuli iam diu in umbra basilicae manent. Basilica discipulis non iam placet. Etiam Eudoxus in umbram basilicae properat.

Eudoxus möchte die Schüler nach der Besichtigung der Basilika Julia noch zur Kurie, zum Saturntempel und zum Vestatempel führen. Aber vorher legen sie eine kleine Pause ein.

[1] argentārius Juwelier

[2] avārus Halsabschneider

[3] glōriōsus Angeber

Römischer Schmuck. Fundstück aus Pompeji. 1. Jh. n. Chr.

V

a) Antworte mit Hilfe lateinischer Textzitate:
1. Cur Eudoxus primo basilicam non intrat? 2. Ubi discipuli diu exspectant? 3. Ubi argentarius (Juwelier) laborat? 4. Cur discipuli in umbra basilicae sedent?

b) Setze die in Klammern stehenden Substantive in den richtigen Kasus:
1. Puellae ad (basilica, forum, silvae) properant. 2. Post (templum, muri) sedemus. 3. Servus cum (amici, filiae, dominus) laborat. 4. Dominae e / ex (basilica, aedificia) veniunt. 5. Domini in (curia, insulae, aedificium) manent. 6. In (templum, ludus, insulae) properant.

c) *plus* 1. Der Herr eilt mit den Sklaven zum Forum. 2. Die Dame bleibt vor dem Tempel. 3. Die Tochter wartet lange im Schatten des Tempels. 4. Die Römer betreten niemals die Tempel ohne Geschenke. 5. Eine Menschenmenge kommt zur Markthalle. 6. In der Markthalle prüfen die Damen die Schmuckstücke.

Eine etwas andere Schulstunde

T

Als Eudoxus die Kinder wieder trifft, spielen sie gerade eine Schulstunde nach; Eudoxus bleibt unbemerkt an einer Säule stehen und schaut zu:

Gaius: „Eudoxus sum, discipuli estis!“ Discipuli gaudent, sed Gaius monet: „Tacete statim et audite, discipuli! In ludo sumus, non in foro. Nunc vos[1] docere studeo: Videte aedificia fori!“ Discipuli iterum rident, tandem tacent et audiunt. Gaius: „Quid in foro videtis?“ Amici et amicae primo dubitant, tum Paula respondet: „Templum Saturni et templum Concordiae video. Sed etiam templum Vestae[2] deae scio.“ Iulia: „Etiam basilicae in foro sunt. Hic est basilica Iulia, ibi basilica Aemilia!“ Gaius: „Recte! Aedificia fori bene scitis. Sed cur Romani templa aedificant?“ Paula: „In templis deis gratiam habemus et dona praebemus. Dei dona Romanorum amant, itaque etiam Romanos amant. Sic populos pugnis saepe superamus.“ Statim Eudoxus ex umbra basilicae venit et docet: „Sic est, Paula! Itaque semper scire debetis: Dei Romanis beneficia praebent; itaque Romani populos superant et domini populorum sunt.“

[1] vōs *Akk.* euch

[2] Vesta Göttin des Herdfeuers

V

a) 1. Stelle die Tempel und anderen Bauwerke, die in T genannt werden, zusammen und suche sie auf der Karte im vorderen Buchdeckel und auf S. 274 f.
2. Wie wird in Z. 10–15 die Götterverehrung der Römer erklärt?

b) Damals wie heute spielen Kinder gerne Schule. Welche anderen Spiele erkennst du auf der Abbildung? Sammelt weitere Informationen zu Kinderspielen in der Antike.

Kinderspiele. Details eines Sarkophagreliefs. 3.–4. Jh. n. Chr. Rom, Vatikanische Museen.

IV *plus*

a) Ordne die Fachbegriffe zu. Vorsicht! Manchmal sind mehrere Lösungen möglich:

Nominativ Ablativ Imperativ Akkusativ Infinitiv Maskulinum Adverb Dativ Genitiv Präposition Femininum Neutrum	pugnarum dolo avum ante captivus portae saepe parare domina pare! templum dominus

b) Gegensätze ziehen sich an.
Ordne jede Verbform aus 1. ihrem Gegenteil aus 2. zu:
1. dolere - fles - respondet - tacent - praebeo - terremus - aedificant
2. vocant - timemus - teneo - torquere - delent - rogat - rides

c) Unterscheide genau, indem du Kasus, Numerus und Genus bestimmst und den Nom. Sg. nennst:
1. turba - curia - dona - basilica - templa - fora - dea - consilia - mensa - pugna
2. domini - discipuli - fori - campi - templi - muri - dei - doni - oculi - consilii - servi

d) Suche aus den folgenden Sätzen die Wörter mit lateinischem Ursprung heraus und erkläre sie:
1. Die Familie betrachtete das schöne Portal der Basilika. 2. In den römischen Provinzen gab es viele Tempel. 3. Auf dem Benefizkonzert spielte ein genialer Musiker.

e) Latein – die Mutter aller Sprachen. Übersetze die folgenden englischen Sätze ins Lateinische:
1. He enters the villa. 2. The girls enter the villa. 3. The family is in the province.

f) Unterwegs in Italien. Nimm die folgenden Vokabeln mit auf die Reise:
amicus, familia, patria, cena, amare, respondere, debere
Was bedeuten die folgenden italienischen Sätze:
1. Gli amici amano la patria. 2. La famiglia ama la cena. 3. Gli amici devono rispondere.

g) Auf welchen römischen Gott geht der Samstag in der englischen Sprache (Saturday) zurück?
Mitten in Paris liegt „La Place de la Concorde". Wie heißt dieser berühmte Platz auf Deutsch?

14

E Eine neue Sklavin

1. Cornelia: „Quis tu es? Te nescio."
2. Serva: „Ego Anna sum. Et quis es tu?"
3. Cornelia: „Me nescis. Cornelia sum. Tabulam tibi praebeo."
4. Iulia: „Veni nobiscum ad ludum!"
5. Anna: „Mihi placet vobiscum ad ludum venire. Vobis gratiam habeo, puellae."
6. Puellae: „Nobis places, Anna. Neque sine te ad ludum properamus."
7. Ridetne serva? Serva ridet.

Ü

a) Füge die angegebenen Personalpronomina sinnvoll ein und übersetze:
vos - mihi - tibi - nobis - vobis - ego - tu - te - me - nos

1. Tu [?] places. Ego [?] placeo. Vos [?] placetis. Nos [?] placemus. 2. Serva ad servum: „[?] cibum et aquam praebeo. [?] mensam parare debes". 3. Ubi es? [?] non video. Videsne [?]? 4. Ad amicas: „[?] non video." Amicae: „[?] non vides."

b) Formuliere die Aussagesätze in Satzfragen um und übersetze diese.
Beispiel: Amicus venit. → Venitne amicus?
→ Kommt der Freund?

1. Serva patriam desiderat. 2. Dominus pretium doni probat. 3. Discipuli ad forum veniunt. 4. Sonum audis.

c) Aulus mag Anna.
1. Aulus: „Tu, Anna, mihi places. Libenter tecum ad forum propero." 2. Anna ridet: „Gaudeo! Claudia amica mecum ad basilicam venit. Veni nobiscum! Sed ibi me, ... nos cena delectare debes. Sine te cenare nobis non placet." 3. Aulus gaudet: „Te amo! Itaque vobiscum ad forum propero. Ibi te et Claudiam cena delectare volo (ich will). Etiam tabulam tibi praebere volo." 4. Anna: „Sed tabula mihi non placet. Nobis ornamenta placent." 5. Aulus: „Sed mihi ornamenta non placent." Subito dubitat ... Tum: „Vobiscum ad forum non venio. Laborare debeo." 6. Anna respondet: „Tu me non amas!" Statim flet. Et Aulus?

d) Wann sollte man diesen Spruch bedenken?
Audi, vide, tace!

I

Antike Spiele im Freien

Viele Spiele, an denen Jungen und Mädchen heute noch Spaß haben, bereiteten auch den Kindern in der Antike schon Freude. Die Jungen nahmen ihre Kameraden auf die Schultern und veranstalteten Reiterwettkämpfe oder ließen sich vor einen Wagen als Zugtiere spannen. Mädchen trieben mit einer Peitsche einen Kreisel an oder Reifen, die mit Glöckchen besetzt waren. Manchmal bauten sie kleine Türme aus Nüssen, drei als Grundlage und eine oben drauf. Wer den Turm mit einer Kugel traf, der durfte sich die Nüsse nehmen. Besonders gern fingen die Kinder „Fliegen". Dazu aber mehr in T.

Fliegenfänger

T

Wenn die Kinder „Fliegen fangen", verbinden sie einem Mitspieler die Augen. Dieser muss nun versuchen, einen anderen zu berühren, um von diesem als „Fliegenfänger" abgelöst zu werden; dabei wird der „Fänger" oft gezupft und ausgelacht. Wir kennen das Spiel heute unter dem Namen „Blinde Kuh".

Paulus: „Nunc muscas[1] captamus[2]! Ego libenter muscas capto. Et tu, Marce? Tune muscas libenter captas? Et vos, Iulia et Cornelia? Vosne muscas captatis?"

Marcus: „Ego muscas captare non amo. Ludus mihi non placet, ludus me non delectat."

Titus: „Sed ego tecum muscas capto."

Iulia et Cornelia: „Nos vobiscum libenter muscas captamus. Sed quis nos captat? Placetne tibi nos captare, Paule? Responde nobis!"

Paulus: „Vobis respondeo: Mihi placet. Ego vos capto."

Amici primo tacent. Neque rident neque clamant. Paulus nihil videt, nihil audit. Paulus errat.

Titus: „Tu me non captas. Ubi erras? Videsne me? Me non vides, itaque me non invenis. Post murum sedeo. Ego te video, te terreo."

Iulia et Cornelia: „Nos gaudemus. Et tu, Paule? Nos te videmus, sed tu nos non vides. Nos non captas. Adhuc erras, numquam nos invenis."

Paulus: „Cur me terretis? Ego ludum non iam amo. Captate muscas sine me!" Tandem amici et amicae Paulum liberant[3].

Jugendliche spielen „Fliegen fangen". Römische Wandmalerei. 2. Jh. n. Chr. Rom, Museo Nazionale Romano.

[1] musca Mücke, Fliege
[2] captāre fangen
[3] līberāre befreien

V

a) 1. Solche Fangspiele kennst du auch vom Schulhof. Warum hat Paulus keine Freude mehr am Spiel? 2. Auf welche Wörter musst du beim sinnbetonten Vorlesen von Z. 16–21 besonders achten?

b) Ergänze sinnvoll durch Pronomina. Es gibt mehrere Möglichkeiten. Beachte jedoch genau die Endungen der Verben.
1. [?] rideo, [?] fles. 2. [?] [?] terreo, [?] [?] non terres. 3. [?] properamus, [?] dubitatis. 4. Primo [?] [?]cum venio, tum [?] [?]cum venitis. 5. [?] [?] voco, [?] [?] auditis.

c) Substantive und Verben. Welche Verben hast du zu folgenden Substantiven gelernt?
cena - ornamentum - aedificium - pugna

d) *plus* Übersetze und gib auch die farbig markierten Pronomina im Lateinischen wieder:
1. Wo irrt ihr umher? 2. Ihr findet uns nicht, aber wir finden euch. 3. Du hörst mich, ich höre dich nicht. 4. Wir gehorchen dir, aber du gehorchst uns nicht. 5. Du gefällst mir. 6. Ich arbeite mit dir im Landhaus, aber du arbeitest mit mir nicht auf dem Forum.

15

E

1. Ludus novus Tito placet.
   Ludi novi Tito placent.
2. Titus ludum novum (ludos novos) amat.
3. Templum novum Tito placet.
4. Multa templa Tito placent.
5. In foro Romano magna templa videmus.
6. Templum Saturni magnum est. Multa templa magna sunt.

Ü

a) Endung gut – alles gut. Ergänze richtig:
aedificium nov[?] - amicus nov[?] - consilia nov[?] - dei nov[?] - mensae nov[?] - mensa nov[?] - magn[?] murus - magn[?] templa - magn[?] laetitia - mult[?] ornamenta - mult[?] filiae - mult[?] vici - mult[?] verba

b) Wer passt zu wem? Bilde aus jeweils zwei verschieden farbigen Zetteln acht sinnvolle lateinische Wendungen und übersetze:

novi | novi | nova | novae | nova | novis | novus | novum

aedificia | dolis | cibus | aedificii | amicae | ludi | tabula | aedificium

c) Im Gasthaus (taberna).
Ergänze jeweils im richtigen Kasus:
1. Porta (taberna nova) patet. 2. Amici (taberna nova) intrant. 3. Titus in taberna (mensae novae) videt. 4. Servi domino (cibi novi) praebent.

d) Geschenk an die Götter
1. Eudoxus: „Multi Romani deis dona praebent. 2. Nam putant (sie glauben): Multis donis deos delectamus. 3. Etiam multos cibos deis praebent. Multis ornamentis deos delectant. Saepe magna templa deorum ornamentis novis ornant.“

e) Was nicht alles groß ist. Ergänze und übersetze:
1. Villa avi magn[?] est. 2. Muri aedificii magn[?] sunt. 3. Copia ciborum magn[?] est. 4. Laetitia captivorum magn[?] non est. 5. Equus avi magn[?] est. 6. Templa saepe magn[?] sunt.

I

Sklavenmarken

Um die Flucht von Sklaven zu erschweren und das Wiederbringen zu erleichtern, wurden den Sklaven oft Halsbänder mit Marken umgehängt, die den Träger als Unfreien markierten, seinen Besitzer und dessen Wohnort angaben. Die Übersetzung der abgebildeten Marke lautet: „Halte mich fest, damit ich nicht fliehe, und bringe mich zu meinem Herrn Euviventius zurück …“ Welche Wörter der Aufschrift kannst du lesen? Beachte, dass die Buchstaben U und V beide als V geschrieben wurden.

Sklaven zu verkaufen!

T

Plötzlich ertönt aus der Ferne Lärm: Menschen strömen auf das Forum Julium. Die Kinder sind nicht mehr zurückzuhalten, Eudoxus geht knurrend mit.

Paulus: „Videte! Chrysogonus venalicius[1] cum servis venit. Servi Chrysogoni e provinciis imperii sunt."

Schon hören die Kinder die Stimme des Sklavenhändlers: „Hīc sunt servi novi et servae novae! Servos novos servasque novas habeo! Multos servos vobis Chrysogonus praebet! Veniunt de cunctis provinciis imperii Romani! Servos bonos vobis praebeo! Videtisne magna bracchia[2] servorum? Servi novi laborant ut equi!"
Paulus venalicium rogat: „Laudas servos tuos. Sed narra nobis: Cur taces pretia servorum tuorum, Chrysogone? Narra nobis de pretiis!"
Venalicius: „Servi mei boni sunt. Etiam pretia mea bona sunt, magna non sunt; cunctis Romanis placent. Pretium servorum meorum parvum est."
Paulus: „Scilicet[3] pretia tua parva sunt: Nam parvos servos habes."
Nunc cuncti Romani et servi rident.

[1] vēnālicius Sklavenhändler
[2] bracchium (Ober-)Arm
[3] scīlicet natürlich

V

a) 1. Erkläre, warum Chrysogonus häufig Adjektive verwendet. 2. Welche Vorzüge seiner Sklaven stellt er damit heraus?

b) Ergänze die Adjektive in der richtigen Form:
1. Servi (novus) in forum veniunt. 2. Tum (multi) Romani in forum properant. 3. Ibi (magnus) servos et (parvus) servos vident. 4. Romani narrant: „Bracchia (Arme) servorum (novus) magna sunt. 5. Itaque (cuncti) servi (novus) boni sunt. Servos (novus) laudamus."

c) *plus* Ein kritischer Käufer
1. Chrysogonus lobt die neuen Sklaven und die guten Sklavinnen: „Betrachtet meine Sklaven!" 2. Dann sagt° Paulus: „Alle Provinzen des römischen Reiches kennen deine Sklaven bereits. 3. Deine Sklaven sind nicht gut; immer erzählst du von guten Preisen; aber auch die Preise deiner Sklaven sind nicht gut. 4. Nicht große Sklaven, sondern kleine gibst du uns. 5. Deine Sklaven arbeiten nicht wie Pferde."

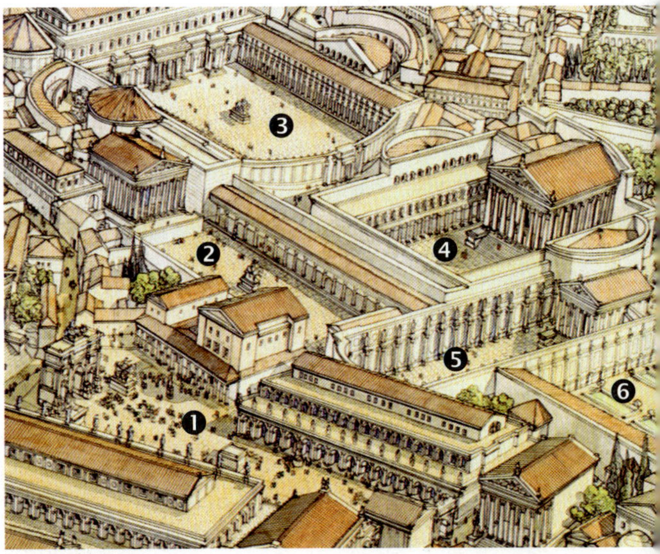

Rekonstruktion des ❶ Forum Romanum und der angrenzenden Kaiserfora: ❷ Forum Iulium, ❸ Forum Traiani, ❹ Forum Augusti, ❺ Forum Nervae, ❻ Forum Vespasiani

16

E

1. Paulus puer est. Paulus et Titus pueri sunt.
2. Quintus dominus est.
   Corinna Quintum, virum bonum, amat.
3. Eudoxus servus est. Eudoxus etiam magister est.
   Discipuli verba magistri audiunt et magistro parent.
4. Multi servi etiam in agro (in agris) laborant.
5. Servus novus niger est. Servum nigrum videmus.
6. Serva nova pulchra est. Servam pulchram videmus.
7. Servus liber non est. Numquam servi liberi sunt.
8. Multi servi miseri sunt.
9. Sed servi nostri miseri non sunt; neque servi vestri miseri sunt.

Ü

a) Setze die in Klammern stehenden Substantive im richtigen Kasus ein:
1. Videmus magnum (vir). 2. Videmus (ager) bonum. 3. Videmus magnum (puer). 4. Laboramus cum multis (vir). 5. Laboramus in (ager) bonis.

b) Formenstaffel
1. puer bonus → Gen. Sg. → Gen. Pl. → Nom. Pl.
2. vir bonus → Dat. Sg. → Dat. Pl. → Nom. Pl.
3. ager bonus → Akk. Sg. → Akk. Pl. → Nom. Pl.

c) Doppeldeutig. Bestimme jeweils die beiden möglichen Formen:
1. agri boni 2. puero libero
3. puella libera 4. equis bonis

d) Sklavenhändler rufen:
1. „Viris Romanis servos bonos praebemus. 2. Vita (Leben) servorum nostrorum misera non est. Nam servis nostris multos cibos praebemus. Itaque servi nostri magni sunt."

e) Ergänze in der richtigen Form:
1. Saepe servi (miser) sunt. 2. Etiam multae servae (miser) sunt. 3. Multae servae in aedificiis (pulcher) laborant. 4. Multa aedificia virorum Romanorum (pulcher) sunt. 5. Nam aedificia (pulcher) Romanos (liber) delectant.

f) Formuliere für jeden der abgebildeten Sklaven zwei Sätze, indem du je eines der folgenden Adjektive verwendest:
parvus, nigra, magnus, pulchra, miser, robustus (stark)

g) Zum Nachdenken:
Errare humanum (menschlich) est.

Ist Cornelia eine Sklavin?

T

Der kleine Wortwechsel macht die Menge neugierig; Paulus hat sich nach vorne gedrängt:

Venalicius[1]: „Audite, viri Romani! Veni, puer! Venite ad me, o pueri puellaeque! Hīc vobis servum bonum praebeo: Ex Africa venit. Campos et agros Romanos non timet. In cunctis campis agrisque bene laborat! Domino semper paret ut puer magistro. Dominus imperat et servi mei statim properant."

Da lachen alle. Cornelia, die von der Sonne gebräunt ist, hat sich nach vorn gedrängt und steht mit Paulus, Marcus und Titus in der ersten Reihe. Paulus erlaubt sich einen Scherz und schubst sie nach vorne, sodass sie unmittelbar vor dem Händler steht.

Venalicius: „Servus meus etiam pulcher est. Et niger est. Ah, puella! Et tu pulchra es, sed neque nigra neque candida[2] es. Esne serva?" Cornelia: „Serva non sum. Sum libera. Sum filia liberi viri Romani, neque filia servi nigri neque filia servae candidae sum!"

Frech zeigt sie auf Paulus, der neben ihr steht:

„Sed videsne puerum? E Syria venit. Servus est, servus miser. Etiam vita pueri misera est!" Statim Paulus clamat: „Sic non est: Servus miser non sum. Romanus et liber sum, vita mea est vita Romani liberi!" Et Titus: „Sic est! Nos cuncti non sumus servi, sed liberi! Vita nostra misera non est." Nunc venalicius ridet: „Verba vestra bona sunt. Adhuc pueri et puellae estis et magistris tantum in ludo paretis; itaque miseri non estis!"

[1] vēnālicius Sklavenhändler

[2] candidus, a, um weiß(häutig)

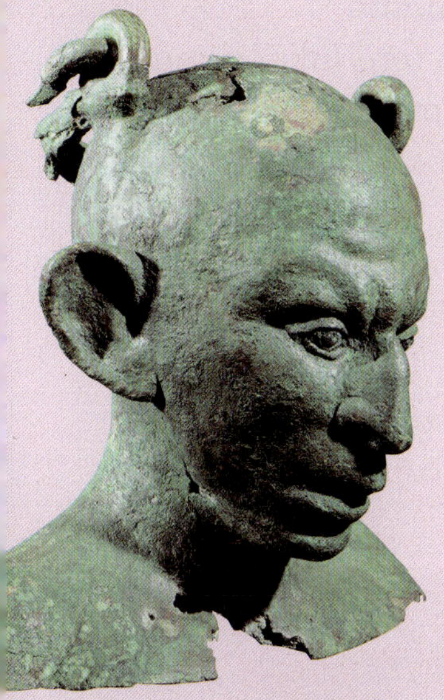

Bronzegefäß in Form einer Büste eines syrischen Sklaven. 1./3. Jh. n. Chr. Paris, Musée du Louvre

V

a) Überprüfe vor der Übersetzung von T:
1. Welche Verbformen findest du in den ersten drei Sätzen des Sklavenhändlers? Welche herrschen in der zweiten Hälfte seiner Anpreisungen vor? (Z. 2–5) 2. Was drücken die unterschiedlichen Verbformen aus?

b) Sklavenleben. Ergänze die angegebenen Wörter in der richtigen Form:
1. (Multus) Romani servos (niger) habent. 2. Saepe servi (niger) in (ager; Abl. Pl.) laborant. 3. Multi (ager) magni sunt. 4. Itaque vita multorum servorum (miser) est. 5. Nonnulli (einige) servi in aedificiis (pulcher) Romanorum laborant. 6. Saepe servi etiam (magister) puellarum et (puer; Gen. Pl.) sunt. 7. Tum servi (miser) non sunt.

c) *plus* Paulus berichtet einem Besucher über die Verhältnisse im besetzten Gallien:
1. Auf den Äckern vieler freier Römer arbeiten arme Kriegsgefangene und schwarze Sklaven. 2. Auf unseren Äckern findest du auch schöne Sklavinnen. 3. Das Leben unserer Lehrer ist nicht unglücklich, denn sie unterrichten uns gerne. 4. Wir erfreuen die Lehrer mit Worten.

Schule für alle?

T

Es ist heiß; auf dem engen Forum Julium drängen sich unzählige Menschen. Cornelia, Titus, Paulus und Marcus wollen zum Rindermarkt, wo sich Eudoxus mit ihnen verabredet hat, um ihnen die Grotte zu zeigen, in der Romulus und Remus angeblich von der Wölfin gesäugt worden sein sollen:

Paulus: „Venalicius[1] mihi non placet. Vir bonus non est, et servi venalicii miseri sunt.“
Marcus: „Recte! ... Sed ubi forum Boarium[2] est?“
Titus: „Magna turba in foro est. Viam non invenimus.“
Cornelia dubitat: „Etiam ego viam nescio. Sed in foro Iulio[3] sumus, multi viri et dominae hic sunt!“ Cornelia primo puellam rogat. Tum vocat: „Romana non est. Viam nescit.“ Nunc viros et dominas rogat, sed viam nesciunt.

Subito puer niger clamat: „Ego viam scio! Venite mecum ad forum Boarium!“ Liberi[4] cum puero primo per[5] forum Iulium, tum ad forum Romanum properant. Puer rogat: „Cur ad forum Boarium venire desideratis?“ Marcus respondet: „Magister ibi nos exspectat!“ Puer narrat: „Ego servus sum, saepe in foro Boario laboro. Etiam ego ad ludum venire desidero. Videte! Ibi forum Boarium est!“

Eudoxus liberos iam exspectat. Cornelia puero gratiam habet, tum Eudoxum rogat: „Puer niger servus est. Ad ludum nostrum venire desiderat. Licetne[6]?“ Eudoxus statim clamat: „Non licet. Servus est.“

[1] vēnālicius Sklavenhändler

[2] forum Boārium Rindermarkt

[3] forum Iūlium Forum Julium

[4] līberī Kinder

[5] per *m. Akk.* über

[6] licet es ist erlaubt

Rundtempel auf dem Forum Boarium. Forscher deuten das Bauwerk, dessen Dach von 20 Marmorsäulen im korinthischen Stil getragen wird, als Tempel des „Hercules Victor“. Rom. 2. Jh. v. Chr.

V

a) Stelle anhand einer Liste der vorkommenden Personen und ihrer Handlungen dar, dass die Suche nach dem forum Boarium in zwei Abschnitten verläuft! Wo liegt der Wendepunkt der Erzählung?

b) Warum darf der puer niger nicht in die Schule des Eudoxus gehen?

c) Auch in der heutigen Zeit kommt es vor, dass Kinder nicht in die Schule gehen können oder dürfen. Sammelt Beispiele.

V *plus*

Ü

a) Doppelpass.

Spielt euch die Formen zu, indem der eine eine Form von esse und dann der Partner die entsprechende von imperare bildet.

Spielt dann ebenso Doppelpass mit terrere - parare und mit superare - scire.

b) Mein oder dein?

Setze die angegebenen Pronomina richtig ein:
meorum - me - mei - meos - tu - ego - tuos - tibi - mihi - mihi

Chrysogonus narrat: „Servi [?] boni sunt. Itaque [?] servos [?] laudo. [?] placet servos laudare." Titus respondet: „[?] servos [?] laudas. Cur [?] placet servos laudare?" Chrysogonus: „Servi [?] delectant. Pretium servorum [?] magnum est. Viri Romani saepe [?] magna dona praebent."

Wie müsste das Gespräch lateinisch lauten, wenn Chrysogonus und der Kaufmann Eurydicus den Text zusammen sprächen?
Chrysogonus et Eurydicus narrant: ...

c) Ergänze die Substantive im richtigen Kasus:

1. ante ... (aedificium, curia, murus)
2. sine ... (ventus, lacrima, cibus)
3. cum ... (amicus, amica)
4. e ... (basilica, campus, templum)
5. ad ... (servi, servae, forum)
6. post ... (mensa, templum)

d) Wer passt zu wem? Ordne zu:

magistri | virorum
ager | puellae | imperium
serva | ad servos | cum puellis

bonorum | bonus | pulchris
Romanum | novi | pulchra
nostros | bonae

e) Dekliniere lateinisch und deutsch:
1. verbum vestrum 2. puer miser 3. puer bonus 4. magister tuus 5. magister noster

f) Erkläre die Bedeutung folgender Aussage aus der Kirchensprache:

Dominus vobiscum!

g) Welche lateinischen Wörter erkennst du in den folgenden Fremdwörtern? Was bedeuten demnach diese Fremdwörter?
1. multiplizieren 2. Egoist 3. Laudatio

h) Stelle alle bisher gelernten lateinischen Wörter zum Sachfeld „reden" zusammen.

Unterwegs in Kampanien – Handel und Politik

1

In den nächsten Lektionen lernst du nicht nur eine neue Familie kennen, sondern mit Kampanien zugleich eine der berühmtesten Landschaften Italiens. In der Stadt Capua lebt Priscus Popidius mit seiner Frau Aelia, zwei Töchtern und den beiden Söhnen Sextus und Marcus. Sie sind stolz auf ihre Heimatstadt, die lange die bedeutendste Stadt von Kampanien war.

Kampanien *fundamentum*

Die Landschaft Kampaniens galt dem bekannten römischen Redner und Politiker Cicero als die schönste Gegend der Welt. Das lag vor allem an der nahezu unglaublichen Fruchtbarkeit des Bodens um den Vulkan Vesuv herum: Bis zu vier Ernten pro Jahr waren hier möglich. An den Hängen des Vesuvs und ringsum wurden nicht nur der beste Weizen, Dinkel und Hirse, sondern auch Gemüse, Oliven und Obst angebaut. Außerdem stand die Honiggewinnung hoch im Kurs: Honig wurde zum einen als Süßstoff in der Küche verwendet, war zum anderen aber auch für die Weinherstellung wichtig. Weine aus Kampanien galten als Spitzenprodukte und hatten nach ihren Herkunftsorten klangvolle Namen wie Massiker und Falerner. Nach einem alten Sprichwort lieferte sich in Kampanien der Weingott Bacchus mit Ceres, der Göttin der Fruchtbarkeit, einen dauernden Wettstreit.

2

In unserer Geschichte unternimmt übrigens Priscus Popidius mit seinen Söhnen eine Reise zu seinem Bruder Aulus nach Pompeji. Aulus Popidius ist ein reicher Kaufmann wie viele Einwohner von Pompeji: In dieser fruchtbaren Gegend blühte der Handel besonders.

3

4

5

Handel in Pompeji

fundamentum

Auf dem großen Forum von Pompeji verkauften Markthändler die landwirtschaftlichen Erzeugnisse aus der Region. Kräftig Geld umgesetzt wurde aber auch in der sog. „Straße des Überflusses" in Pompeji, wo sich Laden an Laden reihte. Hier verkauften Schuhmacher, Seiler, Töpfer, Glasbläser und Kunstschmiede ihre Produkte. Ein echter Verkaufsschlager aus Pompeji war garum, eine Würzsauce aus vergorenem und gesalzenem Fisch, die im Altertum beliebt war wie heutzutage Ketchup. Hatte man seine Einkäufe und Geschäfte getätigt, aß man in einer der zahlreichen Imbissbuden (thermopolia) Pompejis. Dabei handelte es sich um Läden mit gemauerten Theken zur Straßenseite hin. In die Theken waren runde Löcher eingelassen, in die man Kessel einhängen konnte, aus denen meist warme Eintöpfe serviert wurden. In diesen Garküchen redete man bei einem oder mehreren Bechern Wein besonders gern über Politik und Politiker.

Politik in Pompeji

fundamentum

Es gab in Pompeji einen Stadtrat, bestehend aus 80–100 Mitgliedern, die ihr Amt ehrenamtlich, d.h. ohne Geld dafür zu bekommen, ausübten. Im Gegenteil: Stadtrat konnte nur werden, wer über ein großes Vermögen verfügte, mit dem er sich die Gunst der Wähler geradezu erkaufte, indem er Gladiatorenspiele oder öffentliche Gebäude aus der eigenen Tasche finanzierte. So wurde die Freigebigkeit der Politiker schon vor ihrem Amtsantritt getestet. Warum waren diese politischen Posten so begehrt, obwohl sie doch eine Menge Geld verschlangen? Die Antwort ist einfach: War jemand bereits ein erfolgreicher Geschäftsmann, wollte er sich oft auch in der Politik beweisen und die Geschicke der Stadt in wichtiger Position mitbestimmen.

6

1 **Der Weingott Bacchus und der Vesuv. Pompejanische Wandmalerei. 1. Jh. n. Chr. Neapel, Museo Nazionale Archeologico.**

2 **Impressionen aus dem heutigen Kampanien.**

3 **Bronzene Pendelwaage aus Pompeji. 1. Jh. n. Chr. Neapel, Museo Nazionale Archeologico.**

4 **Die Verkaufstheke in einem Thermopolium, einem Laden für warme Speisen und Getränke. Pompeji, Via dell'Abbondanza.**

5 **Das Große Theater von Pompeji. Der einflussreiche Politiker und Kaufmann Marcus Holconius Rufus ließ das Theater 2 n. Chr. auf eigene Kosten aufwändig restaurieren, wie aus einer Inschrift im Theater hervorgeht.**

6 **Silberbecher, gefunden im sog. „Haus des Menander" in Pompeji. 1. Jh. n. Chr. Neapel, Museo Nazionale Archeologico.**

17

E

1. Eudoxus: „Verba nova scribo. Verba nova scribimus.
2. Nunc verba nova scribis, puer. Nunc scribitis, pueri." Sic Eudoxus dicit.
3. Pueris non placet verba nova scribere; verba nova non scribunt.
4. Magister imperat: „Ostende mihi tabulam tuam, puer! Ostendite mihi tabulas vestras, pueri!"
5. Nunc pueri Eudoxo tabulas ostendunt.

Ü

a) Verwandle die Pluralformen in den Singular und umgekehrt:
dico - dicis - scribit - ostendimus - ostendunt - ostende

b) Formenpaare. Bilde zu jeder Form von laudare die entsprechende von scribere.
Beispiel: laudo → scribo
laudas - laudat - laudant - laudate - lauda

c) Irrläufer
1. parent, tacent, gaudent, dicunt, habent
2. laudo, dico, dubito, voco, propero
3. scribere, dicere, ostendere, debere
4. audimus, scimus, venimus, dicimus

d) Ergänze die Lücke mit dem passenden Vokal (a, e, i, u). Beispiel: laud_tis → laud**a**tis
terr_s - ven_s - dic_s - del_tis - tac_tis - aud_tis - intr_mus - val_mus - aud_mus - scrib_mus - super_t - hab_t

e) Schülergekritzel! Suche die neun Wörter, die der römische ABC-Schütze zu trennen vergessen hat:

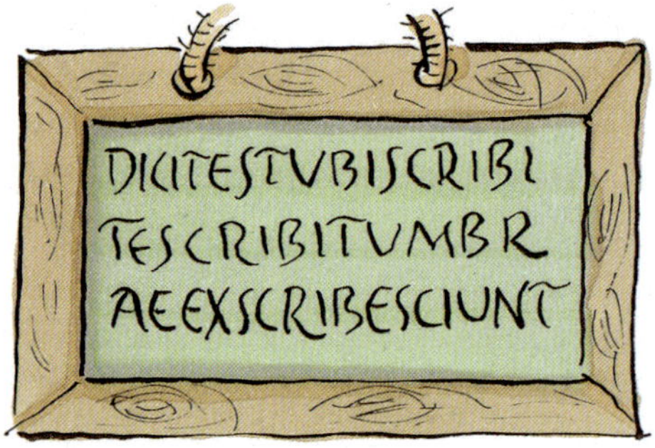

f) Ein gelehrter Sklave?
1. Venalicius (Sklavenhändler) dicit: „Servi mei scribere sciunt; videte, Romani!" Tum servo tabulam ostendit et imperat: „Scribe!" Servus multa verba scribit. 2. Venalicius: „Quid scribis? Ostende mihi tabulam!" Servus venalicio tabulam ostendit. 3. Venalicius in tabula verba videt: „Scio scribere. Servus doctus (gelehrt) sum." 4. Venalicius dicit: „Profecto doctus es: Nam Graecus (Grieche) es. Multi Graeci docti sunt. Itaque Graeci magistri puerorum Romanorum sunt."

I

Kampanien

100 km südlich von Rom begann die fruchtbare Gegend der Campānia. Sie erstreckte sich bis zum Vulkan Vesuv bei Pompeji; bei seinen Ausbrüchen schleuderte er Asche und Mineralien in die Luft, die nach vielen Jahrhunderten zu einem wertvollen Nährboden für den Anbau von Oliven, Wein und Obst wurden. Man baute neben Feigen hauptsächlich Kernobst an: Äpfel, Birnen und Pflaumen. Die Süßkirsche wurde vom Feinschmecker Lukullus 74 v. Chr. in Italien eingeführt, der Pfirsich (Persicum mālum ‚persischer Apfel') wurde erst im 1. Jh. n. Chr. heimisch.

Auf nach Pompeji!

T

In der Stadt Capua lebt im Jahre 79 n. Chr. die Familie des Metallwarenhändlers Popidius Priscus und seiner Frau Aelia. Sie haben zwei Jungen (Sextus und Marcus, 7 und 12 Jahre) und zwei kleine Töchter. Der Vater will mit seinem Pferdekarren in die Stadt Pompeji am Fuße des Bergs Vesuv fahren, um dort Wein und Oliven bei seinem Bruder Aulus zu kaufen. Die beiden Jungen dürfen mitfahren.

Equi ante carrum stant. Priscus carrum impedimento[1] complet. Iam pueri in carro sedent. Tum Aelia dicit: „Valete, pueri! Vale, Prisce! Nuntium vestrum exspecto. Prisce, mitte mihi nuntium!“ Sed Sextus: „Quid dicis? Marcus et ego libenter tibi nuntium mittimus. Nam et ego verba iam scribo.“ Nunc Aelia gaudet: „Laudo te, Sexte. Ingenium tuum scio.“ Tum „Valete!“ dicit; etiam puellae pueris „Valete!“ dicunt.

Reisewagen. Römisches Relief. 1. Jh. n. Chr. Vermauert in der Außenwand der Wallfahrtskirche Maria Saal (Kärnten).

Als Priscus mit der Peitsche knallt, setzt sich der Karren in Bewegung. Die Mauern Capuas verschwinden in der Ferne im Morgendunst.

Pueri cum Prisco muros Capuae[2] relinquunt. Priscus equos ducit; equi carrum trahunt. Sextus Priscum rogat: „Quid nobis ostendis?“ Priscus: „Oppida pulchra Campaniae vobis ostendo. Vos ad Vesuvium duco.“

Tum carrus Priscum filiosque ab oppido per vias novas Campaniae trahit. Cunctis in campis, agris, vineis servi laborant. Priscus pueros rogat: „Placetne vobis Campania?“ Marcus respondet: „Mihi placet. Campania non tantum pulchra est, sed donum deorum est. Per hortum[3] deorum nos ducis.“ Nunc Priscus gaudet.

[1] impedīmentum Gepäck

[2] Capua: Stadt in Kampanien

[3] hortus Garten

V

a) Erkläre, warum Marcus Kampanien als hortus deorum bezeichnet.

b) Aus dem Tagebuch des Sextus.
Ergänze die richtige Verbform:
„Nos muros oppidi (relinquere). Priscus nos ad Vesuvium (ducere). Priscus nobis vineas (ostendere). Aelia nuntium meum (exspectare). Ego Aeliae nuntium (mittere).“

c) *plus* Sextus bricht auf.
1. Sextus sagt Aelia und den Mädchen „Lebt wohl!“ 2. Die kleinen Töchter des Priscus weinen: „Warum verlasst ihr uns jetzt, Sextus und Marcus?“ Sie zeigen ihre° Tränen. 3. Aelia: „Schickt uns eine Nachricht!“ 4. Wer führt die Pferde? Wo stehen die Pferde? 5. Die Pferde ziehen den Wagen aus der Stadt durch die Felder.

E

1. Priscus equos ducit.
   Priscus equos ex oppido educit et ad silvam adducit.
   Tum filios de via in umbram deducit.
2. Sextus Marcum vocat. Statim Marcus adest.
3. Pueri aquam non iam habent; pueris aqua deest.
4. Servus parvus carrum trahere non potest.
5. Servus: „Carrum trahere non possum.
6. Sed equi carrum trahere possunt.“

Ü

a) e- oder ad-? Ergänze das Präfix:
1. Priscus equos ad carrum [?]ducit.
2. Tum Priscus equos ex oppido [?]ducit.
3. Pueri Prisco [?]sunt. 4. Aelia pueris [?]est.

Das Keltern des Weines.
Relief aus der römischen Kaiserzeit.
Venedig, Archäologisches Museum.

b) Der Vater als Reiseführer
1. Priscus equos per Campaniam ducit.
2. Priscus dicit: „Pueri, nunc vias novas et silvas pulchras videre potestis. In Campania etiam agri boni non desunt.“
3. Sextus: „Ubi Vesuvius est? Vesuvium videre non possum.“ Priscus: „Mox Vesuvium videre potes.“

c) Was bewirkt die Präposition?
Vergleiche die Bedeutungen:
1. ducere - deducere - adducere
2. esse - adesse 3. venire - invenire

d) Du kannst mehr, als du glaubst.
Erschließe neue Verben:
1. Priscus equos in silvam in-ducit.
2. Priscus equos de silva de-trahit.
3. Priscus equos ad carrum ad-movet.

e) Erkläre mit einem Beispiel:
Verba docent, exempla (Beispiele) trahunt.

I

Weinbau

Wenn die Trauben reif waren, schnitt sie der Winzer vom Stock und füllte sie in Holzbehälter, deren Inhalt auf Transportkarren umgeladen wurde. Im Winzerhof wurden die Trauben mit sauberen Füßen getreten, der entstandene Brei wurde dann weiter gepresst; den so gewonnenen Saft füllte der Winzer in große Stein- oder Tonbehälter, in denen sich die Gärung vollzog. Der entstandene Wein wurde in große Tongefäße (Amphoren) gefüllt, die in die Erde eingelassen waren. Dort konnte der Wein weiter reifen.

Hilfe bei der Weinlese

Am Nachmittag verlässt der Karren einen Pinienwald und fährt durch goldene Weinberge. Dort hat die Weinlese schon begonnen, überall schneiden Winzer die Trauben von den Rebstöcken. Ein junger Sklave zeigt den durstigen Popidiern den Weg zu einem Brunnen.

Priscus equos e silva educit; tum equi carrum per vineas trahunt. Subito Priscus puteum[1] videt. Itaque clamat: „Brrr!“ Statim carrus consistit. Nunc Priscus equos de via deducit et ad puteum adducit. Tandem equi bibunt. Pueri ampullas[2] aquā complent. Priscus pueris cibum portat; tum vinum bibit et cum pueris cenat.
In vineis servi laborant; carros uvis[3] complent. Ante carros asini[4] stant.

Aus einem Weinberg in der Nähe tönt eben noch das „Iaaah!“ eines Esels. Plötzlich – Stille. Dann ein Schrei. Der Sklave, der ihnen gerade eben noch den Brunnen gezeigt hatte, rennt aus der dichten Reihe der Weinstöcke auf die Popidier zu und ruft verzweifelt:

„Auxilium! Ades mihi! Adeste mihi!“ Iam Priscus et Marcus ad servum properant. Priscus: „Cur clamas? Quid tibi deest?“
Servus respondet: „Asinus meus! Non iam se[5] movet; mortuus est. Et carrus meus plenus est. Ego carrum plenum trahere non possum. Praebete mihi auxilium! Vos mihi adesse potestis.“ Sed Priscus: „Neque nos carrum tuum trahere possumus, sed equi mei carrum tuum trahere possunt. Tibi adsumus. Tecum venimus.“

Priscus und Marcus spannen die Pferde vor den Karren des Sklaven und führen das Gespann zum Winzerhof. Zum Dank erhalten sie vom Winzer Verpflegung und ein Quartier für die Nacht. Ihren eigenen Wagen und den Esel, der wohl an einem Hitzschlag gestorben ist, holt Priscus mithilfe von Sklaven des Winzers aus dem Weinberg.

[1] puteus Brunnen
[2] ampulla Trinkflasche
[3] ūva Traube
[4] asinus Esel
[5] sē *Akk.* sich

a) Der Bau der Sätze des Sklaven (Z. 7–11) unterscheidet sich von den Sätzen des ersten Teils der Erzählung (Z. 1–6). Erläutere, worin der Unterschied besteht.

b) Ordne die Verben sinnvoll ein:
adduco - adsunt - consistunt - deest - possumus
Priscus et pueri ad vineas [?]. Priscus: „Vos ad puteum (Brunnen) [?].“ Pueri: „Ibi aquam bonam bibere [?].“ Priscus: „Sic est. Ibi nihil nobis [?]. Cibus et aqua [?].“

c) *plus* Rast in der Mittagshitze
1. Die Pferde können den Wagen nicht mehr ziehen; endlich machen sie Halt. 2. Priscus führt die Pferde weg von der Straße. 3. Dann können die Jungen Wasser trinken, Priscus kann Wein trinken. 4. Sextus sagt: „Mir fehlt das Essen (Speise)! 5. Hilf mir, Marcus! Bringe Speisen! 6. Ich bin fast (paene) tot!“ 7. Dann essen sie. 8. Priscus führt die Pferde aus dem Schatten heraus.

Hirsestängel, von Weinstöcken umrankt. Römisches Mosaik. 3. Jh. n. Chr. Tunis, Musée du Bardo.

E

1. Quid Sextus facit? „Sexte, quid facis?“
2. „Sexte et Marce, quid facitis?“
3. Sextus: „Ludum facio. Muscas (Fliegen) capio.“
4. Sextus et Marcus: „Muscas capimus.“
5. Pueri muscas capiunt. Pueris placet muscas capere.
6. Pueri muscas oculis non aspiciunt.

Ü

a) Ergänze jeweils die richtige Form von facere:
1. Ego sacrum (Opfer) ... 2. Nos sacrum ... 3. Marcus sacrum ... 4. Pueri sacrum ... 5. Vos sacrum ... 6. Tu sacrum ...

b) Doppelpass. Spielt euch die Formen zu, indem einer eine Form von facere und dann der Partner die entsprechende von monēre bildet. Spielt dann ebenso Doppelpass mit complēre - capere, parēre - aspicere und parāre - facere.

c) Immer nur -io und -iunt.
Bilde die Infinitive und ordne den beiden Opferschalen zu: facio, audio, capio, venio, sciunt, capiunt, aspiciunt, invenio

Die Nekropole von Pompeji an der Porta Nocera.

d) Ähnlich, aber nicht gleich.
1. Bilde die 1. Person Singular von facis, scribis, mittis, trahis, capis, relinquis, aspicis.
2. Bilde die 3. Person Plural von capimus, educimus, facimus, aspicimus.

e) In der Villa des Weinhändlers
1. In villa pueri multa ornamenta aspiciunt. Itaque gaudent. 2. Tum dicunt: „Villa tua nobis placet. Hic ornamenta pulchra aspicere possumus.“ 3. Aulus dicit: „Hic etiam magnos fiscos (Körbe) aspicere potestis. In fiscis multae uvae (Trauben) sunt. Uvae magnae et pulchrae sunt.“ 4. Pueri ad fiscos properant.

I

Ehrung der Verstorbenen

Die Welt der Toten war von den Lebenden streng getrennt. Totenstädte (Nekropolen) außerhalb der Stadtmauern enthielten die Erdgräber oder Aschenurnen. Luxuriös waren die Grabmäler der Reichen. Bei der Bestattung wurden Speisen verbrannt, von deren Duft – so glaubte man – sich die Totengeister ernährten. An den Totenfesten im Februar und Mai besuchte man die Gräber, opferte Weizen, Körner, Salz, Weizenfladen oder goss einen mit Honig vermischten Wein aus und sagte Gebete auf.

Pause in der Gräberstadt

T

Nach der Übernachtung gelangen sie mittags an den Südhang des Vesuvs. Fruchtbare Obsthänge und Weinberge überziehen die Landschaft trotz der Hitze mit sattem Grün. Bald tauchen im Licht der Nachmittagssonne die Mauern Pompejis auf. Der Vater lässt die Pferde in der Gräberstadt Pompejis halten, die im Norden außerhalb der Stadtmauern liegt.

Priscus: „Brrr! Consistite!" Statim Sextus: „Quid est? Quid facis?" Priscus: „Sacrum facimus. Sed primo sepulcrum[1] avi vestri invenire debemus. Sepulcrum hic ante muros est. Venite!" Pueri autem adhuc fessi[2] sunt et dubitant. Tum Priscus: „Descendite! Nonne placet vobis sacrum facere?" Marcus: „Mihi magis placet in carro manere et habenas[3] tenere quam sepulcra spectare."
Tum Sextus: „Etiam mihi!" Itaque Priscus filiis habenas praebet: „Cape habenam, Marce! Etiam tu, Sexte! Capite habenas, pueri!" Nunc pueri in carro manent et habenas capiunt.

Priscus ist über die Jungen verärgert und macht sich alleine auf die Suche nach dem alten Familiengrab, das er seit Jahren nicht mehr gesehen hat. Bald kommt er zurück:

„Magnum sepulcrum avi iam aspicio. Aspicitisne sepulcrum magnum post cupressos[4]? Quin descenditis? Nunc sacrum facere possumus. Dei sacrum nostrum aspiciunt et cibos vinumque capiunt. Dei dona nostra amant; summis deis etiam parva dona placent."

Als alle vor dem Grabmal stehen, bringt Priscus das Totenopfer dar. Dann machen sie sich auf den Weg zu Aulus Popidius, dem Bruder des Priscus. Aulus ist ein reicher Kaufmann und durch kaiserliche Entscheidung seit kurzem sogar Senator.

[1] sepulcrum Grabmal

[2] fessus, a, um müde

[3] habēna Zügel

[4] cupressus Zypresse

Opferszene. Römisches Relief. 3. Jh. Rom, Museo Nazionale Romano.

a) 1. Wie zeigt sich die Müdigkeit von Sextus und Marcus in ihren Äußerungen? 2. Erkläre, worin sich das Totenopfer des Priscus von unserem Verhalten beim Besuch eines Grabes unterscheidet.

b) Verdoppelung. Wie lautet der Text, wenn Priscus nicht nur Marcus, sondern auch Sextus anredet und beide gemeinsam antworten?
1. Priscus: „Quid facis?" Marcus: „In carro maneo. Habenam (Zügel) capio." 2. Priscus: „Aspicisne sepulcrum (Grab)?" Marcus: „Sepulcrum aspicio." 3. Priscus: „Nonne sacrum facere tibi placet?" Marcus: „Sacrum libenter facio."

V

c) *plus* Ein Opfer für die Götter
1. Die Römer bringen den Göttern Opfer (Pl.).
2. Priscus: „Jetzt bringen wir ein Opfer. Die Götter erblicken unsere Geschenke, dann steigen sie herab und nehmen Speisen und Wein. Bringt das Opfer! Den höchsten Göttern gefällt der Wein mehr als das Wasser." 3. Sextus: „Trinkst etwa nicht auch du gerne Wein?"
4. Priscus: „So ist es°. Ich aber nehme nur einen Becher (pōculum) voll°."

20

E

1. Priscus: „Marce! Veni! Ades mihi! Cape et tene habenas (Zügel)! Propera! Tum bibe!“
2. Marcus: „Venio et iam adsum! Habenas capio et teneo. Propero, nihil bibo.“
3. Puer venit et Prisco adest. Habenas capit et tenet. Properat, nihil bibit.
4. Sextus et Marcus Priscum audiunt et aspiciunt. Prisco parent et sacrum parant. Tum bibunt.

Ü

a) Teamwork! Konjugiere folgende Verbpaare:
1. cenare et bibere 2. augēre et aedificare 3. adesse et posse 4. audire et capere

b) Marcus ist so sprachlos, dass ihm die passenden Endungen fehlen. Ergänze sie:
1. Quin Aulus nobis villam ostend..., Secunde? 2. Cur vos nobis villam ostend...? 3. Etiam magister noster de villa vestra scire deb... 4. Domi (daheim) nos neque servos neque captivos hab.... 5. Viros tantum liberos ibi vid... et inven..., Secunde!

c) Sextus will Secundus etwas erzählen und ihn fragen, doch fehlt ihm in der Aufregung das geeignete Verbum. Setze das passende Verbum in der richtigen Form ein:
1. Quid vos in ludis vestris [?] (aedificare, facere)? 2. Magistri nostri nos saepe e ludo in campum [?] (educere, aspicere). 3. Nos tabulas nostras cottidie [?] (complere, bibere). 4. Discipulos miseros in ludis nostris non [?] (intrare, invenire), Secunde! 5. Nonne Romani in silvis et agris adhuc bestias (Tiere) [?] (laborare, capere)?

Querschnitt durch ein Atriumhaus der römischen Kaiserzeit.

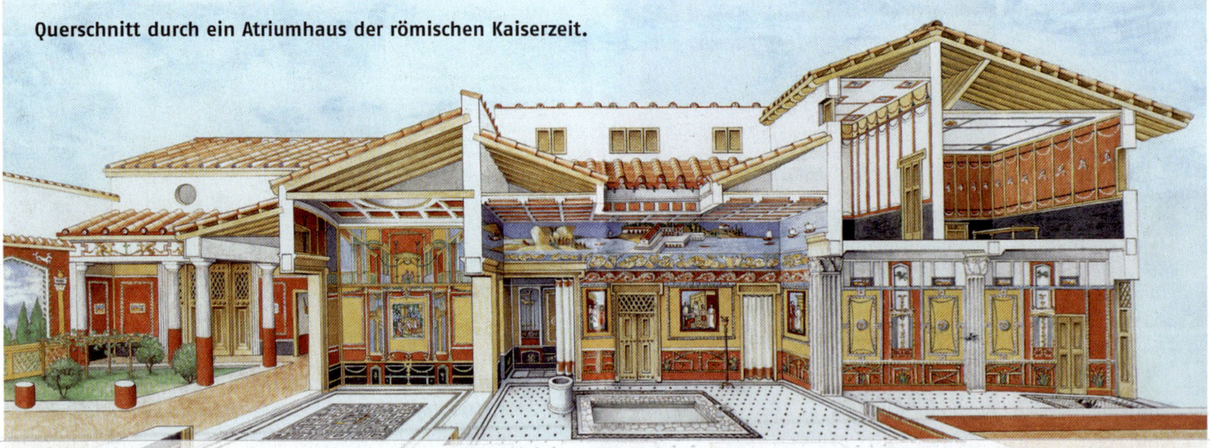

I

Wohnkultur

Die eleganten, zweistöckigen Stadtvillen waren zur Straße hin schmal, nach innen richteten sie sich auf einen Garten hin aus. Nach dem Eingangsbereich (vestibulum) umringten Säulen ein Atrium, das zum Himmel hin geöffnet war; das Regenwasser fing sich im impluvium. Der Speiseraum (triclīnium) mit drei Liegen, die Küche und Toilette lagen seitlich. Durch das Empfangszimmer (tablīnum) gelangte man in einen Innengarten. Im ersten Stock schliefen die Besitzer und die Kinder, unten die Sklaven. Prächtige Malereien aus der Sagenwelt schmückten das Haus und vermittelten Größe und Schönheit.

Wohnen in Pompeji

T

Der siebzehnjährige Secundus begrüßt seine Cousins in der prunkvollen Villa seines Vaters, die die beiden Jungen noch nie gesehen haben. Er führt sie, von seiner sechzehnjährigen Schwester Serena begleitet, durch das Haus.

Secundus: „Salvete[1], salvete in villa Auli Popidii! Intrate villam nostram! Venite mecum!“
Serena: „Tandem adestis! Valetisne? Bene. Sed – cur tacetis? Quin respondetis? Cur dubitatis nihilque narratis? Quin mecum venitis? Cur nunc consistitis?“
Secundus: „Quid dicis, Serena? Quid rogas? Cur pueros torques? Multa verba facis, sed verbis Capuanos[2] delectare non potes. Vitam et villam nostram adhuc nesciunt; ideo nihil respondent. Sed oculi puerorum dicunt: ‚Ostende nobis villam tuam magnificam!‘ “
Secundus: „Videte, amici! In villa nostra multa cubicula aspicitis. Etiam balineum habemus. Hic sedemus in atrio, ad impluvium[3]. Alibi parvae cellae servorum latent.“
Sextus: „Quid faciunt servi vestri?“ Secundus: „Cottidie equos in agros deducunt, cenam parant, villam custodiunt, imperia nostra audiunt: semper parere debent.“
Serena: „Sed nunc narrate nobis de vita vestra, amici! Nam oppidum mundumque vestrum adhuc nescimus.“

[1] salvēte! Seid gegrüßt!
[2] Capuānus Bewohner von Capua
[3] implūvium Regenbecken

V

a) 1. Welche Satzart herrscht in den ersten Sätzen des Secundus vor? Weshalb? 2. Verfolge die Bewegung der Gäste, die Secundus in seinen Imperativen vorwegnimmt! 3. Was meint Serena wohl mit ihrer Frage: Valetisne? (Z. 3)

b) *plus* Spiele den Dolmetscher und übersetze: 1. Secundus zeigt den Jungen das Atrium und den Garten (hortus). 2. Die Jungen erblicken die Schmuckstücke; sie bleiben stehen und schweigen. 3. Serena fasst Sextus: „Was sagst du, Sextus? Gefällt dir unser Haus?“ 4. Aber dem Jungen fehlen die Worte. Er antwortet nichts. 5. Marcus: „Ein Atrium und Kammern der Sklaven haben wir daheim (domī) nicht.“ 6. Sextus: „Aber wir lieben Spiele.“

Fußbodenmosaik aus Pompeji. 1. Jh. n. Chr.

In Pompeji wird gebaut

T

Im Jahre 62 n. Chr. gab es in Pompeji ein Erdbeben, das große Teile der Stadt zerstört hat. Pompeji war in den Jahren nach dem Erdbeben eine riesige Baustelle, viele Privathäuser reicher Einwohner, aber auch ein Amphitheater und mehrere Thermen entstanden. Aulus Popidius macht mit seinem Bruder Priscus und dessen Söhnen Sextus und Marcus eine erste Stadtführung. Dabei erzählt er von der Zerstörung und dem Wiederaufbau Pompejis. Nach der langen Reise sind Marcus und Sextus von seinen Erklärungen nicht begeistert:

Marcus: „Quid nobis ostendere desideras? Profecto oppidum iam scimus.“
Sextus: „Quin tandem consistimus? Nam bibere debeo.“
Aulus: „Mox bibere potestis, nam ad forum vos duco. Videte! Ibi forum est. Multa aedificia nova hic aspicere potestis. Videte thermas[1] pulchras! Dei oppidum nostrum delere possunt, sed nos superare non possunt. Etiam templa et forum restituere[2] studemus, nam in templis deis sacra facimus et in foro consilia capimus.“
Priscus: „Recte dicis. Multa aedificia nova sunt, sed templa adhuc …“
Aulus: „Tace! Pecunia[3] nobis deest, et servi nostri non semper laborare possunt.“
Priscus: „Pecunia vobis non deest! Nam novum amphitheatrum[4] aedificatis, ut audio. Etiam theatrum[5] habetis. Sed templa ... Cur deis gratiam non habetis? Nonne deos timetis? Nonne deos sic amatis ut ludos?“

[1] thermae die Thermen, Badeanlagen
[2] restituere wieder aufbauen
[3] pecūnia Geld
[4] amphitheātrum Amphitheater
[5] theātrum Theater

Das Amphitheater von Pompeji. 1. Jh. v. Chr. – im Hintergrund der Vesuv.

V

a) Lest den Text genau durch und versucht vor der Übersetzung festzustellen, über welches Thema Aulus und Priscus diskutieren und welche Meinungen sie dazu vertreten. Überprüft eure Vermutungen durch eine Übersetzung des Textes.

b) Wer hat eurer Meinung nach Recht, Aulus oder Priscus? Diskutiert darüber, ob es heute Vergleichbares gibt.

c) Überprüft auf dem Plan (rechts), wie der geplante Weg wohl verlief und wo die angesprochenen Bauwerke liegen.

VI *plus*

Ü

a) Formenstaffel

1. aedificium novum → Dat. Sg. → Dat. Pl. → Akk. Pl. → Akk. Sg. → Abl. Sg.
2. agri nostri → Akk. Pl. → Akk. Sg. → Nom. Sg. → Gen. Sg. → Gen. Pl. → Abl. Pl.
3. servis miseris → Nom. Pl. → Nom. Sg. → Akk. Sg. → Abl. Sg. → Abl. Pl. → Dat. Pl.

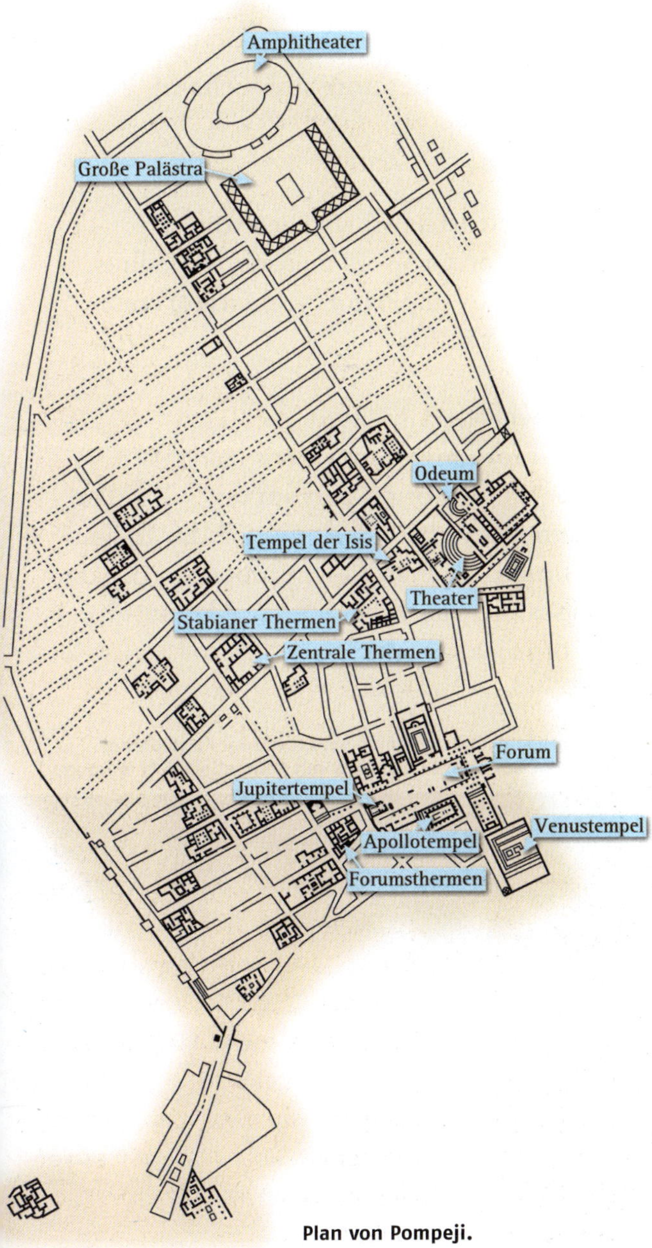

Plan von Pompeji.

b) Ordne richtig zu:

scribis, dicis, relinquis, ducis, nuntiis, trahis, oppidis, capis, aspicis, adduco, consisto, facio, summo, bibo, mortuo

c) Lückenlos. Wo musst du ein „e" ergänzen?
pulch◎ro - pulch◎r - mis◎r - mis◎ro - nig◎rorum - ag◎r - ag◎ri - nost◎ris - nost◎r - magist◎r - magist◎rum

d) Wer kann was, wer kann was nicht?
Kombiniere potest, possunt und ggf. non mit je einem Ausdruck aus der linken und rechten Spalte, z.B. Equi carrum complere non possunt.

Equi	scribere
Priscus	carrum trahere
Sextus parvus	nuntium mittere
Servus miser	carrum complere
Sextus et Marcus	equos ducere

e) Setze die passende Form von adesse ein:
Puellae Aeliae [?] (sie helfen). Aelia: „Vobis gratiam habeo. Nam mihi [?] (ihr helft)."
Puellae: „Tibi libenter [?] (wir helfen)."

f) Füge die Bausteine zusammen:
pot, pos; sum, es, est, sumus, estis, sunt

g) Welche lateinischen Wörter erkennst du in den folgenden Fremdwörtern? Was bedeuten demnach diese Fremdwörter?
1. Karre 2. sakral 3. (päpstlicher) Nuntius 4. liberal 5. kapieren

21

E

1. Aulus Popidius mercator est. Etiam Priscus Popidius mercator est.
2. Aulus et Priscus mercatores sunt. Aulus Popidius etiam senator est.
3. Pompeiani (die Pompejaner) amici Auli senatoris (multorum senatorum) sunt.
4. Pompeiani Aulo senatori (multis senatoribus) gratiam habent.
5. Pompeiani Aulum senatorem (multos senatores) amant.
6. Amici cum Aulo senatore (cum multis senatoribus) cenant.
7. Senatores cum imperatore cenant.
8. Cloelia uxor Auli senatoris est. Uxores senatorum cum imperatore non cenant.

Ü

a) Aufstieg zum Senator
Ersetze dominus durch senator:
1. Domino pareo. 2. Ad dominum propero. 3. Cum domino in forum propero. 4. Aedificium domini intro. 5. Domini cenant et bibunt. 6. Consilium dominorum placet. 7. Dominis gratiam habeo. 8. Dominos aspicio.

b) Ein Sklave erzählt. Ergänze das in Klammern stehende Wort in der richtigen Form:
1. Verba (imperator) novi timeo. 2. In aedificium (senator) boni propero. 3. Cum (senator) bono ceno. 4. (uxor) domini adsum.

c) Dekliniere lateinisch und deutsch:
1. senator novus 2. mercator Romanus 3. magnus imperator 4. mercator miser 5. uxor pulchra

d) Auf dem Markt
1. In foro mercatores cibos laudant: „Pretium ciborum parvum est!“ 2. Etiam Cornelia verba mercatorum audit. Itaque Cornelia ad mercatorem properat. 3. Iam cibos mercatoris emit (kauft). Mercator Corneliae gratiam habet.

I

Öffentliche Ämter
An der Spitze Pompejis standen zwei Männer, die sog. Duumvirn, die für die Politik der Stadt verantwortlich waren. Sie kontrollierten sich gegenseitig, wurden immer nur für ein Jahr gewählt und mussten dann ein Jahr pausieren. Für Straßen und öffentliche Bauten waren die beiden Ädilen (aedīlēs) zuständig. Beide Ämter waren heißbegehrt. Die Wahlkämpfe wurden mit Leidenschaft geführt, wie uns die zahlreichen Wahlaufrufe verraten, die auf die Hauswände gemalt wurden.

Beispiel für Wahlprogramme verschiedener Kandidaten, die in Rot auf die Hausmauern von Pompeji gemalt wurden.

Eine Stadt im Wahlfieber

T

[1] oleum
Öl

Aulus Popidius senator et mercator est. Oleum[1] et vinum vendit. Profecto vinum Auli mercatoris bonum et clarum est. Etiam imperator Titus vinum Auli Popidii bibit; nam imperatori Tito vina bona placent. Aulum mercatorem multi Pompeiani amant, nam Popidius amicis beneficiis et consiliis adest. Itaque Popidius senator magno in honore est.

Im Hause des Aulus Popidius herrscht Wahlfieber. Aulus will seinen Freund Holconius zu einem der beiden Duumvirn machen, die an der Spitze der Stadt stehen. Viele Gäste füllen sein Haus. Das alles ist für die Jungen fremd.

Sextus Aulum rogat: „Cur hodie tanta turba in villa vestra est?“ Aulus: „Pompeiani duumviros[2] creant. Duumviri Pompeianis imperant. Candidati[3] populo beneficia praebent, tum honores petunt.“ Sextus etiam rogat: „Cunctisne Pompeianis licet duumviros creare, etiam Cloeliae, uxori tuae, et servis?“ Aulus: „Neque uxoribus neque servis licet duumviros creare, viris tantum liberis. Puellae et uxores apud nos cibum et lanam[4] faciunt.“ Nunc Sextus ridet – Marcus autem tacet.

[2] duumvir
Duumvir (höchster Stadtbeamter)

[3] candidātus
Bewerber

[4] lāna
Wolle

V

a) 1. Welche Substantive beschreiben die Tätigkeit des Aulus Popidius? 2. Welche Ausdrücke des Textes passen zum Sachfeld „Wahlkampf“? 3. Suche Gründe für die unterschiedliche Reaktion der beiden Jungen (Z. 12). Wie hättest du an ihrer Stelle reagiert?

b) Wahlplakat mit Schäden. Ergänze die Lücken:
Aulus senat■■ bonus est! Mult■ beneficia Pompeian■■ praebet. Aulus mercator clar■■ est! Vino bon■ Pompeianos delectat. Aulus tant■ in honor■ est! Etiam imperat■■■ Tito placet vinum Auli bibere. Pompeiani, create Aulum, senator■■ bonum et vir■■ honestum (angesehen)!

c) *plus* 1. Kaiser Titus schmückt (den) Aulus Popidius mit großen Ehren. 2. Denn er beruft (ruft) den Kaufmann Aulus zu den berühmten römischen Senatoren. 3. So große Ehren stehen vielen Römern nicht offen. 4. Aulus verkauft Öl (oleum); auch der Wein des Senators ist berühmt. 5. Bei den Pompejanern ist es Ehefrauen und Sklaven nicht erlaubt, Ehrenämter zu erstreben.

Straßenszene mit Händlern und Passanten in der Via dell'Abbondanza in Pompeji.

22

E

1. Aulus: „Venite ad me, si vinum bonum desideratis!"
2. Aulus gaudet, quod (quia) vinum bonum vendit et bibit.
3. Servis non licet vinum bibere, dum laborant.
4. Quamquam servis non licet vinum bibere, vinum desiderant.
5. Aulus: „Semper vinum velle servis non licet."
6. Aulus: „Vinum vendere volo." Amici: „Vinum bibere volumus."
7. Aulus vinum vendere vult. Amici vinum bibere volunt.
8. Serva: „Domine, visne vinum bibere? O domini, vultisne vinum bibere?"

Ü

a) Verwandle die Hauptsätze in Gliedsätze. Was ändert sich an der Stellung des Prädikats?
1. Priscus und die Kinder essen und trinken. → Während Priscus ..., hören sie plötzlich einen Schrei. 2. Priscus sieht den toten Esel eines Sklaven. → Weil Priscus ..., hilft er dem Sklaven. 3. Priscus hat dem Sklaven des Winzers geholfen. → Der Winzer bewirtet Priscus, weil er ...

b) Vom Hauptsatz zum Gliedsatz. Übersetze:
1. Vinum Auli Popidii bonum est. Quia vinum Auli Popidii bonum est, etiam imperator vinum Auli Popidii bibit. 2. Pompeiani duumviros (Duumvirn) creant. Dum Pompeiani duumviros creant, in oppido magna turba est. 3. Aulus amicis adest. Aulus, quod amicis adest, vir clarus est.

Weinamphoren von einem gesunkenen römischen Handelsschiff. Albenga, Museo Civico.

c) Formuliere die folgenden Aussagen in Wünsche um. Beispiel: ceno → cenare volo

mones	vendo	bibunt
tacemus	ducis	adsum

d) Vergebliche Mühe
1. Quia mercatores in foro Romano sunt, multi Romani in forum Romanum properant. 2. Mercatores clamant, quod servos vendere student. Romani ad mercatores veniunt, dum mercatores servos laudant. 3. Si pretia magna sunt, mercatores servos non vendunt. 4. Quamquam clamant, servos non vendunt.

Stress in der Stadt

T

Die Jungen kennen sich in Pompeji noch nicht aus. Darum begleitet sie am nächsten Morgen ihr Cousin Secundus; seine Schwester Serena und ihre einjährigen Zwillingsschwestern bleiben zu Hause. Secundus hat einen kleinen Geldbeutel umgebunden. Der Sklave Zosimus geht ihnen nach.

In forum Pompeianum cuncti viri et mulieres properant. Etiam servi, pueri, puellae in forum veniunt, quia candidati[1] se ostendunt. Secundus gaudet, quod filii Prisci adsunt; sed dum cum pueris per vias properat, amicam tantum in animo habet: Primigeniam. Sextus: „Quid nobis ostendis, Secunde?“ Secundus: „Primigeniam vobis ostendere volo, amorem meum. Est amica Serenae, sororis meae. Me videre vult. Vultisne mecum venire, pueri?“ Marcus: „Et nos Primigeniam videre volumus, si licet. Tecum venimus.“ Zosimus: „Bene. Cuncti Popidii puellam tuam videre volunt. Sed si ad forum venire vis, Secunde, properare debes, quia viae iam plenae sunt.“

Fuhrwerke und Karren blockieren die Hauptstraßen. Auch die Gassen sind verstopft. Plötzlich entsteht um die Gruppe der Jungen Gedränge. Ehe sich Secundus der Gefahr bewusst wird, spürt er schon, wie jemand an seinem Geldbeutel reißt.

Subito Secundus: „Quid vis? O Zosime, ades mihi! Fur me terret!“ Dum clamorem facit, Zosimus iam adest: „Mitte pecuniam, scelerate!“ Zosimus furem capit. Statim multi Pompeiani adsunt. Quamquam fur flet, Secundus furem liberare non vult, sed statim sceleratum ad vigiles[2] trahit.

[1] candidātus Bewerber

[2] vigil, vigilis Polizist

Römische Geldbörse aus Bronze. University of Oxford, Ashmolean Museum.

a) 1. Sammle die Substantive zur Bezeichnung der Personengruppen, die am Wahltag auf das Forum kommen. 2. Woran denkt Secundus auf dem Weg zum Forum?

b) Selbstgespräche. Ordne die Subjunktionen dum, quia, si, quamquam zu und übersetze:
1. Secundus: „[?] amor meus magnus est, Primigeniam videre volo. 2. [?] ad Primigeniam propero, Primigeniam tantum in animo habeo. 3. [?] furem libero, iniuriam facio. 4. Furem, [?] puer parvus est, ad vigiles (Polizisten) trahere volo.“

V

c) plus 1. Secundus: „Wenn es dir° gefällt, Marcus, komm mit mir! 2. Willst du mit mir Primigenia sehen, obwohl alle Männer auf (in) den vollen Marktplatz eilen wollen? 3. Wollt ihr meinem Mädchen von eurer Heimat erzählen, während Zosimus schweigt?“ 4. Marcus: „So gefällt es uns°, weil wir den Lärm der Sklaven nicht mehr hören wollen.“

23

E Marcus Primigeniae narrat:

1. „Priscus pater meus est, Aelia mater mea est.
2. Aelia patris uxor est.
3. Aeliae matri gratiam habemus.
4. Patrem matremque amamus."
5. Marcus Sextusque fratres sunt.
6. Priscus pater fratrum est.

7. Pompeiani liberi, non servi esse volunt.
8. Itaque Pompeianis libertas placet, non servitus.
9. Cuncti Pompeiani libertatem volunt, non servitutem.

Ü

a) Nenne den Nom. Sg. und bestimme die Form.
Beispiel: uxorum von uxor → Gen. Pl.
1. patris, matris, fratris, amoris, pueris, templis, insulis, furis, clamoris, mensis, viris, senatoris, ludis
2. patri, matri, pueri, honori, fratri, clamori, ludi, vini, mulieri, uxori, imperii, discipuli

b) Gesprengte Ketten! Ersetze die Formen von servitus durch die entsprechenden von libertas:
servituti, servitus, servitute, servitutis, servitutem

c) Ablativ oder Dativ? Welche Formen können sowohl Dativ als auch Ablativ sein?
patre, fure, furibus, matre, mulieri, mercatore, honori, honore, gratia, carris, mercatoribus, amori

d) Wer kennt die Familie von Primigenia?
1. Dum Secundus cum amicis per vias properat, mater Secundi patrem pueri rogat: „Quis Primigenia est? Quis pater, quis mater puellae est? Quid patris negotium (Beruf) est? Scisne etiam fratres et sorores puellae?"
2. Priscus pater dicit: „Patrem et matrem Primigeniae nescio." 3. Cloelia mater respondet: „De patre et matre Primigeniae nihil scimus. Itaque Secundum rogare volo. Nam, ut video: Secundus Primigeniam amat."

I

Familie

In einer römischen Familie hatte der Hausvater (pater familias) das Sagen; ihm waren auch die erwachsenen Söhne und seine Gattin unterworfen. Er besaß die patria potestas. Die Macht großer Familien reichte aber weit über das Haus hinaus: Sie banden eine große Zahl von sog. Klienten an sich. Der Schutzherr (patrōnus) ließ sich täglich im Atrium von ihnen begrüßen, nahm ihre Wünsche entgegen und kümmerte sich um ihre Anliegen; dafür durfte er die Unterstützung seiner Klienten bei Wahlen erwarten.

Familie und Politik

T

Der Dieb ist bei der Polizei abgeliefert. Als die Gruppe endlich das Haus Primigenias erreicht, öffnet der Türsklave.

Dum Secundus pulsat[1], Primigenia iam adest. Secundus amicam salutat. „Salve, Primigenia! Vide Sextum et Marcum! Fratres sunt, filii Prisci.“ Sextus: „Priscus pater noster est et Aelia mater nostra est. Priscus frater Auli est, patris Secundi. Sorores nostrae domi[2] sunt; sed non tam parvae sunt quam sorores Secundi.“
Primigenia: „Aah! Sed ubi sunt pater tuus materque tua?“ Secundus respondet: „Priscus a fratre vinum et oleum[3] parare vult. Aelia mater adhuc domi est. Quia matri non licet filias domi relinquere, pueri tantum cum Prisco adsunt. Et patres nostri multa consilia capiunt: de pretio vini et – de candidatis[4].“

Secundus erklärt seinen Cousins die Politik in Pompeji:

„Civitas nostra libera est. Titus Caesar civitatem nostram amat. Libertatem Vespasiano Caesari debemus[5], patri Titi. Duumviri[6] autem civitati nostrae imperant. Potestas duumvirorum magna est; magna potestate nobis imperant. Voluntas Pompeianorum est bonos tantum duumviros creare.“

Tum Marcus: „Nonne Pompeianae etiam domi bonos tantum viros habere volunt, Secunde?“ Secundus: „Sic etiam Primigenia vult. Et voluntas Primigeniae mihi cara est: heri, hodie, semper.“ Marcus: „Profecto non libertatem, sed servitutem amas, Secunde!“

Goldmünze (Aureus) mit dem Porträt Kaiser Vespasians. 1. Jh. n. Chr. Sammlung Götz Grabert.

[1] pulsāre klopfen
[2] domī daheim
[3] oleum Öl
[4] candidātus Bewerber
[5] dēbēre hier: verdanken
[6] duumvir Duumvir

V

a) Zeige, dass die drei Teile des Lesestücks von unterschiedlichen Sachfeldern geprägt sind.

b) Lückenhaft. Ergänze:
Cunct■■ civitates libert■■■■ amant, servit■■■■ non amant. Magnam potest■■■■ imperatoris timent. Nam sciunt: Si potest■■ imperatoris magna est, libertas civit■■■■ parva est.

c) *plus* 1. Marcus und Sextus sind Brüder und Söhne eines freien Vaters und einer lieben Mutter. 2. Ein Bruder muss dem anderen° Bruder helfen, die Söhne müssen Mutter und Vater danken. 3. Durch den Willen der römischen Väter ist der Staat frei. 4. Der Preis der Freiheit ist groß, klein der Preis der Sklaverei. 5. Der Amtsgewalt des Kaisers gehorchen alle Pompejaner.

Kandidaten und Wahlkampf

T

Auch in Pompeji ging es während der Wahlen heiß her. Insgesamt finden sich an den Wänden 2800 Wahlkampfparolen, von denen allein über 1500 im Wahlkampf des Jahres 79 n. Chr. entstanden sind. Auf der Abbildung erkennt man einen Wahlaufruf, Cn. Helvius Sabinus für das Amt des Ädilen zu wählen. Ädilen waren eine Art Polizei und zuständig für die Betreuung öffentlicher Bauten; neben den beiden duumviri waren die Ädilen die wichtigsten Beamten in Pompeji. Seine Anhänger bezeichnen Helvius in der Inschrift als **D**(ignus) **R**(ei) **P**(ublicae) („würdig für ein öffentliches Amt") und fordern alle auf: **O**(ro) **V**(os) **F**(aciatis) (ungefähr so viel wie „stimmt für ihn").
Auch Sextus und Marcus sind vom Wahlfieber angesteckt. Am frühen Abend, kurz vor der Verkündung des Ergebnisses, diskutieren sie mit Secundus und Primigenia:

Sextus: „Cur multi candidati[1] summum honorem petunt?"
Secundus: „Candidati ut Holconius, Gavius, Helvius oppidum nostrum amant. Populo et civitati adesse desiderant. Magnum honorem petunt."
Primigenia primo ridet, tum clamat: „Tace, Secunde! Candidati neque oppidum neque honorem amant, sed pecuniam! Nam candidati saepe mercatores sunt. Honores petunt, quod aediles[2] magnam potestatem habent. Sic pecuniam augere possunt."
„Sed Holconius", Secundus clamat, „bonus candidatus est! Nam pater semper dicit: ‚Holconius populo nova templa aedificare vult!' "
„Holconius?" Primigenia ridet: „Aspice Holconium! Frater Holconii mercator est, testas[3] vendit. Itaque frater gaudet, si Holconius nova templa aedificat, quia templa Holconii pecuniam fratris augent. Et vide etiam Helvium! ‚Cn. Helvium Sabinum Aedilem'[4], amici Helvii dicunt. Sed cur Helvius valet? Uxor Helvii amica est filiae Caesaris."

[1] candidātus Bewerber

[2] aedīlēs Ädilen (vgl. Einleitung)

[3] testa (gebrannter) Ziegelstein

[4] „Wählt Cn. Helvius Sabinus zum Ädil!" (vgl. Abb. und Einleitung)

V

a) Lest den Text mit verschiedenen Sprechern laut vor. Versucht auf diese Weise den Inhalt vor der Übersetzung zu erschließen.

b) Wer bestimmt das Gespräch? Wer wirkt besser informiert? Belege deine Meinung durch Zitate aus dem Text.

c) Im Text werden zahlreiche römische Beamte und ihre Ämter erwähnt. Informiert euch über die wichtigsten Ämter in der römischen Politik und stellt sie kurz vor.

Wahlkampf-Graffito in Pompeji.

VII *plus*

Ü

a) „Wo?“ oder „Wohin?“
Ergänze das Substantiv im richtigen Kasus:
1. Servus in (forum) adest. 2. Chrysogonus in (forum) venit. 3. Senatores in (curia) sunt. 4. Servi in (agri) laborant. 5. Pueri in (ludus) properant. 6. In (templum) multa dona sunt.

b) Füge die Wörter sinnvoll ein:
tum - nonne - primo - unde - statim - et

1. [?] consilium meum vobis placet?
2. [?] viri verba Auli audiunt, [?] Aulum laudant. 3. [?] venis, Secunde?
4. Operarii (die Handwerker) Pompeiani templa multis [?] pulchris ornamentis ornant.
5. Aulus servum vocat. [?] servus adest.

c) Ergänze die Substantive im richtigen Kasus:
ad (senator) - de (libertas) - ad (civitas) - ad (mater) - cum (pater) - cum (mater) - cum (imperator) - de (uxor) - de (mercatores) - apud (uxor) - apud (frater) - apud (mulier)

d) Ein Volk wird zum Staat.
Ersetze populus durch civitas:
populi (Gen. Sg.) - populi (Nom. Pl.) - populis (Abl. Pl.) - populis (Dat. Pl.) - populorum - populo (Dat. Sg.) - populo (Abl. Sg.)

e) Nur ein Wunsch. Ersetze die folgenden Wendungen entsprechend dem Beispiel:
Priscus: Vinum bibo. → Vinum bibere volo.
1. Aulus honorem petit. 2. Viri in forum veniunt. 3. Tu clamorem facis. 4. Vos Primigeniam videtis. 5. Nos furem capimus.

f) Erkläre die Bedeutung der Redewendung:
Plenus venter (Bauch) non studet libenter.

g) Welche lateinischen Wörter erkennst du in den folgenden Fremd- und Lehnwörtern? Was bedeuten sie demnach?
1. Kreatur 2. klar 3. honorieren 4. Imperativ

h) Stelle alle bisher gelernten lateinischen Wörter zusammen, die zum Sachfeld „Familie“ gehören.

Einer der einflussreichsten Bürger Pompejis: Statue des Marcus Holconius Rufus. 1. Jh. n. Chr. Neapel, Archäologisches Nationalmuseum.

Eindrücke in Pompeji – Leben und Sterben

1

Die Familie des Priscus Popidius ist genau zu der Zeit in Pompeji, als der Freund des Aulus, der reiche Holconius, zum Duumvir gewählt werden will. Um das zu erreichen, spendiert er der Bevölkerung von Pompeji Gladiatorenschauspiele (spectacula) im Amphitheater der Stadt.

fundamentum

Gladiatoren

Gladiatoren waren ausgebildete Kämpfer, die zum Vergnügen der Zuschauer auf Leben und Tod gegeneinander kämpften – allerdings mit festen Regeln, über deren Einhaltung ein Schiedsrichter wachte. So durfte z.B. ein retiarius, also ein mit Fangnetz und Dreizack ausgestatteter Kämpfer, stets nur gegen einen secutor, d.h. einen mit Rundhelm, Schild und Schwert bewaffneten Gegner, antreten. Die strenge Disziplin erlaubt es, bei Gladiatorenkämpfen von einem Sport zu sprechen, freilich von einem sehr grausamen Sport. Allerdings endeten nur die wenigsten Gladiatorenkämpfe tödlich: Da die Besitzer von Gladiatorentruppen viel Geld in das Training und den Unterhalt ihrer Kämpfer investierten, war ihnen an einem massenhaften Abschlachten ihrer Leute nicht gelegen.

2

3

4

5

Götter

fundamentum

Ursprünglich bäuerlicher Herkunft, verehrten die Römer wie die Pompejaner vor allem Natur- und Fruchtbarkeitsgötter. Als sie Bekanntschaft mit den Etruskern und Griechen machten, bekamen ihre Götter menschliche Gestalt, sodass sie auf Kultbildern dargestellt werden konnten. Typisch für die Römer war ihre Offenheit gegenüber den Göttervorstellungen anderer Völker. So übernahmen sie zunächst die Götter der Griechen, später Gottheiten anderer Nationen, wie die Göttin Isis aus Ägypten, deren Kult durch den Seehandel mit der ägyptischen Stadt Alexandria nach Italien kam. Der älteste Tempel in Pompeji aus dem 6. Jh. v. Chr. war Apoll, dem Gott der Künste, geweiht. Besondere Verehrung genoss Venus als Schutzgöttin Pompejis, aber auch Bacchus (Dionysos) als Gott des Weines und der Fruchtbarkeit stand in großem Ansehen. Jeder Hausbesitzer in Pompeji hatte in seinem Haus einen Altar (lararium), in dem die persönlichen Schutzgötter (Laren und Penaten) verehrt wurden.

Naturkatastrophen in Pompeji

fundamentum

Im Jahre 62 n. Chr. suchte ein gewaltiges Unglück die Stadt Pompeji heim: Ein schweres Erdbeben verwandelte die Stadt binnen weniger Minuten in ein riesiges Trümmerfeld. Viele Wohnhäuser waren zerstört, Statuen geborsten, die Wasserversorgung zusammengebrochen. Auch der Tempel des Jupiter auf dem Forum von Pompeji wurde stark beschädigt. Das brachte die Einwohner von Pompeji aber nicht von ihrem tief verwurzelten Glauben an die Götter ab. Doch die große Frömmigkeit nützte nichts, als am 24. August 79 n. Chr. die gewaltige Naturkatastrophe geschah, die der Stadt bis heute ihre traurige Berühmtheit sichert: der Ausbruch des Vulkans Vesuv.

Genau zu dieser Zeit befinden sich Priscus Popidius und seine Söhne in der Stadt – doch lest selbst, wie es ihnen ergeht …

6

1 **Gladiatorenhelm aus Bronze, gefunden in der Gladiatorenkaserne von Pompeji.**
2 **Nachstellung von Gladiatorenkämpfen in der Arena des Amphitheaters von Trier.**
3 **Lararium (Hausaltar) aus dem Haus der Vettier in Pompeji. 1. Jh. n. Chr.**
4 **Darstellungen der Bacchus-Mysterien. Wandmalerei aus der sog. „Villa der Mysterien" in Pompeji. 1. Jh. n. Chr.**
5 **Apollostatue (Bronze) im Hof des Apollotempels am Forum von Pompeji.**
6 **Der ägyptische Krokodilgott Petesuchos. Wandmalerei aus der sog. „Villa der Mysterien" in Pompeji.**

24

E

1. Hodie Secundus apud Primigeniam est; sed heri apud amicam non erat.
2. Primigenia: „Secunde, heri misera eram. Nonne et tu miser eras?“
3. Secundus: „Etiam ego miser eram; nos miseri eramus, Primigenia.“
4. Marcus: „Cur heri miseri eratis, amici?“
5. Secundus: „Heri amici patris diu apud nos erant.
6. Si amici nobiscum cenant, ad amicam venire non possum; itaque heri venire non poteram.“
7. Primigenia Secundum heri diu desiderabat.
8. Secundum semper in animo habebat.

Ü

a) Spürsinn gefragt. Welche Form ist Imperfekt (lat.) bzw. Präteritum (dt.)?
1. er bewegt, er bewegte 2. er befiehlt, er befahl 3. er bleibt, er blieb 4. er schrie, er schreit 5. er lag, er liegt 6. du bist, du warst 7. sie brachten, sie bringen
8. creabant, creant 9. monent, monebant 10. eras, es 11. desiderabas, desideras 12. delecto, delectabam 13. potestis, poteratis 14. augebatis, augetis

b) Das Imperfekt als Baukastenspiel! Wie viele Formen kannst du bilden? Welche kommen ohne -ba- aus? Übersetze alle.

c) Die Formenreihe Präsens – Infinitiv – Imperfekt muss jeweils ergänzt werden, z. B. debeo - debere - debebam.
1. vales 2. praebebamus 3. amabant 4. intratis 5. poterant

d) Wenn in Pompeji Wahlen waren ...
1. Cunctae viae plenae erant. Magna turba in foro aderat. Ibi Pompeiani multa consilia habebant. 2. Etiam candidati (Amtsbewerber) saepe in forum properabant. Multi candidati Pompeianos donis delectabant.

I

Götter

Die Römer verehrten in der heidnischen Zeit viele Götter. Sie sind den wichtigsten Lebensbereichen zugeordnet, z. B. Iuppiter dem Himmel und Wetter, seine Gemahlin Iūnō der Familie und Ehe, Mārs dem Krieg, Apollō den Künsten, Venus der Liebe. Nach einigen sind Planeten benannt, die in den romanischen Wochentagsnamen noch fortleben, z. B.: italienisch Mercoledì und Giovedì, französisch mercredi und jeudi. Welche Götter kannst du darin erkennen?

Götterglaube

T

Nach dem Besuch bei Primigenia führte Secundus seine Cousins zum größten Tempel am Forum. Wisst ihr, wie viele Götter die Römer hatten und was ihr Wirkungsbereich war? Hört zu:

Apud Romanos antiquos multi dei erant. Summus deus Iuppiter erat, pater multorum deorum. Imperium summi dei caelum et terra erant. Multi dei filiae et filii Iovis patris erant, ut Minerva et Diana; Minerva dea sapientiae[1] erat, Diana dea bestiarum. Neptunus autem erat frater Iovis dominusque aquarum. Nuntius deorum Mercurius erat.

Iuppiter deis imperabat; ceteri dei Iovi parebant, quia Iovem Iovisque potestatem timebant. Romani a deis auxilium exspectabant deisque dona dabant; nam varii dei Romanis aderant. Minerva Romam et Romanos servabat. Mercurius non solum imperia Iovis nuntiabat, sed etiam mercatoribus aderat; umbras mortuorum ad Tartarum[2] portabat – et deus furum erat.
Sic Romani existimabant.

[1] sapientia Weisheit

[2] Tártarus Unterwelt

Nach dem Tempelbesuch gehen die Jungen zurück zum Haus der Popidier; dort erzählt der kleine Sextus seiner großen Cousine Serena vom Abenteuer mit dem Taschendieb.

Römisches Schmuckstück mit der Darstellung des Göttervaters Jupiter. 1. Jh. n. Chr. Die goldene Fassung wurde erst im 14. Jh. hinzugefügt. Paris, Cabinet des Medailles.

a) 1. Erstelle anhand der Informationen aus Z. 1–5 eine Grafik mit den Verwandtschaftsbeziehungen zwischen den dort genannten Göttern.
2. Ergänze dazu die lateinischen Bezeichnungen des Bereichs, für den sie zuständig waren.
3. Warum steht der Text im Imperfekt?

b) Götterglaube im alten Rom
Setze ins Imperfekt und übersetze:
Dei Iovi parent. Si non parent, ira (Zorn) Iovis magna est. Sed non solum in caelo, sed etiam in terra Iuppiter imperat. Sine auxilio Iovis Romani nihil facere possunt.

V

c) *plus* 1. Viele Götter waren Söhne und Töchter Jupiters. 2. So meinten nicht nur die alten Römer. 3. Jupiter herrschte über° Himmel und Erde und die übrigen Götter (Dat.). 4. Diana schützte (bewahrte) die verschiedenen Tiere. 5. Dem Gott Neptunus aber gehorchten die Gewässer (Wasser; Pl.) und Winde.

Die Götter Roms

Anders als Christen, Juden und Muslime, die an einen Gott glauben, verehrten die alten Griechen und Römer viele Götter. Jeder Gott und jede Göttin hatte einen bestimmten Bereich, für den er bzw. sie zuständig war. Im Folgenden lernt ihr die wichtigsten Gottheiten kennen, ihre römischen (bzw. griechischen) Namen, ihre Kennzeichen und die Zuständigkeiten, die ihnen von den Menschen zugeschrieben wurden.

Iuppiter (griech. **Zeus)** war der bedeutendste Gott, weil er als Vater und König der Götter und Menschen angesehen wurde. Meist wird er mit Vollbart und einem Bündel von Blitzen in der Hand dargestellt, die er zur Strafe vom Himmel auf seine Gegner schleuderte. Häufig wird er mit einem Adler abgebildet.

Iuno (griech. **Hera**) ist Frau und Schwester Jupiters zugleich. Sie ist die Göttermutter und wird mit einem langen Gewand und einem Diadem im Haar abgebildet. Der ihr zugeordnete Vogel ist der Pfau.

Mars (griech. **Ares**) ist der Gott des Krieges. Er wird häufig mit Helm, Waffen und blutroter Rüstung dargestellt; das war übrigens auch der Grund dafür, warum man den roten Planeten nach ihm benannte.

Neptunus (griech. **Poseidon**) ist der Gott des Meeres und der Erdbeben. Meist wird er bärtig und mit einem Dreizack abgebildet, mit dem er Felsen spalten und Quellen entspringen lassen konnte.

Minerva (griech. **Athene**) gilt als Beschützerin von Helden und als Göttin der Weisheit. Sie wird meist mit Helm, Schild und Lanze abgebildet. Das sie kennzeichnende Tier ist die Eule.

Apollo (griech. **Apollon**) ist der Gott der Künste und der Weissagung. Er wird entweder mit Leier oder mit Pfeil und Bogen dargestellt. Als sein Wappentier gilt der Schwan.

Diana (griech. **Artemis**) ist die Schwester Apollos und gilt als Göttin der Jagd. So wird sie mit kurzem Rock und Bogen und häufig mit einem Jagdhund bzw. einem Wildtier abgebildet.

Venus (griech. **Aphrodite**) ist die Göttin der Liebe und Schönheit. Meist wird sie nackt und mit einer Muschel dargestellt, die auf ihre Geburt aus dem Meeresschaum anspielt.

Amor (griech. **Eros**) ist der Sohn und Begleiter der Venus. Er wird als geflügelter Junge mit Pfeil und Bogen dargestellt. Wen er mit seinen Pfeilen trifft, der verliebt sich sofort.

Mercurius (griech. **Hermes**) ist der Götterbote, zugleich aber auch der Gott für Kaufleute, Reisende und Diebe. Seine Kennzeichen sind Flügelhaube, Flügelschuhe und der Heroldsstab, um den sich zwei Schlangen winden. Bei diesem Stab handelt es sich um ein Kennzeichen von Boten.

Vulcanus (griech. **Hephaistos**) ist der Gott des Feuers und der Schmiedekunst. Entsprechend häufig wird er als arbeitender Handwerker mit Schmiedewerkzeugen dargestellt, meist mit einem Hammer.

Ceres (griech. **Demeter**) gilt als Göttin der Fruchtbarkeit und wird vor allem mit einer Ährenkrone und mit Früchten abgebildet.

Bacchus (griech. **Dionysos**) ist der Gott des Weins und der Fruchtbarkeit. Häufig wird er mit Weinranken bzw. -trauben im Haar und einem Becher in der Hand dargestellt.

E

1. Primigenia amicum nunc audit et aspicit.
2. Primigenia amicum saepe audiebat et aspiciebat.
3. Secundus villam Primigeniae saepe petebat.
4. Nam amicam videre volebat.
5. Secundus saepe amicos per vicos trahebat.
6. Vicus est pars oppidi.
7. Vici et insulae sunt partes oppidi.
8. Roma non oppidum erat, sed urbs.
9. Amphitheatrum (Amphitheater) pars urbis erat. Amphitheatra partes urbium erant.
10. In multis urbibus amphitheatra erant.

Ü

a) Reise in die Vergangenheit
Verwandle ins Imperfekt:
1. audio, audis, audit, invenimus, invenitis, inveniunt 2. capio, capis, capit, facimus, facitis, faciunt 3. mitto, mittis, mittit, scribimus, scribitis, scribunt

b) Unterscheide die Konjugationsklassen:
faciebat, capiebamus, aspiciebant, sciebat, trahebamus, audiebas, veniebam, petebam

c) Fromme Römer
1. Romani, quia potestatem deorum timebant, saepe sacra faciebant. 2. Tum viri et mulieres ad templum veniebant.
3. Templum autem non intrabant. 4. Ante templum verba sacerdotum (Priester, Gen. Pl.) audiebant et sacra faciebant.

d) Ergänze im richtigen Kasus und übersetze:
1. In amphitheatro (Amphitheater) saepe magnam (pars) Pompeianorum aspicimus. 2. (pars) civitatis placet amphitheatrum intrare. 3. In nostra (urbs) magnum amphitheatrum est. 4. Amphitheatrum (urbs) nostrae multis viris placet.

e) Wirf dich ins Amphitheater des Imperfekts! Bilde neue Formen mit dem Tempuszeichen -eba- und den Endungen.

I

Gladiatorenspiele
Die Gladiatoren waren die großen Sporthelden der römischen Antike. Ihr Sport war lebensgefährlich, dafür wurden sie aber professionell ausgebildet und ernährt; bei weitem nicht jedes Duell endete tödlich. Manche Gladiatoren überlebten bis zu 20 Kämpfe. Die Sieger bekamen dafür oft nicht nur Siegeskränze (corōnae), sondern sogar die Freiheit; tapfere Verlierer konnten die Entlassung erhalten, wenn das Publikum es forderte. Ein Schiedsrichter wachte darüber, dass das Duell regelgerecht geführt wurde. Gigantisch wie die Amphitheater waren auch manche Spiele in Pompeji: Einmal traten an drei aufeinanderfolgenden Tagen gleich 30 Gladiatorenpaare und ihre Ersatzleute gegeneinander an – ein blutiges Spektakel!

Bei den Gladiatoren

T

Tags darauf gehen Aulus, Secundus und Priscus mit den drei Jungen am späten Vormittag in das Amphitheater, wo Tausende Pompejaner und Bewohner der Nachbarstädte ein Gladiatorenspektakel verfolgen. Die Spiele waren Teil der Wahlwerbung des Holconius.

[1] spectāculum Schauspiel

[2] spectātor, ōris Zuschauer

[3] arēna Arena

Marcus fratrem ad amphitheatrum ducebat, quia Sextus spectacula[1] adhuc nesciebat. Iam fratres clamorem multarum bestiarum audiebant, sed propter magnam turbam spectatorum[2] diu nihil videre poterant: Itaque primo neque arenam[3] neque gladiatores aspiciebant.

Tum multi patres filios ad ludos ducebant. Non solum Pompeiani veniebant: Etiam Romani ex urbe veniebant et viri mulieresque e variis partibus imperii aderant, quia spectacula Pompeiana videre volebant.

Langsam lösen sich die Menschentrauben bei den Eingängen auf und die Zuschauer nehmen Platz. Als die Fanfaren ein zweites Mal ertönen, springen alle auf, aber der kleine Sextus kann hinter dem Rücken der Erwachsenen nur wenig erkennen und muss den Cousin Secundus fragen; der erzählt ihm:

Drei Gladiatoren. Relief vom Grabmal des Lusius Storax. Museum von Chieti.

„Nunc Diadumenus arenam intrat. Gladiator clarus est, victor multarum pugnarum. Cottidie se exercet. Mors Diadumenum non terret." Sextus: „Nonne gladiatores dolores vel mortem timent?" Secundus: „Pars virorum mortem timet, magnam autem partem mors non movet. Nam gladiatorum negotium est pugnare et viros vel bestias interficere. Nos per multos annos virtute delectant."

Der Gedanke an getötete Gladiatoren lässt den kleinen Sextus erschaudern. Dem blutigen Spektakel mag er nicht zusehen und versteckt sich hinter Secundus.

V

a) Sammle die Imperfektformen aus dem ersten Abschnitt: Welche drücken die lange Dauer einer Handlung aus, welche könnten eher einen Zustand bezeichnen?

b) Nicht alle Römer sind gleich. Setze ins Imperfekt und übersetze:
1. Pars Romanorum amphitheatrum non amat, quia gladiatores ibi bestias interficiunt.
2. Multi Romani autem arenam (Arena) petunt, quia mortem bestiarum aspicere volunt.
3. Clamorem gladiatorum libenter audiunt.

c) plus 1. Die Gladiatoren töteten verschiedene Tiere. 2. Die Menschenmenge kam gerne zu den Spielen, die Schmerzen der Tiere aber kannte sie nicht. 3. Auch die Sieger verließen die Amphitheater der Städte nicht ohne Schmerzen. 4. Einen Teil der Gladiatoren erwartete nicht der Tod, sondern das Leben und die Freiheit.

26

E

1. Regio Vesuvii plena oppidorum et vicorum est.
2. In regionem Vesuvii multi viri et mulieres veniunt.
3. Viri et mulieres multarum nationum in Campaniam properant.
4. Magna multitudo spectatorum (Zuschauer) amphitheatrum complet.
5. Amphitheatrum spectatores magnitudine delectat.
6. Secundus: „Vide leones! Leones bestiae sunt – cum gladiatoribus pugnant!“
7. Sextus: „Sed tu es homo. Cur homini (hominibus) licet leones interficere?
8. Secundus: „Sed Diadumenus gladiator etiam hominem (homines) interficit!
9. Diadumenus victor multarum pugnarum est; iam multos annos in amphitheatro pugnat.“

Ü

a) Ersetze civitas durch natio:

1. Civitas magna est.
2. Voluntatem civitatis probo.
3. Civitatem Romanorum laudo.
4. Romani multis civitatibus aderant.

b) Baue einen Aquädukt mit den Bestandteilen -on/in- und den Endungen. Beginne unten. Welchen Kasus bildest du ohne die mittlere Reihe?

c) Mutige Männer

1. In urbe amphitheatrum erat. 2. Saepe magna multitudo virorum eo (dorthin) veniebat. Multis hominibus placebat in amphitheatro sedere. 3. Multas bestias homines in arena (Arena) amphitheatri videbant. Saepe clamabant: „Magnitudo leonum nos terret. Gladiatores autem leones non timent.“

I

Wasserversorgung

Das schwierigste Problem für Pompeji war die Wasserversorgung. Der Wasserverbrauch für private Gärten und die Bäderanlagen (thermae) war riesig. So reichten die tief gebohrten Brunnen bald nicht mehr aus. Daher wurde zur Zeit des Kaisers Augustus eine gewaltige Wasserleitung (Aquädukt) gebaut: Sie leitete aus über 40 km Entfernung Wasser aus den Bergen im Osten her; am nördlichen Stadtrand Pompejis wurde es in einem künstlichen Becken gesammelt und dann über Leitungsrohre aus Blei zu öffentlichen Brunnen weitergeleitet. Dort holten sich die „kleinen Leute“ ihr Wasser und trafen sich zum Plausch.

Wassermangel

T

Kurz nach Mittag waren die Spiele beendet. Viele Tiere waren getötet, doch auch einige Gladiatoren waren verwundet und wurden von Ärzten versorgt.

Sol ardebat[1]. In regione amphitheatri viri et mulieres variarum nationum erant. Umbram petebant, quia sol homines torquebat. Magna multitudo hominum in tabernas[2] properabat; magna autem pars hominum in umbra sedebat vel aquam bibebat.
Aquam Pompeiani a montibus in urbem ducebant; nam in montibus fontes magni erant. Sed propter multitudinem hominum et magnitudinem hortorum[3] aqua in urbe saepe deerat.

[1] ārdēre brennen
[2] taberna Wirtshaus
[3] hortus Garten

Wegen des langen, heißen Sommers sprudelten die Brunnen der Stadt längst nicht mehr so frisch wie im Frühsommer. Viel Wasser brauchten auch die Weinstöcke am Vesuv, wo Aulus Weinberge in den besten Lagen besaß. Dorthin will sich Secundus mit Marcus, Zosimus und zwei weiteren Sklaven aufmachen, um die frisch gepflanzten Rebstöcke zu gießen – allerdings erst nach einer längeren Mittagsruhe.

Römischer Aquädukt in Segovia (Spanien). Erbaut von Kaiser Trajan im 2. Jh. n. Chr.

Diu cunctae regiones urbis dormiebant[4]. Etiam Sextus et Marcus multas horas dormiebant. Sed Secundus exspectare non iam poterat: „Surge tandem, Marce!“ Marcus: „Ubi sum? Quid vis?“ Zosimus: „Vesuvius nos vocat. Vineis nostris aqua deest. Iam multos annos in monte laboro et scio: Nisi vineis statim aquam praebemus, vinum amittimus ut leo vitam.“

[4] dormīre schlafen, ruhen

Querschnitt durch einen römischen Aquädukt.

V

a) 1. Wohin begaben sich die Zuschauer nach Beendigung der Spiele? 2. Weshalb drängen Secundus und Zosimus so sehr auf Eile, als sie Marcus aufwecken?

b) Ergänze in der richtigen Form:
Vesuvius (mons) altus (hoch) est. Magnitudo (mons) multos (homo) terret. Saepe multi (homo) in (regio) Vesuvii veniunt. Nam gaudent, si magnam (multitudo) vinearum aspiciunt.

c) *plus* 1. Menschen vieler Völker suchten die Gegend des Vesuvs auf. 2. Eine große Zahl von Menschen (Gen.) füllte das Amphitheater an. 3. Schon vor den Kämpfen saßen sie viele Stunden lang° dort. 4. Verschiedene Tiere verloren das Leben. 5. Aber nicht allen Menschen gefielen die Spiele. 6. Die Pompejaner lobten die Größe des Amphitheaters. 7. Viele Jahre lang° trainierten (übten sich) die Gladiatoren.

Mord als Sport?

T

Römische Gladiatorenkämpfe erscheinen aus heutiger Sicht unbegreiflich und grausam. Am meisten schockiert jedoch, dass es in Rom fast keine Kritik an dieser blutigen Form von Unterhaltung gab. Einer der wenigen, die die Gladiatorenkämpfe ablehnten, war der Philosoph Seneca (gestorben 65 n. Chr.), der in einem Brief an seinen Freund Lucilius berichtet, was er im Amphitheater erlebt hat:

Heri in amphitheatro eram et ludos varios exspectabam. Sed spectacula[1] me terrebant: Non pugnas, sed mortes varias aspiciebam. Gladiator gladiatorem interficiebat, sed victor miser statim ad pugnam novam properare debebat. Quid gladiatores exspectabant? Neque gratiam populi neque libertatem neque vitam! Etiam victor mortem tantum exspectabat. Magnus erat clamor multitudinis: „Interfice hominem! Cur mortem times? Cur gladio non pugnas?“ Tandem magna pars gladiatorum vitam amittebat.

Tum sciebam: Populum non virtus, sed mors gladiatorum delectat. Nos multas horas in amphitheatro gaudemus, sed gladiatores vitam amittunt. Neque bestiae neque homines, sed nos gladiatores interficimus! Itaque tibi dico: Vita[2] spectacula, vita turbam!

[1] spectāculum Schauspiel

[2] vītāre meiden

V

Szenenbild aus dem Film „Gladiator“. USA 2000.

a) Suche Überschriften für die beiden Abschnitte des Textes. Berücksichtige dabei, dass im ersten Abschnitt fast nur Imperfekt- und im zweiten Abschnitt fast nur Präsensformen vorkommen.

b) Im letzten Satz gibt Seneca seinem Freund Lucilius einen Rat. Findest du Senecas Rat richtig?

c) Informiert euch über die Gladiatorenkämpfe.
Stellt ihren Ablauf und die einzelnen Gladiatorentypen dar. Versucht, die Beliebtheit der Gladiatorenkämpfe zu erklären. Bezieht auch moderne Formen von Gewaltdarstellung in eure Überlegungen ein.

VIII *plus*

a) Ordne die folgenden Verben zu.

facis, venis, aspicis, invenis, placeo, adduco, nescis, peto, vendo, creo, pateo, consisto, capis, narro, compleo, impero

b) Doppelpass. Spielt euch Imperfektformen zu, indem einer eine Imperfektform von velle und dann der Partner die entsprechende von posse bildet. Spielt dann ebenso Doppelpass mit aspicere - timēre und mit videre - narrare.

c) Dekliniere im Singular:
1. sol clarus 2. mors et dolor

d) Spürsinn gefragt
Suche alle Imperfektformen und übersetze sie:
audis - er kam - monebas - er trug - ducebamus - audiunt - ich wollte - er will - dubitabatis - er trank - trahimus - vocabas - er rief - scio - er schrie - er verkaufte - audiebant - sie fanden - mones - poterant - audio - ihr wollt - ihr wolltet - poteram - ihr trankt - ihr trinkt - errant - ihr konntet - ihr könnt - vocas - eram - erant - ducitis - trahebam

e) Am Ende von Geburtstagsreden heißt es oft:
Ad multos annos!
Was ist der Sinn eines solchen Redeschlusses?

f) Welche lateinischen Wörter erkennst du in den folgenden Fremdwörtern? Was bedeuten sie demnach?
1. antiquiert 2. partiell 3. variabel
4. regional 5. national

g) Was macht den Menschen aus?
1. Homines sumus, non dei.
2. Homines, dum docent, discunt (lernen).
3. Homo homini deus.

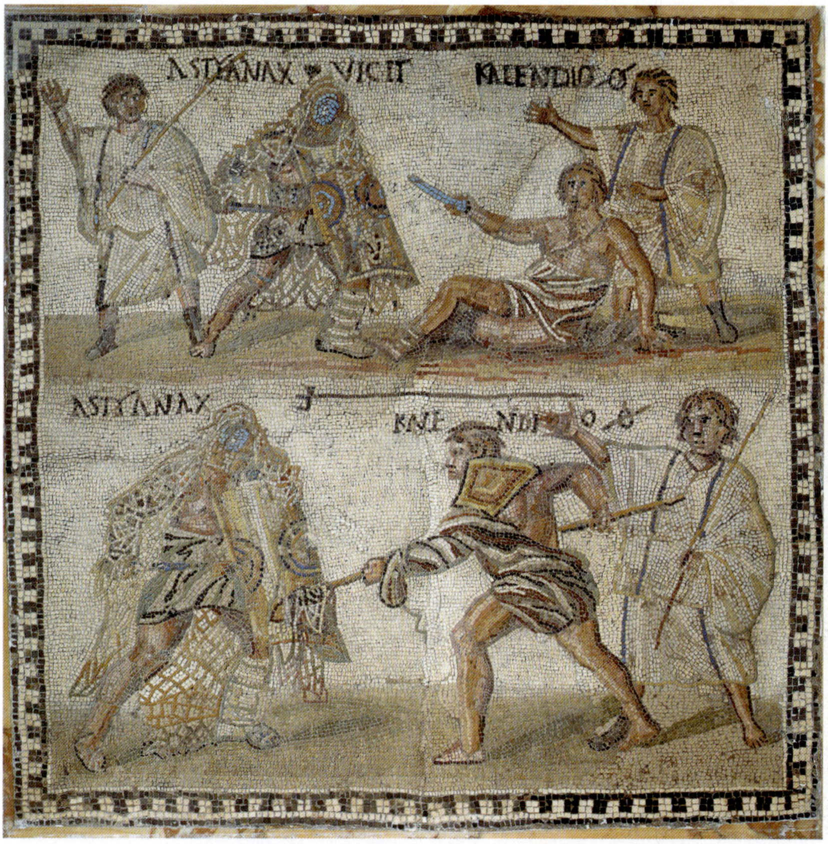

Kämpfende Gladiatoren im Circus. Römisches Mosaik. 4. Jh. n. Chr. Madrid, Museo Arqueológico Nacional.

27

E

1. Zosimus narrat: „Ego iam heri in vineam properavi.
2. Tum tu, Secunde, ad amicam tuam properavisti.
3. Magna multitudo servorum mecum in vineas properavit.
4. Nos in vinea vestra laboravimus.
5. Sed vos, pueri, ludos spectavistis et clamorem audivistis.
6. Servi tantum in vineis laboraverunt.
7. In sole laborare hodie mihi non placet; magis mihi placet iam heri laboravisse."

Ü

a) „hat" oder „ist"? Ergänze die Lücken:
1. er … gekommen 2. er … gehört
3. er … gegangen 4. er … gelaufen
5. er … gezweifelt 6. er … gerufen

b) Ping-Pong. Zwei Spieler bilden abwechselnd Imperfekt und Perfekt zu folgenden Verbformen:
ceno, cenamus, delectatis, delectant, erras, errat, intratis, intramus, impero, imperant, propero, properatis, audis, audiunt

c) Bringe die Reben in eine neue Form.
Verwandle Imperfektformen ins Perfekt und übersetze deine neuen Gewächse:

d) Übersetze folgende Perfektformen:
aedificavi, cenavisti, erravit, clamavimus, properavistis, cenaverunt, intravi, superavit, paravimus, audivisti

e) Ein Augenzeuge erzählt von Ereignissen im Amphitheater.
1. Hodie gladiatores in arena (Arena) bestias superaverunt. Homines clamaverunt: „Gladiatores, leones superavistis! Vos amamus." 2. Itaque pars gladiatorum existimavit: „Quia in arena bestias superavimus, clari sumus."

I

Vesuv
Der Vesuv ist durch den Ausbruch (Eruption) von glühendheißer Lava entstanden, die schon mehrere Jahrtausende v. Chr. einen Vulkankegel von über 1000 Metern Höhe gebildet hat. Er war zur Zeit unserer Erzählung grün bewaldet. Ein heftiges Erdbeben kündigte bereits 62 n. Chr. einen folgenden Ausbruch an; es zerstörte große Teile Pompejis, sodass viele Gebäude auch 17 Jahre danach nicht völlig wiederhergestellt waren. Auf einen baldigen Ausbruch konnte plötzlicher Schwefelgeruch in Luft und Wasser hindeuten.

Riecht das Wasser gefährlich?

T

Es ist Vollmond. Bis in die Nacht hinein haben Secundus, Marcus und die drei Sklaven den Weinberg gegossen. Am Schluss sind alle erschöpft. Als Zosimus selber aus dem Brunnen trinkt, in dem das Wasser gesammelt wird, macht er plötzlich eine schreckliche Entdeckung.

Subito Zosimus clamavit: „Mirum! Quam mirum!“ Pueri servum rogaverunt: „Quid mirum est, Zosime?“ Zosimus: „Aqua! Aqua hodie olet[1]. Probate aquam! Fontes nostri antea semper boni erant. Hodie autem primum aqua olet: Putida[2] est ut sulpur[3].“

Nun nehmen auch die anderen einen Schluck Wasser und spucken es wieder aus.

Zosimus: „Etiam heri per urbem in montem properavi et vineas curavi, ut scis, Secunde.“ Secundus: „Sic est, ut mihi iam narravisti.“ Et amicus Zosimi: „Secunde, vos heri in urbe bene cenavistis; nos autem nihil cenavimus. Mihi non placet iam heri nihil cenavisse et nunc aquam putidam bibere.“

Zosimus: „Tace de cibo, amice! Magno in periculo sumus! Mors in aqua est. Hic me nihil iam tenet.“ Subito sonum mirum et malum sub terra audiverunt. Zosimus: „Audisne? Monstrum antiquum evigilavit[4]. Terra se movet. Statim in urbem descendere debemus. An monstro sub oculos venire vultis?“

Entsetzt verneinen dies alle und rennen in die Stadt. Der Mond zeigt ihnen den Weg.

[1] olēre riechen, stinken
[2] pūtidus, a, um faulig
[3] sulpur Schwefel
[4] ēvigilāre aufwachen

V

a) 1. Stelle aus dem ersten Abschnitt die Verbformen zusammen, die im Präsens, Imperfekt und Perfekt stehen. Wofür wird das Perfekt verwendet? 2. Wodurch entsteht im ersten und dritten Abschnitt Spannung?

b) Abendliches Gespräch zwischen Sklaven. Setze ins Perfekt und übersetze:
Zoilus: „Hodie ad montem propero.“ Gripus: „Cur properas?“ Zoilus: „Vineas curo. Multi servi ibi laborant. Diu ibi laboramus.“

c) *plus* Zosimus berichtet seinem Herrn:
1. Gestern habe ich viele Stunden lang° gearbeitet. 2. Wir haben lange nichts gegessen. 3. Ich habe das Wasser der neuen Quelle geprüft. 4. Hast du mich gehört, Herr?

Öffentlicher Brunnen in der Via di Mercurio in Pompeji.

28

E

Zosimus erzählt seinem Herrn Aulus voller Panik:

1. „O domine, numquam timeo, ut scis. Sed heri primum timui.
2. Monstrum heri me terruit.
3. Etiam amici mei monstrum timuerunt.
4. Nos cuncti monstrum timuimus – et adhuc timemus.
5. Laborare non iam potui, quamquam volui.
6. Nam heri in monte fui. In monte fuimus."
7. „Ubi heri fuisti? Ubi vos fuistis?"
8. Zosimus in monte fuit. Etiam pueri ibi fuerunt.
9. Lux lunae (Mond) pueris et servis ad-fuit:
10. Nox pueros non terruit. Nam luna caelo lucem praebuit.

Ü

a) Setze die Verbformen ins Perfekt:
1. timeo, timemus, timetis, times
2. mones, terretis, exercent, timent
3. curas, existimant, praebent, taceo

b) Vom Perfekt in die Gegenwart.
Beispiel: laudavi → laudare → laudo
tacui, timuit, terruistis, praebuisti, fuisti, potuimus, voluerunt, de-fuit

c) „Können statt Sein". Bilde die entsprechenden Formen von posse. Beispiel: sum → possum
es, sunt, sumus, estis, fui, fuerunt, fuistis

d) Der Schock des Zosimus
1. Zosimus Aulo narravit: „Numquam aqua fontis putida (faulig) fuit. 2. Adhuc aquam fontis bibere potuimus. Heri autem aqua me terruit." 3. Aulo placuit verba Zosimi summis viris civitatis indicare.

e) Was könnte der Vesuv noch alles ausspucken? Bilde Perfektformen und übersetze sie:

I

Der Vesuvausbruch (1)

Den Ausbruch des Vesuvs erklären sich die Forscher heute so: Über längere Zeit hatte sich tief unter dem Vesuv eine riesige Kammer mit flüssigem Gestein (Magma) gebildet, die einen Raum von ca. 3600 Kubikkilometern umfasste. Der Druck in dieser Kammer stieg so stark, dass das Magma und heißer Dampf nach oben ausbrechen mussten. Nach der ersten Explosion stiegen die ersten Bimssteintrümmer mit Überschallgeschwindigkeit ca. 30 km in die Höhe. Es entstand eine gewaltige Wolke, die einen Bombenhagel von Bimssteinen entlud und stundenlang von unten Nachschub erhielt.

Pompeji in Panik

T

Zosimus hat seinem Herrn noch in der Nacht alles erzählt. Doch niemand will der Erzählung eines alten Sklaven glauben. Es ist bereits Mittag, da –

Subito sonus mirus homines terruit: Vesuvius clamavit ut mille[1] leones. Cunctos homines timor tenuit. Mulieres statim timuerunt et clamaverunt: „Di magni!“ Tum iterum tacuerunt, cum subito ad montem Vesuvium spectaverunt, unde magna columna[2] nigra se ostendebat; mox columna alta erat et ad caelum surgebat. Statim Zosimus Secundum tenuit: „Sic est, ut timui: Vesuvius evigilavit[3].“

[1] mīlle tausend

[2] columna Säule

[3] ēvigilāre aufwachen

Aus dem Vesuv stieg eine riesige schwarze Wolke auf. Sie dehnte sich nach Osten aus und verdunkelte die Sonne. Nach kurzer Zeit fielen die ersten Steinbrocken auf die Stadt.

Clamor hominum urbem complevit. Etiam Cloelia mater magna voce flevit: „O Aule, tectum et urbem relinquere debemus! Vesuvius iam multa tecta delevit.“ Serena, soror Secundi, clamavit: „O pater, lucem solis non iam video, quamquam nox nondum adest.“ Aulus: „Ego maneo. Nox et pericula me numquam terrere potuerunt.“ Priscus, quia Aulum servare voluit, fratrem monuit: „O Aule! Monstrum homines et oppida delere vult. Numquam in tanto periculo fuimus; neque tu in tanto periculo fuisti neque filii mei fuerunt. Cura tandem filios et salutem nostram! Salus nostra est – fuga.“

Straßenszene in Pompeji in den ersten Minuten nach dem Einsetzen des Bimssteinregens. Aquarell von Peter Connolly.

V

a) 1. Welche Wörter drücken das Entsetzen der Menschen aus? 2. Womit wird die erste Explosion des Vesuvs verglichen?

b) *plus* Übersetze, was Secundus einige Tage später seiner Tante nach Capua geschrieben hat: 1. Große Götter! Die Sonne gab (praebēre; Perf.) kein Licht mehr (nicht mehr Licht). 2. Wir haben die Nacht gefürchtet. 3. Niemals sind wir in so großer Gefahr gewesen! 4. Aber Priscus war (Perf.) ein großer Mann und hat für° unsere Rettung (Akk.) gesorgt. 5. Er hat meinen Vater mit lauter Stimme ermahnt.

E

1. Sextus et Marcus adhuc liberi sunt.
2. Ludi liberos non delectant.
3. Gladiatores in castris se exercebant, armis pugnabant.
4. In urbe Pompeis saepe ludi erant.
5. Is est Diadumenus gladiator.
   Cuncti Pompeiani eum amabant.
   Sed gladium eius timebant.
6. Puellae Pompeianae ei dona praebebant.
   Gladiator eis placebat. Id cuncti Pompeiani sciebant.
7. Diadumenus in amphitheatro Pompeiorum pugnabat. In ea urbe saepe ludi erant.

Ü

a) Lückenlos. Ergänze und übersetze:
1. Sonus Vesuvii liber●● terruit. 2. Arm● gladiatorum vari● erant. 3. Gladiatores in magn●● castr●● se exercebant.

b) Dekliniere:
is sonus, is vir, is homo, id periculum, ea puella, ea urbs, ea regio, ea civitas, ea arma

c) Wer passt zu wem? Ordne das Pronomen den zwei passenden Substantiven zu:
1. puella, templa, dominus : ea
2. periculum, fuga, templum : id
3. servus, monstrum, amicus : is
4. verba domini, verba servae, verba dominorum : eius
5. clamor victorum, clamor hominum, clamor puellarum : eorum

d) Ersetze jeden fettgedruckten Begriff durch die zutreffende Form von is, ea, id und übersetze:
eius - eum - ei - eis - eam - ea - eis

1. Pueri **Zosimum** rogaverunt: „Ubi vineae Auli sunt? Ad vineas **Auli** properare volumus.“ 2. De vineis Auli Zosimus narravit: „Multos annos in **vineis** laborabam.“ 3. Pueri verba Zosimi audiverunt. **Verba** pueris placuerunt. 4. Zosimus pueros delectavit. **Pueris** magnum fontem monstravit (zeigen). 5. Zosimus: „Aqua fontis antea bona erat.“ Itaque **Zosimo** placebat **aquam** bibere.

e) Zum Nachdenken:
Vox populi vox dei.

I

Der Vesuvausbruch (2)
Als Stunden später der Druck in der Magmakammer nachließ, brach die Wolke in sich zusammen. Es bildeten sich tödliche Schwefeldünste und eine Glutlawine, die das letzte Leben in Pompeji auslöschte. Am Ende regnete es Asche; sie deckte die Stadt mit einer meterdicken Schicht zu. Seit ca. 250 Jahren wird die Stadt wieder ausgegraben. Etwa ein Viertel Pompejis liegt noch immer unter der Erde, die die Kunstwerke und die Toten Pompejis vor neuem Unheil schützt: vor der Luftverschmutzung im Golf von Neapel …

Eine Stadt wird begraben

T

Schon verdunkelte eine schwarze Wolke den Himmel. Unter der Last der ständig fallenden Bimssteinbrocken stürzten Dächer und Mauern ein, in der Stadt brach Chaos aus:

Matres patresque cum liberis urbem relinquere temptaverunt; liberi sine matribus per tenebras erraverunt, fleverunt, clamaverunt: „Mater, ubi es?" Multi homines iam sub muris vel lignis[1] iacuerunt. Adhuc lapilli[2] de caelo cadebant. Quis tum hominibus miseris adfuit? Gladiatores! In castris non manebant, sed homines miseros sine armis servare temptabant.

Sed audite de Prisco Popidio! Is familiam Auli servavit: Priscus ei imperavit: „Dic mihi, Aule: Cur manere vis? Serva filias parvas et Cloeliam Serenamque! Duc eas ex urbe! Relinque Pompeios! Neque Secundus in urbe manere vult; veni cum eo cumque eis, veni nobiscum, sed fac cito[3]!" Tandem Aulus fratri paruit. Cuncti Popidii id consilium Prisci laudaverunt. Carrus eius Popidios eorumque servos in regionem Nuceriae[4] portavit eosque servavit.

Das bewahrte sie vor den glühenden Gasmassen, die am nächsten Morgen wie eine Feuerwalze über die Stadt rollten.

Plus quam mille[5] Pompeiani post eam noctem mortui erant. De morte eorum Sextus postea Aeliae matri narravit. Si vos reliquias claras Pompeiorum oculis videre vultis, venite in regionem Vesuvii!

[1] lignum Balken

[2] lapillus kleiner Stein

[3] citō schnell

[4] Nūceria (die Stadt) Nuceria

[5] plūs quam mīlle mehr als tausend

Gipsabguss von einem Opfer des Vesuvausbruchs.

a) 1. Sammle die Perfektformen des ersten Abschnitts, die im Plural stehen: Was drücken die verwendeten Verben aus? 2. Wodurch zeichneten sich die Gladiatoren in dieser Gefahr aus?

b) Setze die in Klammern stehenden Substantive in den richtigen Kasus:
1. Propter (reliquiae) in urbem venimus.
2. Gladiatores non iam in (castra) erant.
3. Ii (castra) sine (arma) relinquebant.
4. Timor (liberi) magnus erat; nam (tenebrae) timebant.

V

c) *plus* 1. Die Kinder Pompejis versuchten, ihre° Mütter in der Dunkelheit zu finden. 2. Gladiatoren eilten ohne Waffen aus dem Lager in die Stadt. 3. Aber die Menschen halfen (Perf.) ihnen nicht. 4. Ein großer Teil von° ihnen (Gen. Pl.) rettete (Perf.) nur sich selbst°. 5. Wer von° euch° konnte (Perf.) die Überreste dieser Stadt schon sehen?

E

1. Aulus Pompeios relinquere in animo non habebat, quia ea urbs patria eius erat.
2. Adhuc dubitabat, cum subito Cloelia clamavit.
3. Priscus fratrem monet, ei filias ostendit, ei magna voce imperat: „Relinque urbem!“ Et Aulus paret.
4. Statim equi et carrus familiam Auli e periculo servaverunt.
5. Sic Priscus se filiosque et familiam Auli servavit.
6. De morte multorum Pompeianorum reliquiae urbis nobis adhuc narrant.

Ü

a) Zurück in die Gegenwart.
Setze die folgenden Verbformen in die entsprechenden Formen des Präsens:
dubitavit - poterat - imperavit - laudabant - properavit - habebat - erant - volebant

b) Setze erst ins Imperfekt, dann ins Perfekt. Übertrage die neuen Formen in dein Heft:
1. aedifico - amas - audit - cenamus - monemus - fletis - complent
2. delecto - deles - debet - desideramus

c) Bilde zu den angegebenen Infinitiven die jeweils passende Form:
1. Avunculus (Onkel) non iam [?] (studere; Perf.).
2. Mater in cellam avunculi [?] (properare; Impf.).
3. Subito homines periculum [?] (timere; Perf.).
4. Pomponianus libenter avunculum [?] (salutare; Perf.).
5. Sed iam salutem [?] (desiderare; Perf.).
6. Servi mortem [?] (timere; Präs.) et libertatem [?] (velle; Präs.).

Karl Bryllow: Die letzten Tage von Pompeji. 1830/33. St. Petersburg, Staatl. Museum.

Ein gefährlicher Rettungsversuch

T

Ein wichtiges Zeugnis des Vesuvausbruchs ist ein Brief von Plinius dem Jüngeren, der bei dem Vesuvausbruch seinen Onkel verlor: Dieser – Plinius der Ältere – war im Jahre 79 n. Chr. Kommandant der kaiserlichen Flotte. Er hatte eine Villa auf der westlichen Seite der Bucht von Neapel, gegenüber dem Vesuv. Die Erzählung seines Neffen beginnt mit den Ereignissen vom Mittag des 24. August.

Avunculus in triclinio villae cenabat et bibebat, tum studebat: Servus ei libros[1] recitabat[2]. Subito mater mea sonum magnum et mirum de Vesuvio audivit. Is sonus eam terruit; statim ad fratrem properavit eique de Vesuvio et de eius columna nigra narravit. Avunculus libros relinquere non dubitavit; nam locum[3] petere voluit, unde id spectaculum bene observare poterat. Liburnicam[4] paravit eāque ad Vesuvium properavit, quia novum mirumque spectaculum montis aspicere et homines miseros e periculis servare volebat.

[1] liber, librī Buch

[2] recitāre vorlesen

[3] locus Ort, Platz

[4] libúrnica Schnellsegler

Da der Ascheregen immer dichter wurde, konnte das Schiff aber Pompeji selbst nicht mehr erreichen, sondern musste in Stabiä, etwa 10 km weiter südlich, anlegen. Dort suchte der Admiral seinen Freund Pomponianus auf, der Stabiä gerade mit dem Schiff verlassen wollte.

Amicum salutat. Dum familia Pomponiani fugam iam parat, avunculus adhuc cum amico cenat. Iam tenebrae timorem hominum augebant. Profecto avunculus eiusque amici summo in periculo erant: Pomponianus eiusque familia mortem timebant et fuga salutem petere volebant; itaque post cenam tandem Pomponianus se et familiam e periculo servavit. Avunculus autem recusavit eum locum relinquere. Mortem eius postea servi mihi indicaverunt.

Plinius hatte schon länger an Atemnot gelitten; in der heißen, schwefelhaltigen Luft erlitt er am Strand wohl einen Kreislaufkollaps: Er musste sich hinlegen. Dann verlangte er noch ein paar Schluck kalten Wassers und versuchte vergeblich aufzustehen. Seine Begleiter schickte er aus der Gefahrenzone fort. Er selbst blieb, fiel dann offenbar in Ohnmacht und wurde zwei Tage darauf tot am Strand liegend gefunden.

V

a) 1. Welche Tempora enthält der erste Abschnitt des Briefes? Was drücken sie aus?
2. Auf welche unterschiedliche Weise reagieren die Personen angesichts der Naturkatastrophe?

b) *plus* Der Bericht eines Überlebenden
1. Ich blieb lange auf dem Marktplatz. 2. Viele Menschen wollten ihre° Schmuckstücke retten, viele führten ihre° Kinder aus der Stadt weg.
3. Auch meine Ehefrau versuchte (Perf.) zuerst, die Schmuckstücke zu finden, dann bereitete (Perf.) sie die Speisen vor. 4. Als ich das Haus betrat (Perf.), weinten Ehefrau und Kinder.
5. Die Frau sagte°: „Nur Speisen habe ich vorbereitet. Furcht hat uns alle festgehalten (gehalten).“

Flucht vor dem Vesuv

T

Nur wenige Menschen schafften es, der Katastrophe zu entkommen. Der berühmteste Überlebende ist Plinius, der Jüngere. Allerdings erlebte er den Ausbruch des Vesuv nicht in Pompeji, sondern in Misenum, mehr als 30 Kilometer entfernt. In einem Brief beschreibt er, wie er gemeinsam mit seiner Mutter zu fliehen versucht.

„Ego cum matre in villa fui. Ibi iam multas horas terra se movebat. Sed quia motus terrae[1] timorem nostrum magis magisque augebat, oppidum relinquere non iam dubitavimus. Cum ex aedificio in viam properavimus, solem videre non iam potuimus: Nox, umbra, tenebrae erant. Multa pericula spectavimus: Aedificia nutabant[2], caelum fulminibus micabat[3]. Viri, mulieres, liberi clamabant auxiliumque petebant. Statim ex oppido properavimus. In via multi homines erant. Sed nos viam relinquebamus, quia turba nos terrebat. Ad viam sedebamus mortemque exspectabamus. Multi familiam desideraverunt, multi fleverunt. Alii[4] mortem non timuerunt, sed eam desiderabant, alii deos rogaverunt, alii clamaverunt: ‚Mors iam adest! Dei nobis non adsunt!' "

[1] mōtus terrae Erdbeben

[2] nūtāre schwanken

[3] fulminibus micāre von Blitzen aufleuchten

[4] aliī ... aliī die einen ... die anderen

In der Ferne können Plinius und seine Mutter große Feuer erkennen. Diese entstanden aus den „pyroklastischen Wellen" (gewaltigen Lawinen aus bis zu 500° C heißem Gas und vulkanischem Material, die mit fast 100 km/h auf die Städte am Vesuv zurasten); doch die beiden werden nur von Asche bedeckt. Nach einiger Zeit wird es wieder heller, sie kehren nach Misenum zurück, wo sie erfahren, dass der Onkel bei Stabiä umgekommen ist.

Angelika Kauffmann: Plinius der Jüngere mit seiner Mutter beim Ausbruch des Vesuvs in Misenum. 1785. Princeton, The Art Museum.

V

a) Suche alle Begriffe aus dem Text, die zeigen, wie der Vesuvausbruch auf die Menschen wirkt.

b) Belege, dass sich das Grauen und die Angst im Verlauf des Textes steigern.

c) Informiert euch anhand von Büchern, Filmen oder im Internet über den Vesuvausbruch 79 n. Chr. und stellt seine einzelnen Phasen und die Folgen für die umliegenden Städte vor. Präsentiert eure Ergebnisse in einer kleinen Ausstellung.

IX *plus*

Ü

a) Ad fontes. Nenne jeweils den Nominativ und Genitiv Singular:
homini, regionum, fontibus, soli, magnitudini, dolore, leone, imperatorum, gladiorum, partium, urbibus, mortem, civitatem, servitutem, potestatibus

b) Die Frau ersetzt den Mann.
Ersetze vir durch mulier und verändere das Adjektiv entsprechend:
vir bonus, vir magnus, lacrimae viri miseri, honor viri boni, aedificium viri liberi, multi viri, viri nigri, honor virorum clarorum, viros claros laudamus, cum viris liberis

c) Ordne die Adjektive zu und übersetze:
magnum - magnus - pulchrae - novum - misera - liberi - magna

1. Vita servorum [?] est. 2. Gaudium (Freude) puerorum [?] est. 3. Mulieres [?] sunt. 4. Servi [?] non sunt. 5. Ornamentum templi [?] est. 6. Amor Primigeniae [?] est. 7. Potestas senatorum [?] est.

d) Ergänze im richtigen Kasus:
ex (castra) - sine (arma) - sine (dolor) - sine (salus) - sine (periculum) - ad (amici) - ad (urbs) - cum (amici) - cum (multi homines) - de (murus)

e) Erkläre die Redewendung:
Nihil sub sole novum (est).

f) Welche lateinischen Wörter erkennst du in den folgenden Fremdwörtern? Was bedeuten diese Fremdwörter?
1. Relikt 2. Monster 3. Vokal

g) Stelle alle bisher gelernten lateinischen Wörter zusammen, die zu den Sachfeldern „Gefahr, Schrecken" und „Rettung, Hilfe" zählen.

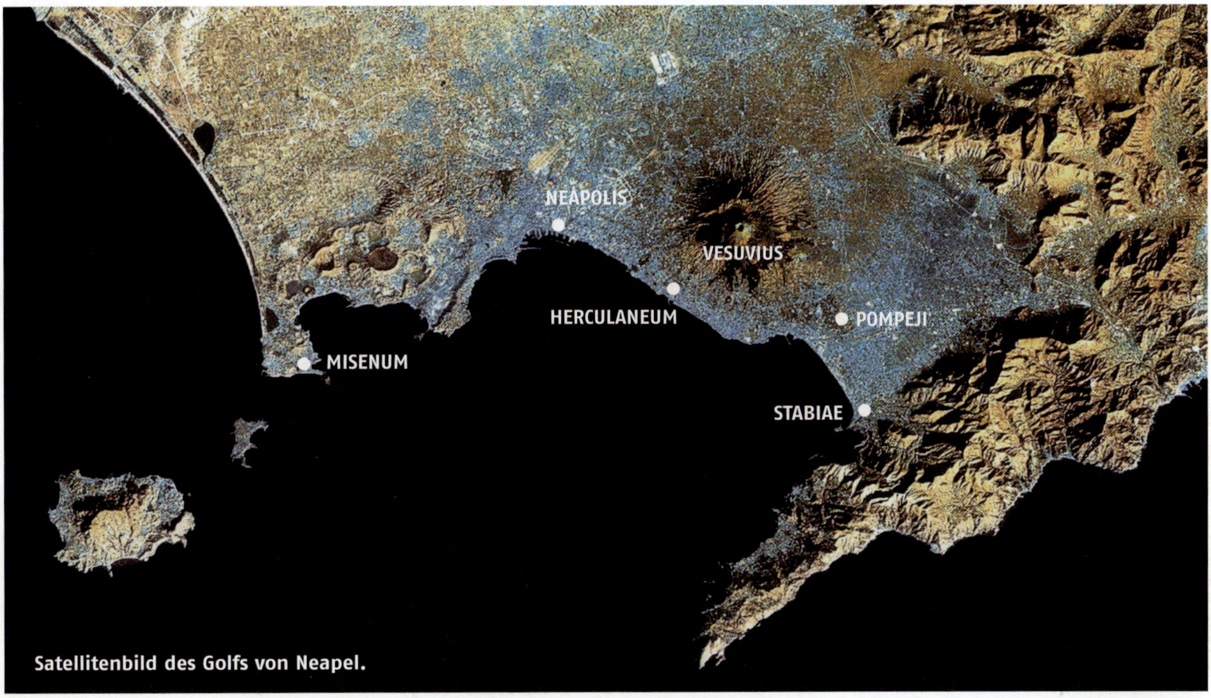

Satellitenbild des Golfs von Neapel.

1

2

Sagenhafte Helden – Herkules und Äneas

Durch den Ausbruch des Vesuvs ging nicht nur Pompeji, sondern auch die Nachbarstadt Herkulaneum zugrunde. In diesem Ort ist die Geschichte der folgenden Kapitel angesiedelt, die allerdings vor dem Unglück spielt: Der junge Valerius besucht in Herkulaneum seinen Onkel Titus, der ihn durch das Städtchen führt, um ihm dessen Sehenswürdigkeiten vorzuführen. Unweigerlich kommt der Onkel dabei auf den sagenhaften Gründervater und Namensgeber von Herkulaneum zu sprechen: Herkules. Mit ihm begegnet ihr einer wichtigen Gestalt aus der Sagenwelt des antiken Mythos.

Mythos *fundamentum*

Unter Sagen oder Mythen versteht man Erzählungen, mit denen sich Menschen vor dem Aufkommen von Wissenschaft und Geschichtsforschung die Entstehung und das Wesen der Welt, der Götter und Menschen und die Urgeschichte zu erklären versuchten. Es handelt sich dabei also um Erfindungen der Fantasie, nicht um Ereignisse, die tatsächlich stattgefunden haben.

3

4

1 Szenenbild aus dem Disney-Trickfilm „Hercules“. USA 1997.

2 Pompeo Batoni: Herkules als Kind, die Schlangen erwürgend. 1743. Florenz, Galleria d'Arte Moderna.

3 Herkules bekämpft den dreiköpfigen Riesen Geryoneus. Griech. Vasenmalerei. 6. Jh. v. Chr.

4 Pietro Benvenuti: Herkules am Scheidewege. 1828. Florenz, Palazzo Pitti, Sala di Ercole.

5 Griech. Silbermünze mit dem Porträt Alexanders des Großen als Herkules. Um 300 v. Chr.

6 Herkules nähert sich dem Höllenhund Zerberus, Griech. Vasenmalerei. 6. Jh. v. Chr. Paris, Musée du Louvre.

7 Gianlorenzo Bernini: Äneas flieht mit seinem Vater und seinem Sohn aus dem brennenden Troja. 1618/19. Rom, Galleria Borghese.

6

5

Herkules

fundamentum

Herkules, so erzählte man sich, sei ein Sohn des Jupiter und der Menschenfrau Alkmene gewesen. Da Juno, die eifersüchtige Frau des Jupiter, den Seitensprung ihres Mannes nicht ertragen konnte, versuchte sie, Herkules zu töten, indem sie ihm an seine Wiege zwei Schlangen schickte. Doch Herkules zeigte seine göttliche Herkunft bereits als Säugling, indem er die Schlangen erwürgte.

Auch später machte Juno dem Herkules das Leben schwer. Im Dienste seines Cousins Eurystheus musste er schwere Arbeiten bewältigen, die als die „Zwölf Arbeiten des Herkules“ berühmt geworden sind, wie etwa die Tötung der vielköpfigen Schlange Hydra und die Reinigung des Augiasstalles. Herkules war im Altertum in allen Bevölkerungsschichten ein sehr beliebter Held. Durch die Überwindung von Ungeheuern verschiedenster Art galt er als Wegbereiter für die Ausbreitung der Zivilisation. Aufgrund seiner Stärke und seiner Siege war er auch Vorbild für die Sportler, insbesondere für Schwerathleten wie Ringer oder Faustkämpfer. Seine Doppelrolle als Held und Gott machte ihn zum Vorbild für viele Herrscher, die sich nach Art des unbesiegbaren Helden porträtieren ließen, z.B. für den berühmten Makedonenkönig Alexander den Großen. Bekannt ist die berühmte Geschichte von „Herkules am Scheideweg“: Einst soll der junge Herkules an einer Weggabel zwei Frauen begegnet sein. Auf dem einen Weg stand eine Frau, die das Glück verkörperte. Sie trug verführerische Kleidung und prächtigen Schmuck und versprach Herkules ein angenehmes, sorgenfreies Leben ohne Mühen. Die Frau auf dem anderen Weg war die Tugend. Sie trug ein züchtiges Kleid und stellte ihm in Aussicht, durch ein hartes und entbehrungsreiches Leben zu Ruhm und wahrem Glück zu gelangen. Vor die Wahl gestellt, entschied sich Herkules für den steinigen Weg der Tugend.

Äneas

fundamentum

So wie Herkules als Gründer von Pompeji und Herkulaneum galt, wurde der Trojaner Äneas als der sagenhafte Stammvater des römischen Volkes angesehen. Er floh mit seinem Vater Anchises und seinem Sohn Askanius aus der Stadt Troja, die die Griechen erobert hatten, und segelte nach Italien, um dort für die Flüchtlinge eine neue Heimatstadt zu gründen. Tatsächlich sahen sich die alten Römer als Nachfahren des Äneas und seiner Trojaner.

Doch lest selbst von den Abenteuern des Herkules und des Äneas ...

7

E

1. Popidii in urbe non manserunt.
2. Priscus eos ex urbe duxit.
3. Equi carrum traxerunt.
4. Itaque Popidii vitam non amiserunt.
5. Aulus fratri dixit:
6. „Consilium bonum dedisti."
7. Subito Zosimus: „Auxilium! De carro cecidi."
8. „Brrr!" Iam equi in via steterunt.
9. Etiam Zosimus iam stetit – et risit.

Ü

a) Ergänze und setze die Tabelle fort:
mansi - dixi - risi - duxi - steti - amisi - traxi - dedi - cecidi

Perf.-Stamm	Präs.-Stamm	Inf. Präs.
mans-	mane-	manere
dix-	dic-	...
ris-	...	...

b) Ein, zwei oder drei Buchstaben sind von der Asche des Vesuvs verschüttet. Ergänze sie und übersetze die Formen:
1. ami_erunt, c_cidimus, du_istis, ri_imus 2. _e_iderunt, di__sti, tr__i, d_d_t 3. di___unt, tra___tis, st___mus, man___ti

c) Bilde jeweils die verlangte Form im Perfekt und übersetze diese:
amittere (3. Pl.) - ridere (2. Pl.) - dare (1. Sg.) - cadere (1. Pl.) - dicere (1. Sg.) - cadere (2. Pl.) - trahere (3. Sg.) - stare (2. Sg.)

d) Bestimme die Verbform und bilde die entsprechenden Formen in den anderen Tempora:
dico - ridebant - dat - traxisti - tenebamus - audiunt - rogatis - manes - duxerunt - cadit - superavi - scio - praebebamus - amisistis

e) Keine Rettung
1. Magna copia lapillorum (kleiner Steine) de caelo cecidit. 2. Multi Pompeiani periculum timuerunt et in urbe manserunt. 3. Dixerunt: „Multi lapilli in tecta ceciderunt, sed aedificia nos servant." 4. Itaque multi etiam bestias in aedificia duxerunt. 5. Mox autem non solum homines, sed etiam bestiae vitam amiserunt.

I

Herkulaneum
Herkulaneum war eine kleinere Nachbarstadt von Pompeji, die ihrem Namen und der Sage nach von Herkules gegründet worden sein soll. Tatsächlich aber haben Griechen das Städtchen gegründet und den Kult um den berühmten Halbgott mitgebracht. Anders als Pompeji wurde Herkulaneum beim Vesuvausbruch unter einer dichten Decke aus Lava und Schlamm begraben, sodass selbst leicht verrottende Materialien wie Holz und Papyrus erhalten geblieben sind.

Der Senator Marcus Nonius Balbus – einer der einflussreichsten Einwohner und Förderer von Herkulaneum. 1. Jh. n. Chr. Neapel, Museo Archeologico Nazionale.

Herkules und der gefährliche Löwe

Ein Jahr vor dem Vesuvausbruch ist der junge Valerius zu Besuch bei seinem Onkel Titus, der ihm und einem anderen Gast namens Numerius die Sehenswürdigkeiten des Städtchens Herkulaneum zeigt.

Valerius: „Libenter apud te mansi, quia monumenta oppidi videre volui. Multa monumenta, ut ego sentio, aspeximus. De eis monumentis mihi iam scripsisti. Sed responde mihi, Tite: Cur nos ad oram duxisti?"

Titus: „Magnum studium vestrum sensi. Nonne de consilio meo dixi? Nunc vobis statuam Marci Noni Balbi[1] ostendere volo. Ecce! Is senator clarus oppidum nostrum auxit."

Als sie vor der Statue stehen, weist Titus auf ihre Löwenkopf-Verzierungen hin und erzählt, dass sie auf eine Heldentat des Herkules anspielen:

„In oppido Nemea[2] timor homines miseros torsit, quia magnus leo in silvis errabat. Itaque ad Herculem nuntios miserunt. Is autem hominibus consilium non dedit: In silvas properavit et mox ante monstrum stetit. Statim leo Herculem temptavit. Etsi Hercules primo titubavit[3], in terram non cecidit. Clavam[4] in leonem misit – et monstrum occidit: Leo vitam amisit. Tum Hercules leonem mortuum in oppidum traxit et hominibus dixit: ‚Videte leonem mortuum! Clava mea eum superavi.' Homines responderunt: ‚Gratiam tibi habemus; nos enim ab eo monstro liberavisti.' Riserunt et viro claro libenter honorem praestiterunt."

Herkules ringt mit dem Nemeischen Löwen. Griechische Vasenmalerei. 6. Jh. v. Chr. Berlin, Antikensammlung.

Titus erklärt, dass die Löwenköpfe auf der Statue den Balbus als zweiten Herkules ehren, weil er durch seine Bauten an den Gründer Herkulaneums erinnerte.

[1] Mārcus Nōnius Balbus: Wohltäter der Stadt Herkulaneum

[2] Nemea Nemea (Stadt in Griechenland)

[3] titubāre taumeln

[4] clāva Keule

a) 1. In wie viele Teile lässt sich der Text gliedern? Achte dabei auf die am Gespräch beteiligten Personen. 2. Welche Wörter kommen in den verschiedenen Teilen des Textes besonders häufig vor? Versuche, Rückschlüsse auf seinen Inhalt zu ziehen.

b) Nicht vergessen!

Repetitio (Wiederholung) est mater studiorum.

c) *plus* 1. Die Menschen haben das Engagement des Balbus wahrgenommen. 2. Deshalb haben sie ihm große Ehren erwiesen (gewährt). 3. Sie haben nämlich das Forum mit° einer Statue (Abl.) des Balbus ausgestattet. 4. Immer wenn die Menschen das Denkmal erblickten, lachten (Perf.) sie. 5. Auch wenn der bedeutende Mann das Leben verloren hat, ist sein° Ruhm (glōria) niemals untergegangen.

32

E

1. Homines leonem timebant. Itaque Hercules ad eos vēnit.
2. Mox monstrum invēnit et cum eo pugnavit et id interfēcit.
3. Multi homines pugnam Herculis vīderunt.
4. Animus viri homines mōvit.
5. Tum Hercules pellem (Fell) leonis cēpit eamque regionem relīquit.
6. Homines rogabant: „Unde is vir vēnit? Descenditne de caelo?"

Ü

a) Präsens, Perfekt oder beides?

1. veniunt, venit, venerunt, venimus, venio, venisti, veni, venitis
2. descenderunt, descendisti, descendit, descendo, descendimus, descenditis, descendunt, descendi, descendistis, descendis

b) Welche Formen sind Perfektformen und erhalten deshalb im Wortstamm ein Längenzeichen?

movimus - cepimus - videt - vidisti - capiunt - reliquimus - invenerunt - venitis

c) Irrläufer

1. invenis - invenisti - invenistis - invenerunt
2. amavi - intravi - erravi - movi
3. vēnit - audit - sentit - scit
4. descendi - descendistis - descendis

d) Ein berühmter Ausspruch – von wem stammt er?

Veni, vidi, vici.

e) Tempusreihen. Bilde die verlangte Form im Präsens, Imperfekt und Perfekt:

videre (1. Pl.) - relinquere (2. Pl.) - descendere (3. Sg.) - movere (1. Sg.) - capere (3. Pl.) - invenire (2. Sg.)

f) Gefährliche Vögel

Albrecht Dürer: Herkules erlegt die Stymphalischen Vögel. 1500. Nürnberg, Germanisches Nationalmuseum.

1. Hercules etiam in regionem Stymphaliam (der Stadt Stymphalos) vēnit. 2. Ibi monstra invēnit. 3. Nam aves (Vögel) miras vīdit; eae homines et bestias interficiebant. 4. Timor hominum virum mōvit. 5. Itaque eam regionem non relīquit, sed hominibus adfuit. 6. Aves non cēpit, sed armis eas interfēcit. 7. Homines gaudebant: „Tu ut deus ad nos descendisti et nobis adfuisti."

I

Eurystheus

Zeus (lat. Iuppiter) hatte mit der Menschenfrau Alkmene einen gemeinsamen Sohn, Herkules. Obwohl Zeus ihn als künftigen König über die griechische Stadt Mykene ausersehen hatte, sorgte seine eifersüchtige Frau Hera dafür, dass Eurystheus, der Halbbruder des Herkules, Herrscher über Mykene wurde. Allerdings musste dieser dafür zeitlebens Herkules als Konkurrenten um den Thron fürchten. Um Herkules loszuwerden, trug Eurystheus ihm die berühmten zwölf Arbeiten auf, unter anderem die Reinigung des Augiasstalles.

Herkules und der Stall des Augias

T

Titus, Valerius und Numerius betreten nun die Basilika von Herkulaneum, die der Senator Balbus mit prächtigen Bildwerken zum Leben des Herkules hat ausstatten lassen.

Amici in basilicam venerunt. Ibi sederunt et verba Titi audiverunt.
Titus: „Ecce imaginem[1], amici! Homines hic Herculem laudant: ‚O Hercules, vir clarus es: Ad leonem venisti, eum vidisti et statim vicisti!' "
Valerius: „Profecto Hercules vēnit, vīdit, vīcit – leonem interfecit."
Titus: „Ita est. Et ecce: In ea imagine Herculem et Augiam regem videtis. Augias rex Herculi dixit: ‚Ades mihi, Hercules! Pater multos tauros[2] pulchros mihi reliquit. Sed propter magnam copiam fimi[3] stabulum[4] intrare vix possum. Auxilium nondum inveni. Tu iam multa claraque facta fecisti: Itaque age tauros e stabulo et purga[5] stabulum!' "

Titus deutet auf ein zweites Bild, das den Herkules zeigt, wie er durch einen Graben Wasser von dem Fluss Alpheus abzweigt und in den Stall des Augias einleitet:

Titus: „Comprehendisne? Specta: Hercules primo tauros magna voce e stabulo egit, tum ad Alpheum[6] descendit. Ibi aquam a fluvio ad stabulum duxit. Comprehendistisne, amici? Hercules primo consilium cepit, tum egit: Aquam in stabulum vertit – ita stabulum purgavit."
Valerius: „Ah ... verba tua me moverunt – et fabulam nunc tandem comprehendi: Hercules non tantum vi[7], sed ingenio vicit."

[1] imāgō, inis Bild
[2] taurus Stier
[3] fimus Mist
[4] stabulum Stall
[5] pūrgāre reinigen
[6] Alphēus Alpheus (Fluss in Griechenland)
[7] vīs Kraft (*Abl.* vī)

Herkules reinigt den Stall des Augias mit Hilfe seiner Schutzgöttin Athene. Figuren vom Zeustempel in Olympia. Um 460 v. Chr. Olympia, Museum.

V

a) 1. An welchen sprachlichen Auffälligkeiten zeigt sich die Bewunderung der Sprecher für Herkules? 2. In Z. 5 wird auf einen berühmten Ausspruch angespielt. Wie heißt er im Original? 3. Herkules erscheint auf Bildern meist als muskelbepackter Kraftprotz. Wie wird er in T dargestellt?

b) *plus* 1. Die Taten des Herkules haben uns immer beeindruckt. 2. Denn er hat mit großer Tapferkeit viele Ungeheuer getötet. 3. Warum hat er oft gesiegt? 4. Jetzt habe ich es° begriffen: Herkules hat zuerst die Angst besiegt. 5. Dann hat er einen Plan gefasst.

33

E

1. Augias rex auxilio Herculis gaudebat.
2. Augias stabulo (Stall) dolebat.
3. Hercules tauros (Stiere) e stabulo egit.
4. Iam stabulum a tauris liberum fuit.
   Sed stabulum nondum fimo (Mist) liberum fuit.
5. Primo Hercules aquā caruit, tum fluvium ad stabulum vertit.
6. Augias: „Diu dolui. Nunc tandem gaudeo. Eā horā laetitia mea magna est.“

Ü

a) Freud und Leid. Setze die Nominative in den Ablativ des Grundes und ordne sie sinnvoll den Verbformen gaudemus oder dolemus zu. Übersetze dann:
salus amicorum - auxilium deorum - nuntii mali - magnus animus - lacrimae amicarum - magna iniuria - donum pulchrum

b) Wahr oder falsch? Übersetze und entscheide:
1. Augias auxilio caruit. 2. Augias laetitia caruit. 3. Augias tauris (Stiere) non caruit. 4. Augias tauris caruit. 5. Augias stabulis (Ställe) caruit. 6. Augias bono consilio caruit.

c) Stimmt diese Erfahrung?
Nocte latent fures.

d) Bilde je einen Ablativ der Zeit und übersetze:
1. annus novus 2. ea hora 3. multae horae 4. ceteri anni 5. eae noctes

e) Menschenfresser
1. Diomedes rex equos miros habuit: Monstra erant. 2. Nam quia cibo carebant, homines interficiebant. 3. Ita equi cibo non iam caruerunt. 4. Rex autem iis equis gaudebat. 5. Hercules morte hominum doluit. 6. Equos e stabulo (Stall) ad oram duxit: Ibi Diomedem interfecit eumque equis dedit. 7. Eā horā dominus equorum cibus eorum fuit.

Charon bringt die Seelen der Verstorbenen in die Unterwelt. Römisches Relief. Um 250 n. Chr. Rom, Vatikanische Museen.

I

Die Unterwelt
Die Römer glaubten, dass die Menschen nach dem Tod in die Unterwelt kämen. Zunächst mussten sie am Ufer des Unterweltsflusses Styx warten, bis der Fährmann Charon sie an das andere Ufer ins Totenreich brachte. Dort mussten sie sich vor drei Unterweltsrichtern für ihre Taten verantworten. Brave Menschen durften dann im sog. Elysium, dem Reich der Seligen, ein glückliches Leben führen, während die Menschen, die zu Lebzeiten Böses getan hatten, in den Tartarus verbannt wurden, wo sie schwere Strafen verbüßten.

Herkules im Reich der Toten

T

Titus erzählt weiter: Einmal hatte der König Eurystheus Angst, dass Herkules ihm die Herrschaft streitig machen werde ...

Eurystheus rex gaudebat, quod magnum imperium tenebat. Sed ingenio Herculis non gaudebat, immo[1] ingenio eius laborabat. Quia gloriā[2] Herculis doluit, amicis dixit: „Potestatem eius delere debeo.“ Diu rex consilio carebat, tandem dolum invenit: Consilium cepit Herculem in pericula nova mittere et virum ita interficere. Itaque dixit: „Audi, Hercules! Visne cunctis laboribus liber esse? Tum praesta mihi novum officium!“

[1] immō – im Gegenteil
[2] glōria – Ruhm

Eurystheus beauftragt Herkules, den Höllenhund Zerberus zu holen.

Hercules eo anno iam clarus erat; tamen regi paruit et nocte cum Mercurio deo ad inferos[3] descendit. Paulo post ad Plutonem venit. Is autem Herculem ab inferis prohibere voluit. Itaque Cerberum misit. Etsi bestia magnos dentes[4] ostendit, Hercules liber a timore fuit: Cerberum non interfecit, sed monstrum in vincula dedit[5] et ex inferis traxit. Sic se a periculo servavit. Prima luce cum Cerbero ante Eurystheum regem stetit. Statim magnus timor Eurystheum cepit – sed eā horā comprehendit: Hercules cuncta officia praestare potest.

[3] īnferī, ōrum – Unterwelt
[4] dēns, dentis – Zahn
[5] in vincula dare – fesseln

Herkules bringt den Zerberus zu Eurystheus. Unteritalische Vasenmalerei. Um 540 v. Chr. Paris, Musée du Louvre.

a) 1. Schreibe vor der Übersetzung von T die Subjekte und Prädikate aus jedem Satz von Z. 1–5 heraus (mit Ausnahme der Formen von esse). Versuche daraus den Handlungsverlauf zu erschließen. 2. Erschließe aus T, wovor sich König Eurystheus fürchtet. Wie versucht er sein Problem zu lösen?

b) Schreibe alle Ablative aus T in dein Heft und bestimme, ob es sich um einen Ablativ der Zeit, des Grundes oder der Trennung handelt.

V

c) *plus* 1. Bei Tagesanbruch ruft die Mutter: „Eilt in die Schule, Jungen und Mädchen!“ 2. Die Kinder aber sagen: „Nachts haben wir nicht schlafen (dormīre) können. 3. Immer nämlich ermahnen uns die Lehrer. 4. Niemals sind wir frei von Pflichten und Arbeiten.“ 5. Mutter hat gelacht und gesagt: „Freut euch über° die Schule (Abl.)! Dort erwarten euch die Freunde!“

Die Hydra von Lerna

T

Herkules tötete nicht nur den Nemeischen Löwen und reinigte den Stall des Augias, sondern bekam es zusammen mit seinem Gefährten Iolaos auch mit einer Wasserschlange (Hydra) zu tun:

Quia Hercules leonem interfecit, Eurystheus rex statim novum negotium invenit. Itaque nocte Herculem vocavit et imperavit: „Audi, Hercules! Regionem Lernaeam[1] petere debes! Nam ibi Hydra latet et regionem terret et torquet. Iam multi homines miseri vitam amiserunt. Tu bestiam interficere et homines a timore liberare debes."

[1] Lernaeus lerneisch, von Lerna (griech. Stadt)

Diese Hydra, so erklärt Eurystheus, sei eine Wasserschlange. Sie habe mehrere Köpfe, angeblich neun, von denen einer unsterblich sei. Die Hydra spucke giftigen Atem und töte alle, die ihr zu nahe kämen, durch ihren Gifthauch.

Herkules und die Hydra von Lerna. Griechische Vasenmalerei. Um 480 v. Chr. Palermo, Archäologisches Nationalmuseum.

Hercules statim bestiam superare voluit. Itaque ea nocte cum Iolao amico in regionem Lernaeam properavit. Paulo post Hydram invenerunt; nam monstrum non latebat. Sine timore Hercules arma cepit, Iolaus in monte equos tenuit; tum Hercules bestiam gladio temptavit. Sed quamquam Hercules monstrum saepe temptabat, Hydram neque superare neque interficere poterat. Cum enim caput[2] monstri percutiebat[3], nova capita apparebant[4]. Hercules clamavit: „Iolae! Ades mihi! Non solum virtute, sed etiam dolo pugnare debemus: Tu capita flammis[5] delere debes!" Iolaus paruit et ita capita Hydrae interfecit. Tandem Hydra occidit.

[2] caput, itis *n* (*Pl.* capita) Kopf

[3] percutere abschlagen

[4] appārēre erscheinen

[5] flamma Flamme

Herkules schlug der Hydra die Köpfe ab, Iolaos brannte mit einer Fackel die Wunden aus, sodass keine neuen Köpfe nachwachsen konnten.

V

a) Suche vor der Übersetzung von T die Subjekte und Prädikate der Hauptsätze heraus und stelle eine Liste zusammen mit den Überschriften „Wer handelt?" und „Was tut er?" An welchen Stellen musst du die Objekte mit hinzunehmen? Erschließe anhand dieser Liste den Inhalt des Textes.

b) Eurystheus hat dem Herkules diese Arbeit nicht angerechnet. Wie könnte er das begründet haben? Diskutiert, ob er dies zu Recht getan hat.

X *plus*

a) Übersetze und entscheide an den unterstrichenen Stellen jeweils, ob ein Ablativ des Grundes, der Trennung oder der Zeit vorliegt:
1. Eurystheus rex dixit: „Eo anno Hercules multa monstra vicit. 2. Numquam virtute carebat. 3. Semper se a periculis servavit. 4. Laboribus eius non gaudeo. 5. Timeo Herculem et virtute eius doleo."

b) Doppelpass. Spielt euch Perfektformen zu, indem einer eine Perfektform von ridere und dann der Partner die entsprechende von ducere bildet. Spielt ebenso Doppelpass mit dare - praestare und videre - venire.

c) Ein- oder zweideutig? Welche Formen stehen nur im Perfekt, welche können auch Präsens sein?
vicit - vertit - sedit - sensit - descendit - descendistis - egerunt - descendimus

d) Perfekt oder Imperfekt? In jedem Satz muss eine Form des Perfekts und eine Form des Imperfekts stehen. Entscheide und übersetze:
1. Hercules Cerberum (vincebat / vicit), quia pericula magna non (timebat / timuit). 2. Quamquam monstrum (valebat / valuit), Hercules id (superabat / superavit). 3. Cerberus tenebras (amabat / amavit), sed Hercules eum ad lucem (trahebat / traxit).

e) Buchstabensalat! Bilde mit folgenden Buchstaben so viele Formen von esse wie möglich. Mehrfachverwendung ist erlaubt.
A - U - F - R - I - S - T - E - N

f) Erkläre die Begriffe und ihre Herkunft:
1. Fontäne 2. Reliquie 3. Paternoster 4. Fabel 5. etc. (et cetera) 6. A. D. (Anno Domini)

g) Freie Auswahl! Bilde zu jeder Art der Perfektbildung zwei Perfektformen:

h) Unterwegs in Italien, Frankreich und Spanien. Nimm die folgenden Vokabeln mit auf die Reise:
amare - bonus, a, um - annus - multus, a, um - gratia - te

1. Wann hört man in Frankreich den Ausspruch *Bonne année?* 2. Wann sagt man in Italien *Ti amo?* 3. Und was bedeutet in Spanien *Muchas gracias?*

i) Viele Herrscher haben sich als Herkules darstellen lassen. Überlege dir Gründe dafür und suche weitere Beispiele (auch mit Hilfe des Internets).

Der Sonnenkönig Ludwig der XIV. (König von Frankreich 1643–1715) als Herkules. Relief 1674. Paris, Porte Saint-Martin.

34

E

1. Troiani (die Trojaner) vident: Graeci (die Griechen) veniunt.
   Troiani Graecos venire vident.
2. Troiani vident: Graeci urbem temptant.
   Troiani Graecos urbem temptare vident.
3. Troiani sciunt: Murus urbem servat.
   Troiani murum urbem servare sciunt.
4. Troiani sciebant: Murus urbem servat.
   Troiani murum urbem servare sciebant.
5. Audimus: Graeci urbem dolo superaverunt.
   Audimus Graecos urbem dolo superavisse.
6. Audivimus: Graeci urbem dolo superaverunt.
   Audivimus Graecos urbem dolo superavisse.

Ü

a) Priamus, der König von Troja, sieht von der Stadtmauer herab.
Verwandle jeweils in einen AcI und übersetze:
Priamus videt:
1. Graeci e castris veniunt.
2. Troiani urbem reliquerunt.
3. Graeci cum Troianis pugnant.
4. Periculum magnum est.

b) Kampfgetümmel! Ordne die Wörter so, dass Sätze mit AcI entstehen, und übersetze:
1. properare ex Troianos vident urbe Graeci.
2. Troianos rex Graecos gaudet urbis temptare.

c) Achill und sein Freund Patroklos
1. Troiani viderunt Achillem (Achillēs, is: Achill) non iam pugnare. 2. Itaque consilium ceperunt Graecos temptare. 3. Scimus Troianos multos Graecos interfecisse et ad castra eorum venisse. 4. Tum Patroclus, amicus Achillis, arma eius cepit et Troianos temptavit; primo ii nesciverunt Patroclum pugnare; itaque Achillem falsum (falsch) timuerunt. 5. Mox autem viderunt eum virum Achillem non esse eumque interfecerunt.

d) Bedenkenswert:
Scio me nihil scire.

I

Der Krieg um Troja
Der griechische Dichter Homer erzählt in der *Ilias* von den Kämpfen um die Stadt Troja, die im Nordwesten der heutigen Türkei lag. Grund für den Krieg war der Raub der schönen Griechin Helena durch den Trojanerprinzen Paris. Menelaos, der betrogene Ehemann der Helena, trommelte eilends ein riesiges Heer der Griechen zusammen und segelte mit einer Flotte nach Troja, um sich an Paris zu rächen. Mit dabei auf Seiten der Griechen waren berühmte Helden wie Agamemnon, der Bruder des Menelaos, sowie Odysseus und Achill. Zehn Jahre tobte der Krieg vor den Mauern Trojas schon, als es zur entscheidenden Wende kam …

Der Anfang vom Ende Trojas

T

Tag für Tag fürchten die Trojaner einen Großangriff der Griechen. Doch eines Morgens ...

Subito Troiani virum clamare audiunt: „Venite ad muros, Troiani! Video oram a Graecis vacuam[1] esse. Videte! Graeci non iam adsunt. Nonne videtis Graecos non iam adesse? Puto Graecos nunc in patriam properare. Certe sciunt Troianos semper victores in bello esse. Quin ad oram descenditis?“
Troiani paulatim ex urbe cesserunt et oram petiverunt. Paulo post in ora constiterunt.

[1] vacuus ā *m. Abl.* frei von

Dort sehen sie das verlassene Lager der Griechen und ein riesiges hölzernes Pferd. Einer der Trojaner ruft:

„Puto Graecos nobis id donum pulchrum reliquisse. Quin equum in urbem trahimus?“ Subito aliam vocem audiverunt: „Ei monstro urbem nostram intrare non licet!“ Troiani animadverterunt Laocoontem, virum honestum, ea verba dixisse. Laocoon: „Nonne dolos et iniurias Graecorum scitis? Timeo Graecos, etsi dona nobis relinquunt. Sentio in eo equo dolum latere.“ Constat verba Laocoontis Troianos non movisse. Scimus eos equum in urbem traxisse. Nesciebant enim in equo viros Graecos latere.

Die griechischen Soldaten verließen nachts das Pferd, lockten mit Feuerzeichen ihre Landsleute herbei, die sich in der Nähe versteckt hielten, und öffneten die Stadttore. So schafften die Griechen das, was ihnen zehn Jahre lang nicht gelungen war: Sie eroberten Troja – in einer einzigen Nacht!

Szenenbild aus dem Spielfilm „Troja“. USA 2004.

V

a) 1. Wo sind überraschende Momente im Text? Wie werden sie sprachlich ausgedrückt?
2. Was versteht man im Computerbereich unter einem „Trojanischen Pferd“? Wie kam es wohl zu diesem Begriff?

b) *plus* 1. Laokoon glaubte (Perf.) zu Recht, dass das Pferd eine List der Griechen war (Inf. Präs.).
2. Es ist bekannt, dass die Trojaner ihn ausgelacht haben. 3. Plötzlich aber bemerkten (Perf.) sie, dass eine Schlange (serpēns, serpentis) das Wasser verließ (Inf. Präs.) und den Laokoon tötete (Inf. Präs.).
4. Da glaubten alle Trojaner, dass die Götter diese Schlange geschickt haben.

35

E

Während Troja in Flammen stand, floh Äneas (Aenēās) mit seinem Vater Anchises (Anchīsēs, -ae), seinem Sohn Askanius (Ascanius) und seiner Gattin Krëusa (Creūsa) aus der Stadt.

1. Aeneas se e periculo servavit.

2. Novam patriam sibi petivit.

3. Secum etiam filium suum eduxit.

4. Ita vitam suam et vitam eius servavit.

5. Sed scimus eum Creusam amisisse.

6. Tamen Aeneas se filium servavisse gaudebat.

7. Aeneas et Ascanius se etiam avum servavisse gaudebant.

Ü

a) Zerlege die Wort-Säule weiter in ihre Bestandteile.

b) In welchen Verben ist das deutsche „sich" bereits enthalten? Bei welchen muss se noch ergänzt werden?
studere - movere - properare - surgere - liberare - gaudere - laborare - desiderare - servare - consistere - delectare

c) Großvater, Sohn und Enkel: Anchises, Äneas und Askanius – sie sind gerettet; nur Krëusa, die Frau des Äneas, fehlt. Übersetze und gib jeweils in Klammern an, wer mit suus, -a, -um und eius gemeint ist.
1. Ascanius matrem suam desiderat. 2. Aeneas matrem eius flet; uxorem suam flet. 3. Anchises uxorem eius ut filiam suam amavit. 4. Ascanius patrem suum et patrem eius, avum suum, delectat. 5. Aeneas patrem suum, avum eius, curat. 6. Anchises, pater eius, non valet. Mortem suam exspectat.

d) Äneas – glücklich und unglücklich zugleich. Übersetze und entscheide jeweils, welches Pronomen richtig ist:
1. Aeneas se / eum urbem reliquisse gaudebat. 2. Se / Eum in aquis terrisque errare non gaudebat. 3. Dei se / eum dolere sciebant. 4. Se / Eum novam patriam desiderare videbant. 5. Aeneas deos se / eum ducere sciebat. 6. Constat deos sibi / ei semper adfuisse. 7. Aeneas deos sibi / ei adesse gaudebat.

I

Äneas

Nach dem Sieg der Griechen über Troja und der Zerstörung der Stadt begann die Heimreise. Homer beschreibt in der *Odyssee* die Irrfahrten des griechischen Helden Odysseus auf seiner zehn Jahre dauernden Rückkehr in seine Heimat. Zur gleichen Zeit wie Odysseus befand sich ein Flüchtling aus Troja mit Namen Äneas auf dem Meer, um eine neue Stadt, ein zweites Troja, zu gründen, was ihm nach vielen Abenteuern auch gelang: Äneas gilt als Vorfahre des späteren Romgründers Romulus. Bevor Äneas allerdings nach Italien kam, verschlug es ihn an die nordafrikanische Küste, wo er sich in Dido, die Königin der Stadt Karthago, verliebte und so den göttlichen Auftrag, eine neue Stadt in Italien zu gründen, zunächst vergaß.

Äneas und Dido – eine unglückliche Liebe

T

Jupiter zeigt vom Himmel herab auf die nordafrikanische Stadt Karthago und beklagt vor dem Götterboten Merkur das merkwürdige Verhalten des Äneas und der Dido.

Dido und Äneas. Französische Buchmalerei. 15. Jh. Paris, Bibliothèque Nationale.

„Ecce! Dido diu urbem aedificiis et templis ornabat. Nunc autem neque aedificia neque cives curat. Aeneam amat. Itaque se tantum et Aeneam curat. Salutem sibi tantum quaerit. Non iam de officiis et de civitate, sed de se et de magno amore suo narrat. Et vide Aeneam! Is non iam gladium secum habet, non iam de patria nova cogitat. Didonem semper convenire, videre, audire desiderat.

Etiam multi homines dicunt Aeneam et Didonem bene convenire. Regina[1] existimat se maritum invenisse; et Aeneas putat se apud eam manere posse. Nunc amore gaudent. Putant se sibi tantum et amori vivere posse. Puto te id scire: Vita ab officiis libera non est. Descende de caelo et conveni Aeneam!

Oportet eum Carthaginem et reginam relinquere, oportet eum amori finem facere. Aeneas enim officia sua praestare debet; Didonis autem officium est Carthaginem curare. Sic ego volo. Indica Aeneae summum deum te misisse!“

Et Mercurius statim in fines Carthaginis descendit.

[1] rēgīna Königin

Merkur überbringt Äneas den Befehl des Göttervaters, unverzüglich von Karthago abzureisen. Als Äneas aufbricht, stürzt Dido sich aus Kummer in ein Schwert.

V

a) 1. Welche Vorwürfe gegen Dido und Äneas spiegeln sich in den wiederholt verwendeten Wörtern nunc, non iam, tantum? 2. Welches Sachfeld ist im zweiten Abschnitt vorherrschend? Ziehe Rückschlüsse auf den Inhalt. 3. Welche Verhaltensänderungen bewirkt die Verliebtheit bei Dido, welche bei Äneas? Sammle Belege aus T, Z. 1–8. 4. Weshalb ist ihre Liebe zum Scheitern verurteilt?

b) Setze jeweils das richtige Pronomen ein. Übersetze anschließend:

se - sibi - eos - eum - eam

1. Dido diu putabat [?] sine marito vivere posse. 2. Aeneas mox sensit [?] se amare. 3. Constat [?] de patria nova non iam cogitavisse. 4. Aeneas et Dido [?] tantum vivere volebant. 5. Sed Iuppiter existimabat [?] officia praestare debere.

c) *plus* 1. Die Bürger Karthagos schrien: 2. „Warum sorgt Dido nicht mehr für° unsere Stadt (Akk.)? 3. Warum sorgt sie nur für° sich (Akk.)? 4. Sie erzählt nur über sich und ihre Liebe. 5. Es gehört sich nicht, dass sie nur für° sich (Dat.) lebt. 6. Sie glaubt, dass sie einen neuen Ehemann gefunden hat. 7. Deshalb trägt sie immer die Geschenke des Mannes bei sich.“

36

E

1. Aeneas Didonem reliquit. Nam Mercurius id antea imperaverat.
2. Aeneas ad Mercurium: „Ego tibi parui. Nam tu id imperaveras.“
3. Mercurius: „Id fecisti, quia sic imperaveram.“
4. Dei: „Id imperaveramus; itaque tu Didonem reliquisti.“
5. Aeneas: „Non dubitavi.
   Nam vos, di magni, id imperaveratis.“
6. Aeneas ita egit, ut dei imperaverant.

Ü

a) Ordne die Buchstaben so an, dass Plusquamperfektformen entstehen. Übersetze dann:
1. laboravAREM 2. cogitavERTNA
3. studuMUERAS 4. scivESAR
5. invenTERA 6. vidASERMU
7. duxTIERAS 8. dubitavRANET
9. fuSERA 10. audivARET
11. habuRATEIS 12. dedEMRA

b) Sortiere nach der Art der Perfektbildung:
amaverat - monueramus - conveneratis - manseras - descenderant - dederam - fueratis - comprehenderam - fecerant - traxeram - cecideras - habueras

c) Setze ins Plusquamperfekt:
mittit - venimus - rogas - doceo - sumus - aspicis - vident - tenes - errat - terremus - possumus - verto - stant - ducitis - sentitis - descendo - est - moveo - dat - scio

d) Entscheide, ob Perfekt oder Plusquamperfekt verwendet werden muss, und übersetze:
1. Quia dei Aeneam antea (monuerunt / monuerant), is consilium cepit Carthaginem relinquere. 2. Dido consilium Aeneae audivit et (flevit / fleverat). 3. Aeneas dixit: „Novam patriam peto, quia dei me (monuerunt / monuerant).“ 4. Vix vir Troianus ea verba (dixit / dixerat), cum Dido clamavit: „Neque te teneo neque te amittere volo.“ 5. Sed Aeneas, quamquam ea verba Didonis (audivit / audiverat), oram petivit.

e) Ein stolzer Ausspruch:
Civis Romanus sum.

I

Vergils Äneis

Die *Ilias* und die *Odyssee* nahm sich der römische Dichter Vergil zum Vorbild, als er im 1. Jh. v. Chr. sein berühmtes Epos, die *Äneis*, verfasste. Sie erzählt in der sog. „Odysseehälfte“ von den Irrfahrten des Äneas (u.a. nach Karthago), bis er endlich nach Italien kam. Die sog. „Iliashälfte“ berichtet von den Kämpfen, die Äneas in Italien gegen die Ureinwohner zu führen hatte, die ihn und seine Trojaner als Eindringlinge empfanden und vertreiben wollten.

Der Zweikampf zwischen Turnus und Äneas

T

Vor der belagerten Latinerstadt Laurentum kommt es zur Entscheidung zwischen den Anführern beider Völker ...

Latini urbem muniebant et fossas[1] altas circum muros ducebant, ut Latinus rex eis antea imperaverat. Sed Troiani fossas superaverunt et mox in muris urbis steterunt. Dum Latini iam de salute desperant, subito vocem Turni audiunt: „Finite[2] pugnam, Latini! Speraveram nos Troianos vincere posse. Sed nunc ego civitatem servare debeo. Audi, Troiane: Demonstra audaciam tuam et pugna mecum!“ Vix ea verba dixerat, cum Aeneas de muro alto descendit et ad Turnum properavit.

[1] fossa Graben

[2] fīnīre beenden

Der Zweikampf beginnt ...

Profecto Aeneas Turnum violavit, quia ferrum eius in terram ceciderat. Tamen Turnus Aeneae diu non cessit. Paulo post Latini animadverterunt Turnum in terra iacere. Is non iam surrexit, sed Aeneam adoravit[3]: „Antea ego semper victor fueram, nunc tu victor es: Impera tu Italiae! Me caedere tibi licet. Sed rogo te: Dona mihi vitam! Veniam a te peto.“ Aeneas quidem Turno veniam non dedit, sed eum occidit.

[3] adōrāre anflehen

Turnus hatte nämlich einst Pallas, einen Freund des Äneas, getötet. Nun übte Äneas grausame Rache.

Niccolò dell' Abbate: Der Zweikampf zwischen Turnus und Äneas. 16. Jh. Modena, Galleria Estense.

V

a) 1. Vergleiche beide Reden des Turnus. Wie hat sich seine Haltung verändert? 2. Inwiefern wird Turnus seiner Rolle als Anführer gerecht?

b) Entscheide dich für die passende Verbform und übersetze dann:
1. Aeneas Turno veniam non dedit, quia Turnus amicum eius interfecit / interfecerat.
2. Quamquam Turnus bene pugnabat / pugnaverat, Aeneam superare non poterat.
3. Quia Turnus antea semper victor fuerat / fuit, Latini eum mortuum esse primo non comprehenderunt.

c) *plus* 1. Jupiter: „Liebe Ehefrau, oft hattest du die Trojaner durch alle Länder getrieben. 2. Immer hattest du den Äneas und die Trojaner erschreckt. 3. So hatten sie schon die Hoffnung auf Rettung aufgegeben. 4. Aber zu Recht hatte ich gehofft, dass du den Trojanern verzeihen (Verzeihung geben) kannst.“ 5. Seine° Ehefrau antwortete (Perf.): „Lange waren die Trojaner unglücklich gewesen. 6. Jetzt aber können sie frei von Angst sein.“

d) Überlege, was die Wendung ad oculos demonstrare bedeutet.

Wunderbare Rettung

T

Nach dem Tod des Äneas übernahm sein Sohn Askanius die Nachfolge. Er verlegte die Hauptstadt seines Reiches in eine andere Stadt: Alba Longa.
Drei Jahrhunderte nach Äneas herrschte in Alba Longa der König Procas, der zwei Söhne hatte. Dem Älteren, Numitor, übergab er die Herrschaft. Doch damit war Amulius, der jüngere, nicht zufrieden: Er stieß seinen Bruder Numitor vom Thron und tötete dessen Sohn. Doch Numitor hatte auch eine Tochter, Rea Silvia. Amulius machte sie zur Vestapriesterin. So konnte sie, glaubte Amulius, nie Kinder haben, denn Vestapriesterinnen mussten unverheiratet bleiben. Doch sie wurde schwanger – von Gott Mars, behauptete sie – und brachte die Zwillinge Romulus und Remus zur Welt.

Amulius sciebat imperium suum in magnum periculum venisse. Nam audiverat Ream Silviam pueros geminos[1] peperisse[2]. Itaque servis suis imperavit: „Interficite liberos Reae Silviae!" Servi Amulii liberos comprehenderunt et cum pueris miseris ad fluvium descenderunt. Sed Tiberis[3] magnam copiam aquae secum duxerat et regionem aqua compleverat. Servi diu quaerebant, tandem viam inveniebant et ad fluvium venire poterant. Sed pueros parvos interficere dubitabant, nam morte liberorum dolebant. Servus dixit: „Amulius rex homo malus est! Liberos tam parvos interficere non oportet."

Hirten entdecken Romulus und Remus. Detail eines römischen Altarreliefs aus dem 2. Jh. n. Chr. Rom, Museo Nazionale Romano.

Sed alius clamavit: „Ego regem timeo, quia homo malus est. Itaque scio nos imperio eius parere debere. Quid facere vis?" Tertius[4] servus respondit: „Si pueri, ut homines narrant, profecto filii dei sunt, auxilium a patre petere possunt! Constat deum eos servare posse." Ea vox cunctis servis placuit, itaque pueros non interfecerunt, sed ad fluvium reliquerunt.

[1] puerī geminī Zwillinge
[2] parere (*Perf.* peperī) zur Welt bringen
[3] Tiberis der Tiber
[4] tertius der dritte, ein dritter

Sie legten die Zwillinge in ein Körbchen und setzten sie am Rand des Flusses aus. Doch das Körbchen verfing sich in den Zweigen eines Feigenbaumes, der am Ufer stand, eine Wölfin zog die Kinder an Land und säugte sie.

V

a) Zeige, welchen Einfluss die Informationen, die in diesem Text im Plusquamperfekt ausgedrückt sind, auf den Fortgang der Handlung haben.

b) Wie wird in dieser Geschichte die wunderbare Rettung der Zwillinge erklärt?

c) 1. Informiere dich über vergleichbare Erzählungen, in denen ein „Königskind" ausgesetzt und gerettet wird (Moses, Ödipus, Kyros). Stelle Gemeinsamkeiten und Unterschiede zusammen.
2. Vergleiche die Abbildung zu Moses (rechts) mit dem Text.

XI *plus*

Ü

a) Was Askanius wahrnimmt …
Verwandle jeweils in einen AcI und übersetze diesen:
1. Ascanius videt: Pater ad Turnum properat.
2. Ascanius videt: Turnus in terram cecidit.
3. Ascanius audit: Turnus veniam petit.
4. Ascanius sentit: Pater dubitat.
5. Ascanius nescit: Pater arma amici mortui vīdit.

b) Äneas oder Turnus – wer liebt Prinzessin Lavinia, die Tochter des Königs Latinus, mehr? Übersetze und entscheide jeweils, welches Pronomen richtig ist.
1. Latinus rex scit Aeneam et Turnum filiam (eius / suam) amare.
2. Rex scit (eos / se) Laviniam amare.
3. Aeneas dicit (eum / se) Laviniam magis amare quam Turnum.
4. Sed Turnus dicit (eum / se) Laviniam magis amare quam (eum / se).
5. Lavinia (cum eo / secum) cogitat: „Quis me magis amat?“

Sir Lawrence Alma-Tadema: Die Auffindung des Moses. 1904. Privatsammlung.

c) Zerteilt! Verbinde die Teile so, dass sich für jede Übersetzung eine Form findet.

pos-	sum	sie kann
pot-	eratis	du konntest
potu-	est	sie können
	i	ich kann
	sunt	wir können
	eras	ihr konntet
	eramus	wir hatten gekonnt
	sumus	ich habe gekonnt

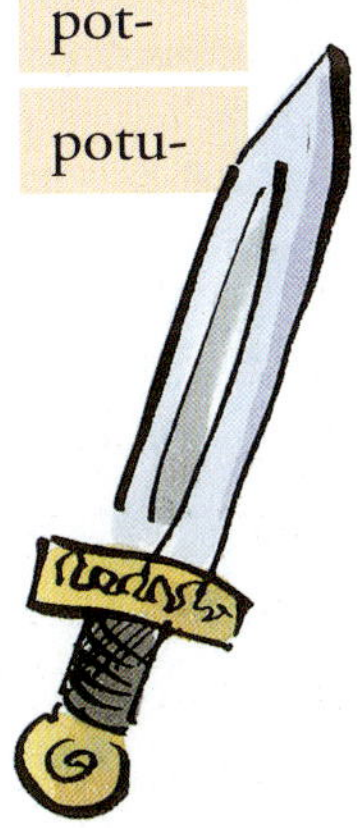

d) Verwandle die Formen von esse in solche von velle:
sum - sumus - fuit - fuerant - estis - eram - es - fueras - fuimus - eratis - est

e) Welche Wörter, die aus dem Lateinischen stammen, kannst du im folgenden Text entdecken? Was bedeuten sie?
„Irgendwo in einer kleinen Provinzstadt versammelten sich in einer alten Villa, deren Wohnräume komplett mit wunderschönen Antiquitäten ausgestattet waren und deren Zimmerdecken Ornamente schmückten, fünf Vokalisten aus drei Nationen, um ein neues Lied zu proben, das sie bei einer Benefiz-Veranstaltung für in Not geratene Familien vortragen wollten. Jeder sang seinen Part virtuos, zusammen aber sangen sie miserabel.“

f) Französisch – ganz einfach! sum heißt auf Französisch: *je suis*. Bringe die folgenden französischen Ausdrücke in die richtige Reihenfolge:
je suis - nous sommes - tu es - ils / elles sont - il / elle est - vous êtes

1

Roms Frühzeit – Von Romulus bis Brutus

„753: Rom kroch aus dem Ei" – diesen alten Merkvers habt ihr vielleicht schon einmal gehört. Da über die römische Frühgeschichte kein gesichertes Geschichtswissen existiert, haben schon die antiken Geschichtsschreiber die Frühzeit Roms aus der Sage rekonstruiert. Wie ihr aus den vorherigen Lektionen wisst, haben Sagen nur wenig mit der tatsächlichen Wirklichkeit zu tun. In den folgenden Lektionen lernt ihr die spannenden Mythen um die Gründung der Stadt Rom kennen, bei denen die Zwillinge Romulus und Remus, der Gott Mars und viele mehr eine wichtige Rolle spielen. Damit ihr diese fantasievoll ausgedachten und von Generation zu Generation überlieferten Geschichten von der geschichtlichen Wirklichkeit unterscheiden könnt, findet ihr im Folgenden das Wesentliche zusammengestellt, was man heutzutage über die Frühzeit Roms weiß.

Die Anfänge Roms

Das Gebiet des späteren Rom mit seinen sieben Hügeln Kapitol, Palatin, Aventin, Caelius, Esquilin, Viminal und Quirinal wurde bereits seit dem 10./9. Jh. v. Chr. von den Volksstämmen der Latiner und Sabiner besiedelt. Die Latiner gründeten ein kleines Dorf für Bauern und Hirten auf dem Palatin, die Sabiner auf dem gegenüberliegenden Quirinal. Auf den waldigen Hängen konnten Schafe und Rinder in Frieden weiden. Weitere Siedlungen entwickelten sich auf den anderen Hügeln und existierten zunächst isoliert voneinander, bis die Bevölkerung zunahm und sich die Siedlungen um 700 v. Chr. die Hügelhänge hinab ausdehnten.

3

4

1 Gründung einer Stadt durch Umfahrung der Stadtgrenzen mit einem Pflug. Röm. Relief. 1. Jh. n. Chr. Aquileia, Museo Archeologico Nazionale.
2 Die Urbesiedlung des Palatin. Rekonstruktion. Rom, Antiquarium del Palatino.
3 Pietro da Cortona: Der Hirte Faustulus übergibt seiner Frau Acca Larentia die Zwillinge Romulus und Remus. 17. Jh. Paris, Musée du Louvre.
4 Giambologna: Der Raub der Sabinerinnen. 16. Jh. Florenz, Loggia dei Lanzi.
5 Diener und Musikant. Etruskische Wandmalerei. Um 475 v. Chr. Tarquinia, Tomba dei Leopardi.

2

Rom in der Königszeit

Die sieben Dörfer vereinigten sich schließlich zu einem Bund. Die Streitigkeiten, zu denen es beim Zusammenschluss der dörflichen Siedlungen kam, könnten der historische Kern für die Sage vom Bruderzwist zwischen Romulus und Remus sein. Die Geschichten um die sagenhaften Könige Numa Pompilius, Tullus Hostilius und Ancus Marcius, die auf die Königsherrschaft des Romulus folgten, spiegeln die damalige Vorherrschaft der Sabiner wider. Der Siebenerbund verbündete sich mit anderen Völkerschaften gegen die Macht der Stadt Alba Longa. Nach der Zerstörung dieser rivalisierenden Stadt (670–642 v. Chr.) gerieten die latinischen Völker mit dem Siebenerbund über die künftige Oberherrschaft in Streit.

Diese Lage nutzten die Etrusker aus, die in Latium einfielen und die neuen Herrscher wurden. Ihr Kerngebiet war Oberitalien, die heutige Toskana. Dieser Name, abgeleitet von Tusci, der römischen Bezeichnung für die Etrusker, zeugt bis heute von ihrer Macht. Erst die Etrusker vereinigten die verschiedenen Dörfer zu einer echten Stadt, dem uns bekannten Rom am Fluss Tiber. Die drei sagenhaften etruskischen Könige Tarquinius Priscus, Servius Tullius und Tarquinius Superbus sind Zeugnis für diese Zeit der Etruskerherrschaft über Rom. Die Stadt blühte auf und wandelte sich von einer landwirtschaftlich geprägten Stadt in eine Handels- und Verkehrsmetropole. Die damalige Bevölkerung Roms setzte sich aus Patriziern (Adligen), Plebejern (einfaches Volk) und Sklaven zusammen. Der König vereinte alle Macht auf seine Person. Der Bevölkerung wurde nur wenig Mitspracherecht eingeräumt. Mitbestimmung war nur möglich über zwei beratende Einrichtungen: den Senat (Ältestenrat), der sich aus Patriziern zusammensetzte, und die Versammlung des Volkes (comitia curiata). Die Römer ließen sich die Bevormundung durch die Etrusker aber nicht mehr bieten, als König Tarquinius Superbus eine Schreckensherrschaft aufbaute. Durch einen Aufstand des Volkes wurde Tarquinius gestürzt. Die Zeit der Königsherrschaft war in Rom für immer beendet.

Maßgeblich beteiligt daran war der berühmte Brutus. Aber lest am besten selbst nach …

37

E

1. Gladius acer est. Pugna acris est. Bellum acre est.
Saepe gladii acres sunt, etiam bella acria sunt.

2. Quis bellum acre non timet? Quis pugnam acrem non timet?

3. Aeneas Turnum gladio (pugnā) acri superavit.
Romani multos populos bellis acribus superaverunt.

4. Magnitudo gladii acris (gladiorum acrium) nos terret.

5. Quis auxilium celere in bello non sperat?

Ü

a) Bestimme Kasus, Numerus und Genus des Substantivs und suche die passende Adjektivform heraus:
1. gladium (acrium / acrem / acres) 2. fugā (celere / celeria / celeri) 3. auxilium (celer / celere / celerium) 4. equorum (celerium / celerem / celeres) 5. in cibis (acris / acribus / acres) 6. morte (celere / celeria / celeri) 7. ingenii (acre / acri / acris)

b) Bilde jeweils die entsprechende Form des Adjektivs und übersetze den Ausdruck:
1. oculis (acer) videre 2. mortem (celer) exspectare 3. voce (acer) clamare 4. equis (celer) ad castra properare 5. consilium (celer) capere 6. arma (acer) timere 7. fugā (celer) patriam petere

c) Dekliniere:

d) Formentelefon.
Wandle die folgenden „Telefonnummern" in entsprechende Formen von acer und celer um: Die erste Ziffer steht für den Kasus (1 = Nom., 2 = Gen., 3 = Dat., 4 = Akk., 5 = Abl.), die zweite für den Numerus (1 = Sg., 2 = Pl.) und die dritte für das Genus (1 = *m*, 2 = *f*, 3 = *n*).
112 – 222 – 321 – 523 – 413 – 512 – 422 – 213 – 311

e) Die Soldaten des Turnus beobachten den Zweikampf:
1. Videte! Imperatores gladiis acribus pugnant. 2. Arma eorum acria sunt et pugna acris est. 3. Di boni, adeste imperatori nostro! Adeste ei auxilio celeri! 4. Turnus gladium iam amisit. Nunc serva te fuga celeri, Turne! 5. Aeneas Turnum superavit; sed adhuc dubitat. 6. Aeneas oculis acribus Turnum aspicit. Quid videt?

I

Von Äneas zu Romulus und Remus

Nachdem Äneas den Turnus besiegt hatte, gründete er die Stadt Lavinium und gab seinem aus Trojanern und Italikern gemischten Volk den Namen „Latiner". Nach dem Tod des Äneas gründete sein Sohn Askanius (auch Julus genannt) die Stadt Alba Longa und machte sie zur Hauptstadt von Latium. Zehn seiner Nachfahren regierten als Könige von Alba Longa, bevor Prokas an die Herrschaft kam, um die sich später seine Erben Numitor und Amulius stritten. Schließlich wurde der ältere Bruder Numitor von Amulius gestürzt, seine Tochter Rea Silvia zur Vestalin gemacht und so zur Kinderlosigkeit gezwungen. Als Rea Silvia durch den Gott Mars schwanger geworden war und Zwillinge geboren hatte, ließ Amulius die Kinder in einem Körbchen auf dem Fluss Tiber aussetzen …

Kindheit und Jugend von Romulus und Remus

T

Das Weidenkörbchen mit den Zwillingen hatte sich in den weit herabhängenden Zweigen eines am Tiber stehenden Feigenbaums verfangen. Eine Wölfin zog die Kinder an Land und säugte sie, als der Hirte Faustulus des Weges kam …

Faustulus liberos a lupa[1] servare voluit. Itaque consilium cepit lupam gladio acri temptare. Sed mox vir sensit parvos pueros bibisse tantum et sic famem[2] acrem pepulisse. Cum lupa sonum audivit, fuga celeri silvam petivit. Faustulus ad liberos properavit eosque comprehendit et secum portavit. Uxor Faustuli pueris gaudebat, mox eos tamquam filios curabat. Saepe uxor dicebat: „Aspice oculos puerorum, marite! Scio oculos tam acres signa magni ingenii esse."

[1] lupa Wölfin

[2] famēs, is Hunger

Tatsächlich wurden aus Romulus und Remus kluge junge Männer.

Pastores[3] eius regionis a Romulo et Remo auxilium petiverunt: „Adeste nobis, fratres! Fures nos temptant." Iam saepe iuvenes comitibus adfuerant. Etiam tum acre ingenium suum ostenderunt. Arma acria comprehenderunt, fures in silva exspectaverunt. Iam fures cum equis celeribus adfuerunt. Tum iuvenes ut milites boni pugnaverunt et fures reppulerunt.

[3] pāstor, ōris Hirte

Die Kapitolinische Wölfin.
Bronzestatue aus dem 5. Jh. v. Chr. Die Figuren der Zwillinge wurden im 15. Jh. hinzugefügt. Rom, Museo Capitolino.

V

a) 1. Achte auf die zwei verschiedenen Vergangenheitstempora in der ersten Hälfte. Welche Schlüsse auf die Dauer der jeweils geschilderten Handlung kannst du daraus ziehen?
2. Stelle anhand von Schlüsselwörtern aus der zweiten Texthälfte Vermutungen über die Handlung an.

b) Finde die im jeweiligen Zusammenhang treffende Übersetzung der Adjektive acer bzw. celer.
auxilium celere - vox acris - equi acres - animus celer - cibus acer - dolore acri - arma acria - mors celeris

c) *plus* 1. Die Gefährten des Romulus und Remus haben mit energischer Stimme geschrien: 2. „Helft uns! 3. Verbrecher greifen uns mit° schnellen Pferden (Abl.) an!" 4. Sie fassten (Perf.) einen schnellen Entschluss: Sofort sind die Brüder zu den Freunden geeilt. 5. Dann zeigten (Perf.) die jungen Männer ihre° scharfen Waffen. 6. Wenig später haben sie die Verbrecher vertrieben.

38

E

1. Omnes viri, omnes mulieres fures malos timebant.
2. Omnis vir, omnis mulier fures malos timebat.
3. Omne consilium bonum eis deerat. Omnia consilia bona eis deerant.
4. Sed Romulus et Remus, fratres fortes, amicis tristibus aderant.
5. Fratres fures turpes et crudeles in silvis temptabant.
6. Dum fratres pugnant, Faustulus et uxor eius timent.
   Dum fratres pugnant, Faustulus et uxor eius timebant.
7. Postquam fratres pugnaverunt, Faustulus et uxor eius a timore liberi sunt.
   Postquam fratres pugnaverunt, Faustulus et uxor eius a timore liberi erant.
8. Auxilio fratrum amici vitam dulcem vivebant.

Ü

a) Welches Adjektiv passt zu welchem Substantiv? Übersetze die Verbindungen.

b) Bilde die passende Form des Adjektivs:
dominos (crudelis) - mercatorem (tristis) - (omnis) negotium - (omnis) hominum - filia (fortis) - gladiatoris (crudelis) - dolis (turpis) - servus (fortis) - amori (dulcis) - ludi (crudelis) - (omnis) deae

c) Die Verbrecher geben nicht auf. Ergänze jeweils die passende Verbform und übersetze:
1. Scelerati convēnerunt, postquam Romulus et Remus eos (vincere). 2. Dum scelerati (convenire), de Romulo et Remo dixerunt. 3. Postquam diu de fratribus (dicere), consilium malum ceperunt. 4. Dum consilium novum (capere), magna voce riserunt.

Annibale Carracci: Remus wird gefesselt vor König Amulius geführt. 1590–92. Bologna, Palazzo Magnani.

Die Untat des Amulius

T

Die Rache der Räuber ließ nicht lange auf sich warten. Romulus und Remus saßen mit befreundeten Hirten friedlich auf dem Palatin, als plötzlich …

Dum fratres cum comitibus in loco pulchro sermones habent[1], subito turba virorum adfuit. Unus ex eis acri voce clamavit: „Tandem convenimus, fratres fortes! In silva nos vicistis – nunc autem fatum[2] triste vos exspectat. Comprehendite fratres, viri!“ Quia Romulus animo forti se a furibus defendebat, scelerati Remum tantum capere poterant. Statim eum ad Amulium regem duxerunt et falso[3] accusaverunt: „Is iuvenis cum amicis turpibus agros fratris tui delevit. Puni[4] eum!“

[1] sermōnēs habēre sich unterhalten

[2] fātum Schicksal

[3] falsō *Adv.* fälschlich

[4] pūnīre bestrafen

Amulius lässt den gefangenen Remus zu seinem Bruder Numitor bringen, damit er dort bestraft wird. Als Remus bei einem Verhör dem Numitor sagt, er habe einen Zwillingsbruder, kommt Numitor ins Nachdenken. Das königliche Auftreten des Remus war ihm gleich aufgefallen, und schlagartig wird ihm klar, dass es sich bei beiden Brüdern um seine längst totgeglaubten Enkel handeln muss. Nun weiß er, dass Bruder Amulius beide einst als Babys hatte aussetzen lassen. Voller Zorn eilt er zum Palast seines Bruders, um ihn zur Rede zu stellen:

Postquam Numitor ad Amulium venit, is dulci voce dixit: „Gaudeo, quod te video, frater bone!“ Numitor: „Tace, vir crudelis! Non putavi te tam crudelem esse, quamquam omnes amici me monuerant. Nunc mala et turpia consilia tua scio. Turpe est parvos liberos exponere[5].“

[5] expōnere aussetzen

Wenig später trat Numitor vor das Volk und klärte es über die Untat des Amulius und die edle Abkunft des Romulus und Remus auf. Als beide Brüder plötzlich erschienen, um ihren Großvater als neuen König zu begrüßen, rief auch das Volk einmütig Numitor zum neuen König aus. Den Amulius wollte keiner mehr sehen.

V

a) 1. Um welche Männer handelt es sich bei turba virorum (Z. 2)? Was meint ihr Sprecher mit dem Satz: nunc autem fatum triste vos exspectat (Z. 3 f.)? 2. Weshalb wohl hat König Amulius Romulus und Remus einst aussetzen lassen?

b) Übersetze die Adverbialsätze, bestimme die Sinnrichtung und führe die Satzanfänge sinnvoll auf Deutsch weiter:
1. Quamquam saepe te monui … 2. Dum cenamus, subito … 3. Quia caelum clarum est … 4. Postquam te vidi … 5. Si amicos in urbe convenio …

c) *plus* 1. Nachdem die Wölfin (lupa) die Jungen verlassen hatte (!), brachte (Perf.) Faustulus diese zu seiner Ehefrau. 2. Die Ehefrau des Faustulus sagte: „Sieh da, die kräftigen Jungen (Akk.)! 3. Bis jetzt war deren Leben traurig. 4. Nun aber verteidigen wir die Jungen vor (von) allen Gefahren. 5. Zuerst bereite ich den Jungen eine angenehme Mahlzeit, während du den Tisch deckst (schmückst).“

d) Wie ist das gemeint?
1. Omnes una nox manet.
2. Vince omnem laborem virtute!

39

E

1. Numitor ad Amulium venit. Numitor avus Romuli et Remi erat.
Numitor, qui avus Romuli et Remi erat, ad Amulium venit.
2. Numitor iniuriam Amulii sciebat. Ea iniuria diu latuerat.
Numitor iniuriam, quae diu latuerat, sciebat.
3. Numitor consilium turpe, quod diu latuerat, sciebat.
4. Numitor ad fratrem suum, cuius consilium nunc sciebat, venit.
5. Etiam Romulus et Remus, quorum avus Numitor erat, ad Amulium venerunt.
6. Romulus et Remus, quibus Amulius iniuriam fecerat, ad eum venerunt.
7. Numitor, cui Amulius iniuriam fecerat, ad fratrem suum venit.
8. Statim turba virorum, qui de iniuria Amulii audiverant, aderat.
9. Numitor turbae omnia consilia, quae Amulius ceperat, narravit.

Ü

a) Formenstaffel

1. quem → Pl. → *n* → Gen. → *f* → Sg. → Akk. → *n*
2. quā → *m* → Dat. → Pl. → *n* → Abl. → Sg. → Nom.
3. quas → Nom. → *n* → *m* → Sg. → Gen. → *n* → Dat.

b) Entscheide, welche Form des Relativpronomens passt, und übersetze:

1. Amulius, (qui / quem) consilium turpe ceperat, veniam petivit. 2. Amulius, (qui / quem) Numitor accusabat, veniam petivit. 3. Numitor, (ad quem / a quo) Amulius veniam petebat, dixit: 4. „Consilium, (quem / quod) tu cepisti, turpe est. 5. Hic sunt fratres, (qui / quos) tu interficere studuisti. 6. Fratres, (cuius / quorum) vitae in periculo erant, vivunt."

c) Ein Retter in der Not

1. Amulius, qui familiam Numitoris timebat, etiam Ream Silviam, filiam Numitoris, interficere temptabat. 2. Vocavit ad se servos, quibus dixit: „Interficite eam!" 3. Servi Ream Silviam, cuius lacrimae eos non movebant, ad Tiberim (zum Tiber) fluvium duxerunt. Ibi eam interficere voluerunt. 4. Sed subito deus, qui in fluvio vivebat, ex aqua surrexit et Ream Silviam servavit.

I

Die Vogelschau

Romulus und Remus führten die erste Vogelschau der römischen Geschichte durch. Darunter verstanden die Römer die genaue Beobachtung des Fluges von Vögeln in einem bestimmten Himmelsabschnitt. Sie glaubten, daraus ablesen zu können, ob die Götter einer geplanten Handlung zustimmten oder nicht. Dafür gab es eigene Priester (Auguren), die vor wichtigen Staatsentscheidungen, z.B. über Krieg und Frieden, aus dem Vogelflug den Willen der Götter erschlossen. Aber auch vor Hochzeiten nutzte man diesen Brauch, um herauszufinden, ob die Ehe den Segen der Götter erhielt.

Augur. Römisches Relief.

Tödlicher Streit unter Brüdern

Romulus, qui consilium ceperat urbem novam aedificare, diu cum fratre locum idoneum non inveniebat. Nam is locus, quem Romulus laudabat, Remo non placebat; ea autem regio, quam Remus delegerat, Romulo non placebat. Subito Romulus: „Quin condimus urbem in eo loco, ubi lupa[1] nos invenit?“ Et Remus, cui consilium placebat: „Id consilium est, quod maxime probo. Nam invenisti locum opportunum, cuius natura mihi placet.“

Nun aber stritten die Brüder darum, wer von beiden den Namen der Stadt aussuchen und wer über sie herrschen durfte. Eine Vogelschau sollte entscheiden.

Tum petebant consilium deorum, quorum potestas apud fratres multum valebat. Remus cum viris, quos secum habebat, ad Aventinum montem contendit; Romulus cum comitibus Palatium montem petivit. Dum Romulus signum deorum exspectat, subito adfuerunt nuntii celeres, qui magna voce clamaverunt: „Remus iam sex vultures[2] vidit.“ Tum comites Romuli, quibus ea verba non placebant, dixerunt: „Sed nos duodecim[3] vultures aspeximus! Remus Romulo cedere debet!“ Tum fratres fortes arma acria ceperunt. Livius, a quo fabulam de Romulo et Remo accepimus, narrat in ea pugna Remum cecidisse.

[1] lupa Wölfin

[2] vultur, uris Geier

[3] duodecim zwölf

Romulus und Remus bei der Vogelschau. Buchillustration aus dem 14. Jh. Paris, Bibliothèque Ste Geneviève.

a) 1. Stelle vor der Übersetzung von T die Substantive der ersten Texthälfte zusammen, die am häufigsten wiederholt werden. Welche Schlüsse auf die behandelte Thematik kannst du ziehen? 2. Welche vergleichbare Geschichte eines Streits unter Brüdern kennt ihr? 3. Erklärt, worin das consilium deorum (Z. 8) besteht. Wie reagieren die Brüder darauf?

b) Schreibe aus T alle Sätze mit einem Relativpronomen heraus. Unterstreiche dann alle Relativpronomina und das jeweilige Bezugswort im Hauptsatz. Bestimme Kasus, Numerus und Genus des Relativpronomens.

c) *plus* Die Weitsicht von Städtegründern
1. Männer, die eine Stadt gründen wollen, handeln niemals ohne Plan. 2. Zuerst wählen sie einen geeigneten Ort aus. 3. Dann bauen sie hohe Mauern, welche die Feinde (hostēs) nicht überwinden können. 4. Ein wenig später bauen sie schöne Tempel, die die Bürger gerne betreten. 5. In den Tempeln sind Statuen, die auch den Göttern gefallen.

Romulus – von den Göttern gesandt?

T

Romulus – der Sage nach ein Sohn des Kriegsgottes Mars – war der erste und wichtigste von insgesamt sieben Königen, die in Rom herrschten. Doch nach seinem Tod war seine Rolle umstritten:

Multi Romani, qui eius virtutem laudabant, contenderunt: „Recte Romulus, qui urbem Romam condidit, postea rex Romanorum fuit. Nam deos Romulum nobis misisse constat: Mars pater, qui Romulum iam antea ex aqua servaverat, filio suo duodecim[1] vultures[2] misit. Constat id consilium deorum fuisse, qui numquam errant."

Sed multi cives Romulum crudelem et sceleratum fuisse putaverunt: „Turpe est Romulum fratrem suum interfecisse. Etiam Remus filius dei erat. Et signum deorum certum[3] non fuit; nam Romulus plures[4] vultures vidit, Remus autem primus erat, qui vultures vidit."

Alii etiam narraverunt Remum post consilium deorum fratri imperium urbis dedisse. Postea autem, dum Romulus muros urbis novae aedificat, Remus vocavit: „Muri, quos video, parvi sunt. Ita milites fortes ab urbe non prohibes." Remus, postquam muros fratris verbis turpibus risit, eos tandem transiluit[5]. Romulus autem fratrem interfecit et clamavit: „Ii, qui muros Romae transiliunt, poenas dare[6] debent!"

[1] duodecim zwölf
[2] vultur, uris Geier
[3] certus eindeutig
[4] plūrēs mehr
[5] trānsilīre überspringen
[6] poenās dāre bestraft werden

Severino Baraldi: Der Zorn des Romulus. 20 Jh.

V

a) Zeige, dass die drei Absätze von T jeweils ähnlich eingeleitet werden. Leite daraus eine Vermutung darüber ab, worum es in dem gesamten Text gehen könnte.

b) Welche verschiedenen Sichtweisen von Romulus werden in diesem Text dargestellt? Welche Sichtweise trifft am ehesten zu? Begründe deine Meinung.

XII *plus*

Ü

a) Formenstaffel

1. acer (Nom. Sg. *m*) → Pl. → *n* → Abl. → Sg. → Akk.
2. celerem (Akk. Sg. *f*) → Dat. → Pl. → *m* → Sg.
3. dulcibus (Dat. Pl. *n*) → Akk. → *m* → Gen. → Sg. → *f*
4. crudeles (Akk. Pl. *m*) → Sg. → *n* → Abl. → Pl. → Akk.

b) Kampf und Streit! Bilde jeweils die passende Form des Adjektivs und übersetze:

1. Romulus et Remus viri (fortis) erant.
2. Nam multos fures (turpis) vicerunt.
3. Arma (acris) fratrum viros malos terruerunt. 4. Fures fugā (celer) silvam reliquerunt. 5. Sed paulo post consilium (turpis) ceperunt. 6. Magna virtus fratrum (omnis) amicis eorum placuit. 7. Amici animum fratrum (fortis) laudabant.
8. Sed Livius etiam fabulam (tristis) narrat:
9. Pugnā (crudelis) comites Romuli cum comitibus Remi pugnaverunt.

c) Versteckt! Welche Formen von qui, quae, quod findest du im Buchstaben-Raster?

Q	F	B	Q	G	Q
U	A	Q	U	N	U
A	Q	U	O	P	E
Q	U	A	R	U	M
E	I	S	U	V	D
X	B	B	M	M	Q
C	U	I	U	S	C
G	S	Q	U	O	D

d) Unterscheide:

1. Romulus cum Remo de imperio contendebat. 2. Remus in Aventinum, Romulus in Palatium contendit. 3. Multi cives contenderunt Romulum virum clarum esse.

e) Ergänze die passende Subjunktion und übersetze:
cum - dum - etsi - postquam - quod - si

1. Romulus et Remus: „[?] dei regem indicant, parere volumus." 2. [?] Remus Aventinum montem petit, Romulus ad Palatium montem contendit. 3. Remus vix in monte constiterat, [?] signum deorum vidit. 4. [?] Remus signum deorum vidit, nuntium ad fratrem misit. 5. [?] etiam Romulus signum deorum viderat, comites eius gaudebant. 6. Fratres: „[?] dei signa dederunt, voluntatem eorum nescimus."

f) Große Verwirrung! Ordne die Wörter so, dass Sätze mit AcI entstehen, und übersetze:

1. Remi Romulo dedisse audiunt amici deos signum etiam.
2. dicunt regem Romuli amici esse eum.

g) Englisch – ganz einfach. Ergänze die Lücken in der Übersetzung:

1. *Romulus and Remus climbed two mountains and expected a sign of the gods.*
Romulus und Remus bestiegen zwei [?] und [?] ein [?] der Götter.
2. *First the gods sent six big vultures to Remus and then twelve to Romulus.*
Zuerst schickten die Götter [?] große [?] zu [?] und dann zwölf zu [?].

h) Stimmt das?

1. Nihil agere delectat.
2. Si vis pacem (Frieden), para bellum!
3. Amor vincit omnia.

i) Welche Bedeutung von probare könnte passen?
Qui nimium (zuviel) probat, nihil probat.

40

E

1. Romulus ad Remum: „Mox ego imperabo, non tu.“
2. Remus: „Erras. Tu non imperabis.“
3. Romulus secum: „Remus numquam imperabit.“
4. Remus: „Signum deorum exspectabimus.“
5. Romulus ad deos: „Di magni, vos regem indicabitis.“
6. Remus: „Dei nobis respondebunt et nos iis parebimus.“
7. Romulus: „Non tu rex eris, sed ego rex ero.“
8. Remus: „Dei non tibi, sed mihi aderunt.“

Ü

a) Ergänze dort, wo die Geierfedern liegen, die passenden Buchstaben, damit Futurformen entstehen. Übersetze dann:
vide __ tis, vide __ nt, vide __, tace __ nt, ama __ s, porta __ mus, pare __, mane __ t, impera __ tis, delecta __, comple __ nt, saluta __ mus

b) Zerteile das Wort-Ungetüm in seine Bestandteile und übersetze diese:

eriteriseritiserunteroerimus

c) Bilde die in Klammern angegebene Form im Futur und übersetze dann:
clamare (3. Pl.), rogare (3. Sg.), gaudere (2. Sg.), laudare (1. Pl.), imperare (2. Sg.), portare (1. Pl.), respondere (2. Pl.), ridere (1. Sg.), parare (3. Sg.), parere (3. Pl.), narrare (1. Sg.), liberare (2. Pl.), esse (1. Sg.), posse (1. Pl.), adesse (3. Sg.)

d) Versteckt! Suche alle Futurformen heraus und übersetze sie dann:
liberabunt - liberabant - liberis - liberabis - probo - probabo - probabam - habebis - habes - habebitis - praebent - praebebit - erit - erat - ero - erro - errabo - amamus - animus - amabimus - amabamus

e) Willkommen, Verbrecher!
1. Romulus: „Adhuc urbs mea parva est, sed mox magna erit. 2. Nunc ea civibus caret, sed mox mercatores in basilicis clamabunt, senatores curiam intrabunt, servi in aedificiis laborabunt.“ 3. Sed quia homines honesti dubitabant in urbem novam venire, Romulus consilium mirum cepit: 4. „Fures, sceleratos, servos rogabo et iis viris turpibus urbem complebo.“

I

Rom in seinen Anfängen

Um die Einwohnerzahl Roms zu steigern, öffnete Romulus die neue Stadt für jedermann, sodass auch Verbannte, Heimatlose und Verfolgte von überallher kamen. Romulus nahm sie alle als Bürger auf. Obwohl die fleißigen Zuwanderer dafür sorgten, dass neben der Landwirtschaft auch Handel und Gewerbe aufblühten, wurde schnell klar, dass der neuen Stadtgemeinde Frauen fehlten. Aus Sorge um die Zukunft schickte Romulus Gesandte zu den Nachbarvölkern, um mit ihnen Eheschließungen zu vereinbaren. Voller Verachtung aber wiesen die Nachbarn diesen Vorschlag zurück, weil sie mit Menschen, die ihrer Ansicht nach Verbrecher und Ausgestoßene waren, nichts zu tun haben wollten.

Romulus sorgt sich um die Zukunft Roms

Primo Romulus gaudebat, quod et urbem pulchram aedificaverat et multis hominibus eam compleverat. Tum autem animadvertit Romanis mulieres deesse. Itaque apud cives, quos arcessiverat, dixit: „Hodie cives fortes sumus, mox autem urbs nostra magna non iam erit. Quia mulieres urbi nostrae desunt, etiam liberis carebimus. Sic salutem communem non servabimus. Tecta nostra non iam tuta erunt, vita nostra non iam tuta erit. Quis hostes a muris prohibebit? Aliae nationes Romam primo ridebunt; mox autem urbem, cuius magnitudinem adhuc timent, occupare temptabunt. Quemadmodum sine copia iuvenum fortium urbem servare poterimus? Sine mulieribus, sine liberis fortuna urbis bona non erit. Gloria nostra inanis erit. Itaque mulieres nationum aliarum arcessere debebitis. Consilium idoneum vobis mox dabo. Credite mihi: Vobis adero."

Als die Menge sich schon zerstreut hatte, stand Romulus immer noch da und überlegte, von Sorgen um Rom gequält, hin und her. Zu sich selbst gewandt sagte er schließlich:

„Romule, non eris magnus rex, non diu potestatem tuam tenebis, si liberi urbi deerunt. Arcesse mulieres!"

Annibale Carracci: Romulus zieht mit dem Pflug die Grenze der neuen Stadt. 1590–92. Bologna, Palazzo Magnani.

a) 1. Welche Zeitstufe herrscht in der Rede des Romulus (Z. 3–12) vor? Versuche, aus dem Befund Rückschlüsse auf das Thema seiner Rede zu ziehen. 2. Worin sieht er das Hauptproblem? Welche Lösung schwebt ihm vor? 3. Überlege: Verursacht seine Idee möglicherweise neue Probleme?

b) Vorfreude auf den Strandurlaub.
Ergänze die richtige Verbform im Futur und übersetze dann:
1. Ego mox ad oram (properare) 2. Ibi ego et frater in arena (Sand) parva castra (aedificare). 3. Pater et mater (gaudere), si nos ludos facere (videre). 4. Ii nos (monere): „Mox hora cenae (adesse). Itaque vos finem ludi facere (debere)."

c) *plus* 1. Die Mutter sagt°: „Heute werden wir Freunde zum Essen einladen (rufen). 2. Wer wird mit mir zum Marktplatz eilen?" 3. Claudia: „Gerne werde ich dir helfen, Mutter! 4. Wir werden dort süße Weine und verschiedene Speisen erwerben." 5. Die Mutter sagt°: „Und ihr, Kinder, werdet den Tisch decken (schmücken). 6. Glaubt mir! Eine gemeinsame Mahlzeit wird alle Freunde erfreuen. 7. Bald werden wir gut essen können!"

41

E

1. Romulus: „Adhuc mulieres nobis desunt, sed mox multas mulieres in urbem ducam.
2. Mox multas mulieres in urbe aspiciētis, Romani!
3. Si mulieres in urbem venient, Roma vivet.
4. Roma, tu semper vivēs et nos semper vivēmus.“

Ü

a) a oder e? Setze dort, wo ein Tuch liegt, den passenden Buchstaben ein, um eine Futurform zu erhalten. Übersetze dann:
audi_t, audi_m, audi_mus, audi_nt, audi_s, audi_tis, cond_s, cond_mus, cond_tis, cond_m, cond_t, cond_nt, faci_nt, faci_tis, faci_t, faci_mus, faci_s, faci_m

b) Verwandle ins Futur und übersetze dann:
defendit, defendunt, defendo, scio, sciunt, scit, mitto, mittunt, mittit, vincis, vinco, vincimus, capiunt, capit, capio, venio, veniunt, venis, educo, educimus, educis, caditis, cado, cadunt

c) Formenpaare. Bilde zu jeder Form von narrare die entsprechende von dicere:
narrabo, narrabit, narrabimus, narrabis, narrabunt, narrabitis

d) Frauenraub
1. Romulus: „Magnos ludos faciemus et multi cives aliorum oppidorum venient. 2. Si multitudo eorum cum filiis et uxoribus veniet, omnis iuvenis Romanus unam ex iis mulieribus oculis deliget. 3. Tum signum dabo. 4. Statim nos mulieres comprehendemus et in aedificia nostra ducemus, trahemus, portabimus.“

Luca Cambiaso: Der Raub der Sabinerinnen. 16. Jh. Genua, Villa Imperiale.

I

Der Raub der Sabinerinnen

Romulus hatte eine Idee, wie er seinen Untertanen Frauen verschaffen konnte. Er ließ ein Fest zu Ehren des Gottes Neptun ausrichten und lud die Nachbarvölker dazu ein. Voller Neugier auf die neue Stadt strömten die Menschen herbei. Besonders die Sabiner kamen in großer Zahl mit ihren Familien. Sie wurden zunächst gastfreundlich von den Römern aufgenommen und durch die Stadt geführt. Dann begann das Fest. Alle saßen gespannt um den Kampfplatz herum. Plötzlich, auf ein Zeichen von Romulus hin, schleppten die Römer die jungen Frauen, die sie sich zuvor unter den Zuschauern ausgesucht hatten, mit sich fort. Das geschah so schnell und überraschend, dass die sabinischen Männer keinerlei Widerstand leisten konnten.

Die Klagen der geraubten Sabinerinnen

T

Für Romulus schien die Welt wieder in Ordnung. Doch hatte er nicht mit der Unzufriedenheit seiner sabinischen Ehefrau Hersilia gerechnet:

„Audi, Romule! Magnae curae et me et alias mulieres torquent. Nam patriam desideramus. Quando patres et matres caras conveniemus? Quando ego patriam pulchram aspiciam? O amicae beatae, quibus licet in patria vivere! Aestas mox veniet. Vae![1] Tum sine nobis montes altos petetis, e fontibus claris aquam bibetis, bene cenabitis. Nos autem hic vitam tristem agemus: Vivemusne hic in honore? Licebitne nobis liberos linguam nostram docere? An familiae vestrae pueros et puellas a nobis deducent? Scientne liberi etiam mores Sabinorum? An mariti Romani nos e tectis pellent, si liberis nostris de moribus Sabinis narrabimus?"

[1] vae! O weh!

Romulus risit, tum voce dulci uxorem confirmavit: „Omitte curas, uxor! Numquam te e tecto pellam, numquam liberos tuos amittes. Consilium meum tibi aperiam: Liberi nostri mores et Romanorum et Sabinorum scire volent et profecto scient. Et tu, Hersilia, magno in honore hic vives."

V

a) 1. In Hersilias Rede (Z. 1–9) treten zwei Schlüsselbegriffe wiederholt auf. Suche sie und ziehe daraus Rückschlüsse auf das, was Hersilia am meisten bewegt. 2. Untersuche nun die Antwort des Romulus (Z. 11–17) auf beide Schlüsselbegriffe. Was fällt dir auf? Welche Schlüsse lassen sich daraus ziehen? 3. Versuche, Hersilias Gefühl in den Z. 3–6 mit einem treffenden Begriff zu bezeichnen.

b) Bilde jeweils das Futur und übersetze dann:
1. Puer puellam aspicit. 2. Patri semper parere debes. 3. Clamorem audio. 4. Servi equos ducunt. 5. Amici tibi adsunt. 6. Libenter beneficia accipimus. 7. Finem ludi facitis. 8. Id scio. 9. Hostes murum delent. 10. Amicam non invenis.

c) *plus* Ein Junge schmiedet Ferienpläne:
1. „Wann wird der schöne Sommer da sein? 2. Ich werde euch° meinen Plan aufdecken: Ich werde viele Freunde besuchen. 3. Dann werden wir ein glückliches Leben führen. 4. Denn wir werden berühmte Städte ansehen. 5. Endlich werde ich die Bräuche anderer Menschen begreifen. 6. Warum werdet ihr nicht mit uns kommen?"

42

E

1. Romulus ad Hersiliam: „Sine cura eris, si verba mea audiveris.“
2. Romulus ad Sabinas: „Sine cura eritis, si verba mea audiveritis.“
3. Romulus: „Narrate omnibus ea verba, quae mox dixero!“
4. Sabinae: „Narrabimus ea verba, quae audiverimus.“
5. Sabinae omnibus ea verba narrabunt, quae Romulus antea dixerit.
6. Sabinae ea verba narrabunt, quae audiverint.
7. Hersilia: „Liberi nostri non solum unam patriam habebunt.“
   Hersilia: „Liberis nostris non solum una patria erit.“

Ü

a) Ordnung muss sein. Ordne die Buchstaben so an, dass Formen des Futur II entstehen:
1. laudavTIERN 2. monuREIS
3. dedUSEMIR 4. vidEISRIT
5. accepTIER 6. defendRESI
7. petivTREIN 8. invenMERIUS

b) Bestimme folgende Verben nach Person, Numerus und Tempus:
erit - fuerit - erat - fuit - fuero - ero - erro - eratis - fuimus - fuerimus

Guercino: Hersilia wirft sich zwischen Romulus und Tatius. 1645. Paris, Musée du Louvre.

c) Aus I wird II. Verwandle die Formen des Futur I in die entsprechenden des Futur II:
temptabit - vincemus - tenebo - audiam - cadent - mittes - parebunt - relinquam - scribet - facies - sedebo - sentiemus - venient - aedificabis - capietis - amabit

d) Dasselbe mit anderen Worten sagen. Wandle um wie im Beispiel.
Beispiel: Romulus magnum animum habebat.
→ Romulo magnus animus erat.

1. Romulus uxorem bonam habebat.
2. Hersilia maritum bonum habebat.
3. Hersilia: „Fortunamne malam habebo?“
4. Romulus: „Fortunam bonam habebis.“

e) Die Sabinerinnen denken über ihre Zukunft nach:
1. „Quid faciemus, si patres et fratres nostri consilium ceperint cum maritis nostris pugnare?“ 2. „Quid patres et fratres facient, si liberos nostros viderint?“ 3. „Quid dicent, si audiverint maritos nos et nos maritos amare?“

Das Schicksal einer Verräterin

T

Etsi mulieres Sabinae tandem beatae in urbe Roma vivebant, Sabini bellum cum Romanis gerere parabant. Saepe dicebant: „Romam capiemus. Bellum crudele geremus, dum omnes Sabinas liberaverimus." Tatius, rex Sabinorum, magna voce eos monuit: „Tacete, viri fortes! Stultum est bellum sine consilio gerere! Sed Romanos superabimus, si antea consilium bonum ceperimus. Audite ergo consilium meum! Spurius Tarpeius cum copiis Capitolium montem tenet. Si Spurium superaveritis, si Capitolium ceperitis, Romani non diu vobis resistent. Si id bellum gesseritis, urbem certe capietis."

Zufälligerweise trifft der sabinische Befehlshaber Tatius wenige Tage später vor den Mauern Roms Tarpeia, die Tochter des römischen Feldherrn Spurius. Er versucht, sie dazu zu überreden, ihn mit seinen Leuten heimlich in die Stadt einzulassen.

Tatius: „Magnum praemium tibi erit, si nobis nocte portam aperueris. Dic mihi: Quid appetis?" Tarpeia: „Vobis libenter adero, si mihi erunt ea ornamenta, quae in bracchiis[1] vestris geritis." Tatius rex id praemium puellae libenter concessit. Tarpeia iam gaudebat; secum enim cogitavit: „Armillae[2] aureae, quas Sabini in bracchiis gerunt, mox mihi erunt."

[1] bracchium
Arm

[2] armilla
Armreif

Tarpeia öffnete den Sabinern das Tor und freute sich auf die goldenen Armreife. Aber die Sabiner drückten mit den Schilden, die sie auch am Arm trugen, Tarpeia zu Boden und töteten sie so.

Die Bestrafung der Tarpeia. Gemälde aus dem 16. Jh. Rom, Palazzo Spada (heute Sitz des italienischen Staatsrates).

V

a) 1. Woran zeigt sich in Z. 4–9 die Entschlusskraft und das Planungsgeschick des Tatius? Achte vor allem auf den Satzbau und das Tempusprofil.
2. Versuche zu erklären, warum die Sabiner Tarpeia töteten, obwohl sie ihnen doch geholfen hatte.

b) Tu villam habes. → Tibi villa est.
Forme die folgenden Sätze nach dem Beispiel um:
1. Senatores saepe villas pulchras habent.
2. Ego nihil habeo. 3. Quid vos habetis?

c) *plus* 1. Ein guter König wird einem schlechten Rat niemals nachgeben. 2. Freunde des Königs werden oft sagen: „Wenn du Kriege geführt hast (Fut. II), wirst du große Belohnungen erhalten (werden dir große B. zu Eigen sein). 3. Aber der gute König wird antworten: „Wenn ihr diese schändlichen Pläne gefasst habt (Fut. II), werde ich euch aus der Heimat vertreiben."

Kampf um das Kapitol

T

Postquam Tarpeia portam aperuit, Sabini Capitolium tenebant. Romulus eos pugna superare et e Capitolio pellere volebat. Sed Romani, qui ad Capitolium contendere debebant, multitudini Sabinorum resistere non poterant. Tum Romulus bracchia[1] et arma ad caelum tetendit[2] et rogavit: „Iuppiter, ades nobis! Semper tibi parui, semper templum tuum ornavi, semper tibi gratiam habui. Sed nunc Sabini nos superabunt et ex urbe pellent, nisi tu nobis adfueris. Magna virtus nobis est, sed nunc tu solus[3] Sabinos pellere et nobis victoriam[4] dare potes. Hic tibi templum aedificabo, si urbem servaveris!“

In der Tat gelang es nun Romulus, seine Soldaten aufzuhalten. Er stellte sich in die erste Schlachtreihe und erwartete die Sabiner. Es entwickelte sich ein erbitterter Kampf. Als die Sabinerinnen dies sahen, warfen sie sich zwischen die Kämpfenden:

Mulieres rogabant: „Facite tandem finem belli! Beatae sumus; nam cum maritis in urbe Roma vivimus et maritos novos amamus. Quid autem faciemus, si frater maritum aut[5] maritus fratrem eo bello interfecerit? Quid faciemus, si liberi nostri patrem aut avum amiserint? Si profecto tam crudeles estis, etiam nos interficite, nam sine marito aut fratre vivere non iam volumus.“ Statim et Romani et Sabini tacuerunt, nam fortuna mulierum omnes movit.

[1] bracchium Arm
[2] tetendit er streckte (aus)
[3] sōlus allein, als einziger
[4] victōria Sieg
[5] aut oder

Jacques-Louis David: Die Sabinerinnen. 1799. Paris, Musée du Louvre.

V

a) 1. Beide Hälften des Textes enthalten jeweils eine Bitte. Welche Unterschiede, welche Gemeinsamkeiten zwischen beiden Bitten erkennst du?
2. Beide Bitten richten sich an ganz unterschiedliche „Adressaten“. Wie äußert sich das in der sprachlichen Gestaltung der Bitten?

b) Das Gebet des Romulus (Z. 5–9) ist typisch für das Verhältnis der Römer zu ihren Göttern. Informiert euch über wichtige Aspekte der römischen Religion (Gebete, Opfer, Tempel, Priester) und präsentiert die Ergebnisse in einem selbst gestalteten „Lexikon der römischen Religion“.

a) Ungewöhnliche Berufswünsche:

1. „Cum viris fortibus pugnabo. Omnes ad ludos properabunt et virtutem meam laudabunt. Clamorem populi audiam eoque gaudebo. Mortem non timebo. Ego [?] ero.“
2. „In villa magna et aurea vivam et multi servi mihi erunt. Populum meum bene curabo et multis hominibus adero; nam ego valebo. Ego [?] ero.“
3. „Bona (Hab und Gut) aliorum hominum petam et capiam. In silvis latebo et ibi homines exspectabo. Multi homines me timebunt. Vita mea sine honoribus, sed plena periculorum erit. Ego [?] ero.“

b) Bilde die fehlenden Formen:

Präsens	Futur I	Futur II
imperat	?	?
?	comprehendemus	?
gero	?	?
?	?	monueritis
?	cadent	?
audis	?	?

c) Ein verhängnisvolles Missverständnis.

1. Tarpeia: „Sabinis ornamenta aurea sunt.“ 2. Tarpeia ad Sabinos: „Amo ea, quae vobis sunt.“ 3. Sabini ad Tarpeiam: „Mox ea tibi erunt.“ 4. Tarpeia secum: „Magnum praemium mihi erit.“ 5. Sabini secum: „Malum praemium ei erit.“

d) Verwandle jeweils in einen AcI und übersetze diesen dann:

1. Tarpeia videt: Sabinis pulchra ornamenta sunt. 2. Sabini sciunt: Tarpeia ornamenta magis quam patriam amat. 3. Romani nesciunt: Tarpeia Sabinis adesse vult. 4. Livius narrat: Tarpeia Sabinis portam aperuit. 5. Audivimus: Sabini Tarpeiam interfecerunt.

e) Setze jeweils ins Imperfekt, Perfekt und Plusquamperfekt:

aperit - capio - gerunt - salutat - clamas - tenetis - animadvertunt - exspectatis

f) Substantiv-Domino. Lege die Täfelchen so aneinander, dass jeder Wortstamm die passende Endung erhält und eine geschlossene Kette entsteht.

g) Italienisch – ganz einfach!

1. Tarpeia: „Vado (ich gehe) ad aprire la porta.“
2. Tarpeius, suo padre, dice: „Mia figlia! Dove vai (Wohin gehst du)?“
3. Tarpeia dice: „Vado dalla (zu) mia amica Claudia.“

h) Berühmte Aussagen:

1. Fortunam sibi quisque (jeder) parat.
2. Honores mutant (verändern) mores.

43

E

1. Metus homines torquet.
2. Homines pleni timoris et metūs sunt.
3. Adhuc vultūs tristes videmus.
4. Mox vultūs hominum non iam tristes erunt.
5. Nam multitudo vultuum tristium deos movebit.
6. Adhuc tristem gemitum hominum audimus: „Adeste, di magni!"
7. Mox homines sine gemitu dicent: „Vobis, di magni, gratias habemus."
8. Adhuc omni vultui laetitia deest. Adhuc omnibus vultibus laetitia deest.
9. Mox homines plenis manibus deis dona dabunt.

Ü

a) Welche Formen stehen eindeutig im Singular, welche eindeutig im Plural, welche Form kann beides sein? Sortiere:
metum - manuum - vultūs - gemitu - vultibus - manus

b) Da fehlt doch etwas! Ergänze die fehlenden Formen und bestimme sie:
1. vultuum, vultibus, vultum, vultibus, vultus, vultui, vultu 2. manūs, manibus, manum, manuum, manūs, manui, manūs

c) Dekliniere lateinisch und deutsch:

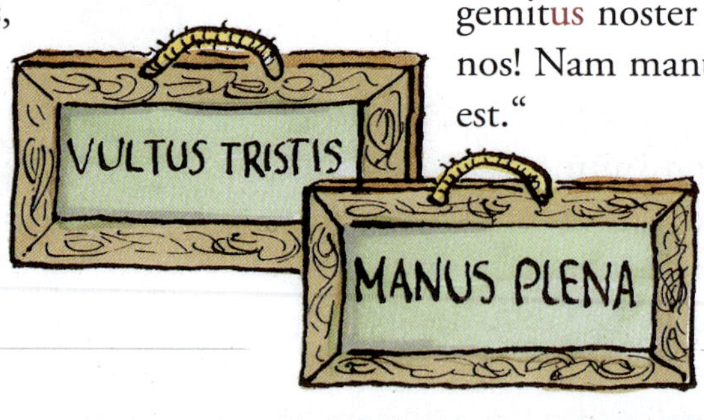

d) Übersetze und entscheide, ob es an den markierten Stellen -us oder -ūs lauten muss:
1. Magnus erat metus hominum. 2. Vultus hominum tristes erant. 3. Etiam gemitus saepe signum curae et metus est.
4. Homines magno cum gemitu clamant: „Iuppiter, metus nos torquet. 5. Itaque manus nostras ad caelum tendimus (tendere: strecken) et auxilium petimus. 6. Nonne gemitus noster te movet? 7. Serva nos! Nam manus tua salus nostra est."

I

Die Königszeit
Die römische Geschichte unterteilt man grob in drei Phasen: die Königszeit (753–509 v. Chr), die Zeit der Republik (509 v. Chr.–31 v. Chr.) und die Kaiserzeit (27 v. Chr.–476 n. Chr.). In der Königszeit herrschten sieben sagenhafte Könige, deren erster Romulus und deren letzter der Etrusker Tarquinius Superbus war. Dieser regierte von 534–509 v. Chr. Seinen Beinamen „der Hochmütige" bekam er wegen seiner grausamen und tyrannischen Machtausübung. Er war schuld daran, dass der Titel rex (König) in Rom nach ihm für immer verpönt war. Weil er vom Volk gehasst wurde, hatte er stets Angst vor einem Attentat.

Die Maske der Dummheit

Magnus erat metus Tarquinii Superbi: Subito enim vidit serpentem[1] in villa sua. Rex superbus metui temperare[2] non poterat; omnes signa metūs videbant. Tarquinius enim sentiebat serpentem signum deorum esse. Quia consilia eorum scire voluit, filios suos cum Bruto, filio sororis, ad oraculum Delphicum[3] misit. Primo fratres magno cum gemitu patrem rogabant: „Cur Brutum nobiscum mittis? An nescis eum stultum esse, pater?“ Tarquinius autem filios tacere et parere voluit. Ergo iuvenes cum Bruto portum petiverunt.

[1] serpēns, ntis *f* Schlange
[2] temperāre *m. Dat.* bändigen
[3] ōrāculum Delphicum das Orakel von Delphi (in Griechenland)

Brutus, der Neffe des Tarquinius, spielte aber nur den Dummen, um nicht als möglicher Konkurrent um den Thron ermordet zu werden. In Delphi sagte das Orakel voraus, dass derjenige über Rom herrschen werde, der als Erster die Mutter küsse.

Filii Tarquinii putaverunt id oraculum ad matrem suam pertinere. Sed Brutus statim terrae osculum[4] dedit. Fratres vultibus superbis Brutum riserunt: „Quid agis, puer stulte? Ecce manus tuas: Manus tuae sordidae[5] sunt. Talibus manibus numquam imperium tenebis.“ Brutus vultu laeto respondit: „Terrae, communi matri omnium, osculum dedi. Ego igitur in urbe nostra summam potestatem tenebo.“

[4] ōsculum Kuss
[5] sordidus schmutzig

Brutus hatte tatsächlich den Orakelspruch als Einziger richtig verstanden.

a) 1. Sammle die Begriffe, die die Gefühle der Hauptfiguren beschreiben. Zeige, wie sich der Verlauf der Geschichte in ihnen spiegelt. 2. Wie wird Brutus von den Söhnen des Tarquinius charakterisiert?

b) Kombiniere und übersetze dann:

1. Video vultus	fortium
2. Mulier clamavit gemitu	claris
3. Me delectat labor manuum	misero
4. Iam saepe fui in portibus	magnum
5. Sentisne metum	laetos

c) *plus* 1. König Tarquinius zeigte den Bürgern oft ein hochmütiges Gesicht. 2. Immer hatte er große Scharen von Soldaten (Gen.) rings um sich. 3. Den Freunden gab er mit° voller Hand (Abl.) Geschenke. 4. Tarquinius war froh, weil die Bürger ohne Seufzen gehorchten. 5. Die Bürger aber lebten in großer Angst.

Heinrich Leutemann: Das Orakel zu Delphi. Kolorierter Holzschnitt. Um 1865.

44

E

1. Filii Tarquinii ad Brutum: „Osculum (Kuss) tuum res stulta erat.
2. Semper res stultas fecisti.
3. Res stultae tibi semper placuerunt."
4. Brutus: „Osculum meum rem stultam fuisse dicitis.
5. Sed terra mater omnium rerum (omnis rei) est.
6. Nam terra omnibus rebus (omni rei) vitam dat."
7. Filii Tarquinii: „Neque eo osculo neque aliis rebus imperabis."
8. Brutus: „In eā re erratis.
9. Plenus spei sum; diem perniciei vestrae exspecto."

Ü

a) Buchstabensalat! Bilde mit folgenden Buchstaben so viele Formen von res wie möglich. Mehrfachverwendung ist erlaubt.

S - I - E - R - U - M

b) Dank Mutter Erde wachsen Blumen, wo einst Buchstaben standen. Welche Formen von res sind gemeint?

c) Suche die passende(n) Adjektivform(en) und bestimme jeweils Kasus, Numerus und Genus:

1. rerum (tristem / tristium / triste) 2. rebus (magna / magnus / magnis) 3. diem (bonum / bonam / bonos) 4. (ceteri / ceteris / ceteros) diebus 5. spe (magnā / magno / magni) 6. perniciei (turpi / turpe / turpis)

d) Ordne die Wörter so, dass sinnvolle Sätze entstehen, und übersetze:

1. spei est dies bonus plenus.
2. perniciem spes et vincit metum.
3. et verba rem tene venient.

e) Brutus – ein Dummkopf?

1. Tarquinius Superbus rex crudelis erat, qui pernicie bonorum civium gaudebat. 2. Brutus, quia perniciem suam timebat, tamquam vir stultus vivere studuit: 3. Profecto multas res miras fecit. 4. Iis rebus vitam suam servavit. 5. Numquam de salute desperabat: Spes Bruti semper valebat. 6. Tandem dies aderat, quo regem pellere potuit.

f) Was bedeutet medias in res gehen?

I

Der Fall Lukretia

Eines Tages unterhielten sich die jungen Prinzen des Tarquiniergeschlechtes, darunter Sextus, der Sohn des Tarquinius Superbus, und Collatinus über ihre Ehefrauen. Collatinus rühmte den Fleiß seiner Frau Lukretia. Um die anderen davon zu überzeugen, lud er sie zu einem nächtlichen Besuch bei Lukretia ein. Tatsächlich trafen die Prinzen Lukretia beim Wollespinnen an. Sextus aber verliebte sich augenblicklich in sie. Eines Nachts drang er mit Gewalt bei ihr ein und vergewaltigte sie. Am nächsten Morgen berichtete Lukretia das Verbrechen ihrem Mann, ihrem Vater und Brutus. Nachdem sie die Anwesenden um Rache gebeten hatte, brachte sie sich selbst mit einem Dolch um. Die Untat seines Sohnes führte schließlich zur Vertreibung des Tarquinius Superbus.

Die Befreiung von der Tyrannenherrschaft

T

Kaum ist der Trauerzug für Lukretia in der Stadt Collatia beendet, beginnen unter Führung des Brutus die Gegner des Tarquinius Superbus von dort aus nach Rom zu marschieren.

Res nova Romanos terruit: Viderunt viros per vias urbis properare, qui arma secum habebant. Primo causam eius rei non comprehenderunt. Subito autem media in turba virorum Brutum patremque tristem Lucretiae aspexerunt. Cum iis omnes viri forum petebant.
Ibi Brutus manu sua patrem Lucretiae ostendit: „Videte vultum tristem eius viri! Vos cuncti de mala fortuna eius audivistis. Adeste ei, adeste rei publicae! Tarquinius enim non solum eius viri perniciem cogitat: Nunc libertas et salus omnium civium in summo periculo sunt!
Res adversae civitatis ad vos omnes pertinebunt. Si libertatem servare vultis, pellite Tarquinium ex urbe!
Tarquinius multas res malas fecit! Si beatas res futuras desideratis, resistite consiliis malis tyranni[1]! Tum in rebus secundis vivetis. Mihi quidem spes bona est.“ Is dies finis Tarquinii Superbi fuit. Eo die cives tyrannos pepulerunt.

[1] tyrannus Gewaltherrscher

Tatsächlich wurde Tarquinius Superbus wenig später mit seiner Familie aus Rom verjagt. Damit war die Königsherrschaft in Rom für immer beendet. In der neugeschaffenen rēs pūblica lībera wurde Brutus zusammen mit seinem Kollegen Collatinus der erste Konsul.

Eduardo Rosales-Martinez: Der Tod der Lukretia. 19. Jh. Madrid, Casón del Buen Retiro.

V

a) 1. Mit welchen Schlüsselwörtern charakterisiert Brutus den Tarquinius als Tyrannen? 2. Belege anhand der Rede, dass Lukretia nur als Vorwand für die Vertreibung des Tarquinius dient. 3. Versuche an T zu erklären, inwiefern Brutus ein geschickter Redner ist.

b) Setze die eingeklammerten Substantive in den richtigen Fall. Übersetze anschließend:
1. in tristi (pernicies) 2. per multos (dies) 3. in (res) adversis 4. (res) futuras nescimus 5. magnam (spes) habeo 6. salus (res) publicae 7. copia omnium (res)

c) Übersetze:
1. Medio in foro sumus. 2. Media in via equi constiterunt. 3. Mediis in aquis stant.

d) Zum Nachdenken:
1. Manus manum lavat (wäscht).
2. Media in vita in morte sumus.

e) *plus* 1. Jupiter: „Die Menschen kennen die Zukunft nicht. 2. Sie sind froh, wenn sie im Glück leben. 3. Sie wollen immer frohe Tage erleben (sehen). 4. Deshalb erschreckt sie Unglück. 5. Aber sie verlieren niemals die Hoffnung.“

Hinweise zur Konzeption und zur Arbeit mit dem Wortschatz- und Grammatikteil

Der Wortschatz- und Grammatikteil enthält – übersichtlich und lernfreundlich aufbereitet – zu den einzelnen Lektionen die folgenden Bestandteile:

a) Wortschatz (W)

Dieser Teil bietet unter dem Stichwort **„Lernwörter"** alle in der Lektion neu zu lernenden Wörter und Wendungen, und zwar in der Reihenfolge, wie sie in T vorkommen.

Im **Graudruck** (eingerückt) stehen Wendungen, die nicht gelernt werden müssen, weil sie nur zur Verdeutlichung grammatischer Eigenschaften und Bedeutungen dienen (z.B. ad basilicam properare beim Erstvorkommen der Präposition ad oder populis imperare beim Erstvorkommen von imperare).
Im **Graudruck** (bündig) erscheinen Wörter, die nicht mehr gelernt werden müssen, weil sie beim Nachtrag einzelner Formen oder Bedeutungen noch einmal angeführt werden (z.B. scribere, scribo bei der Einführung von scripsi).

Als Zusatzangebot erscheinen ab Lektion 7 **„Wiederholungswörter"**, d.h. in T verwendete Vokabeln, deren Erlernen bereits einige Lektionen zurückliegt und die nun aufgefrischt werden sollten.
Die **Tabellen**, die mit einem * gekennzeichnet sind, enthalten alle Wörter der Lektion, die den neuen Grammatikstoff repräsentieren; dabei erscheinen manche Vokabeln im **Blaudruck**: Diese werden im Text- und Übungsteil bereits auf der linken Hälfte der Doppelseite eingeführt, weil sie beispielhaft den neuen Grammatikstoff darbieten (z.B. rogare, parare, vocare, intrare bei der Einführung der a-Konjugation).

b) Grammatik

Die grammatischen Erläuterungen sind einheitlich gegliedert nach Formenlehre (F) und Satzlehre (und / oder Semantik) (S).
Die Darbietung ist konsequent auf das für den Schüler Wichtige beschränkt, wobei Leseverstehen und Sprachreflexion als Hauptziele des Sprachunterrichts Auswahl und Umfang bestimmen.
Die sprachlichen Phänomene der Formenlehre werden in übersichtlichen Tabellen vorgeführt, die Stoffe der Satzlehre zumeist in induktiver Weise an Beispielsätzen erläutert. Diese Beispielsätze enthalten – soweit es der Stoff erlaubt – keine neuen Vokabeln, sodass die Grammatik vor der Behandlung des Lektionstextes besprochen werden kann.

c) Methodentraining (M)

Diese Teile schulen mit konkreten und praxisbezogenen Tipps reflektiertes und ökonomisches Lernen und Arbeiten. Sie zielen auf fachspezifische Methoden (z.B. Abfragen von Satzgliedern, Anwenden der Wortbildung, Unterscheiden von mehrdeutigen Formen) ebenso ab wie auf überfachliche Kompetenzen (z.B. Lerntechniken, Lernplanung, Methoden der Texterschließung).

Der Wortschatz- und Grammatikteil – Auf einen Blick

In T enthaltene **bekannte Wörter**, die hier aufgefrischt werden können

Neu zu lernende Wörter und Wendungen in der Reihenfolge von T

Graudruck (eingerückt): Wendungen zur Verdeutlichung grammatischer Eigenschaften und Bedeutungen

Graudruck (bündig): Wörter, zu denen Formen oder Bedeutungen nachgetragen werden

Zusammenfassung aller Repräsentanten des neuen Grammatikstoffs

Blaudruck: Beispielhafte Repräsentanten des neuen Grammatikstoffs auf der linken Seite der Lektion eingeführt

19

W Wiederholungswörter

invenīre	finden, erfinden	iam	schon, bereits; nun
dubitāre	zweifeln; zögern	parvus	klein, gering
placēre	gefallen	dōnum	Geschenk

Lernwörter

facere, faciō	machen, tun, handeln	*Faktum, e. fact*
sacrum	Opfer, Heiligtum	*Sakrament*
sacrum facere	ein Opfer bringen, opfern	
autem *(nachgestellt)*	aber, andererseits	
Puerī autem tacent.	Die Jungen aber schweigen.	
dēscendere, dēscendō	herabsteigen	*e. to descend*
nōnne?	(etwa) nicht?	
magis	mehr	
quam	als, wie	
Quam pulchrum est templum!	Wie schön ist der Tempel!	
magis ... quam	mehr ... als	
capere, capiō	fassen, nehmen; erobern	*kapieren*
aspicere, aspiciō	erblicken, ansehen	*Aspekt*
quīn?	warum nicht?	
summus, a, um	der höchste, oberste	*Summe*

facere, faciō	machen, tun, handeln
capere, capiō	fassen, nehmen, erobern
aspicere, aspiciō	erblicken, ansehen

188

19

Verben: Konsonantische Konjugation (i-Erweiterung)

F

Formenlehre (F)
und / oder Satzlehre (S)

i-Erweiterung

Infinitiv	cape-re *nehmen*	
	Singular	**Plural**
1. Person	capi-ō *ich nehme*	capi-mus *wir nehmen*
2. Person	capi-s *du nimmst*	capi-tis *ihr nehmt*
3. Person	capi-t *er (sie, es) nimmt*	capi-u-nt *sie nehmen*
Imperativ	cape *nimm!*	capi-te *nehmt!*

Bei einigen Verben, die zur konsonantischen Konjugation gezählt werden, endet der Wortstamm auf ein kurzes -i-. Daher gleichen viele Formen denen der i-Konjugation.

Vor -r (z.B. im Infinitiv) und im Imperativ Singular steht statt des kurzen -i- ein kurzes -e-. Um die Verben mit i-Erweiterung zu erkennen, muss man zusätzlich zum Infinitiv die 1. Pers. Sg. wissen.

Texte erschließen: Wort- und Sachfelder beachten

M

Praktische Tipps zum Erwerb von fachlichen und überfachlichen Methoden und Kompetenzen

Um – ggf. auch vor der Übersetzung – einen Text zu erschließen, genügt es oft, zu überprüfen, welche Wort- bzw. Sachfelder dieser enthält.

1. Ein **Wortfeld** wird gebildet von sinnverwandten Wörtern derselben Wortart.
   Beispiel: Wortfeld „reden, sprechen, sagen": vocare, respondere, rogare, monere

2. Ein **Sachfeld** wird gebildet von sinnverwandten Wörtern verschiedener Wortarten. (vgl. 11 M)
   Beispiel: Sachfeld „Lernen": discipulus, ludus, tabula, lingua, audire, scire, nescire, docere, laborare, rogare, probare, studere, laudare, scribere, ostendere
   Weitere Beispiele für Sachfelder: „Handel", „Politik", „Religion", „Leben in der Stadt", „Leben auf dem Land", „Reisen".

Die zu einem Wort- oder Sachfeld gehörenden Wörter können zwar unterschiedliche Bedeutungen haben, sie werden aber dadurch auf eine Bedeutung festgelegt, dass sie zusammen mit anderen Wörtern in einem bestimmten Kontext verwendet werden.

189

Auf den Grammatikseiten ist nur die Behandlung der Lernwörter (W), der Formenlehre (F) und der Satzlehre (S) obligatorisch. Die anderen Elemente – hier grün unterlegt – stellen ein Angebot dar, aus dem die Lehrkraft eine Auswahl nach entsprechenden methodischen bzw. didaktischen Kriterien treffen wird.

W Lernwörter

puella	Mädchen, Freundin	
serva	Sklavin, Dienerin	
silva	Wald	
via	Weg, Straße	
vīlla	Haus, Landhaus	*Villa, e./i./s. villa, f. ville*
avus	Großvater	
campus	Feld, freier Platz	*Camping, e. camp*
equus	Pferd	
mūrus	Mauer	*f. mur, i./s. muro*
servus	Sklave, Diener	*„Servus!"*
vīcus	Dorf, Gasse	
et	und, auch	*f. et, i./s. e*

Muttersprache Latein

Sehr viele lateinische Wörter leben in den modernen Fremdsprachen weiter, vor allem in den sogenannten romanischen Sprachen: Latein ist die „Muttersprache" für Italienisch, Spanisch, Französisch, Portugiesisch und Rumänisch. Am folgenden „Sprachenstammbaum" kannst du das Weiterleben von campus in diesen Sprachen verfolgen:

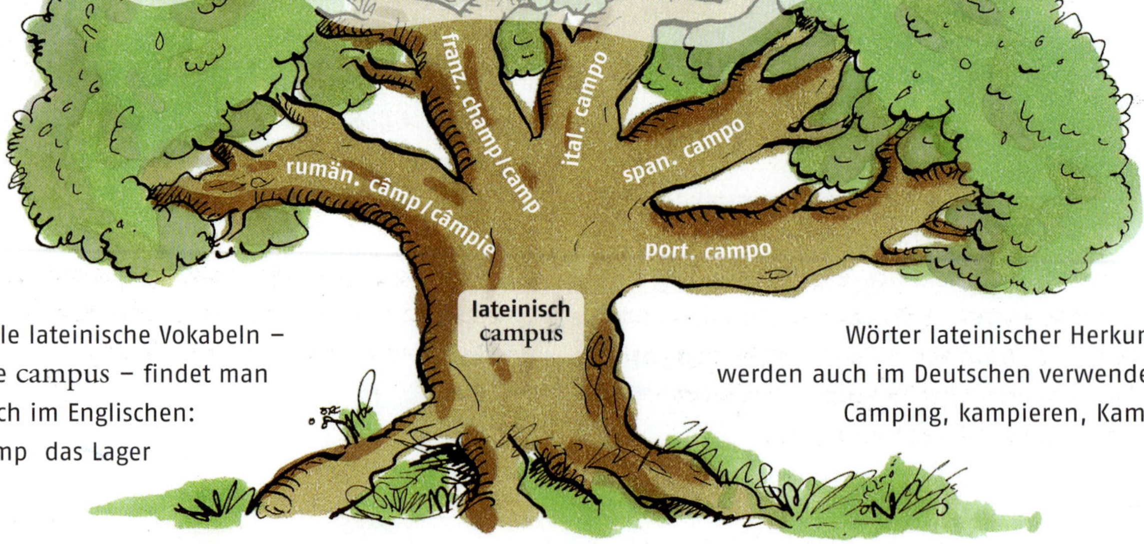

Viele lateinische Vokabeln – wie campus – findet man auch im Englischen: camp das Lager

Wörter lateinischer Herkunft werden auch im Deutschen verwendet: Camping, kampieren, Kampf

Substantive: a- / o-Deklination (Nominativ)

a-Deklination	Singular		Plural	
Nominativ	serv-**a**	*die Sklavin*	serv-**ae**	*die Sklavinnen*

o-Deklination	Singular		Plural	
Nominativ	serv-**us**	*der Sklave*	serv-**ī**	*die Sklaven*

a) Die lateinischen Wörter, die in diesem Kapitel vorkommen, sind **Substantive** (Namen- oder Hauptwörter).

b) Da es im Lateinischen keinen **Artikel** (Begleiter) gibt, muss man bei der Übersetzung entscheiden, ob der bestimmte Artikel (z.B. *der* Sklave, *die* Sklavin), der unbestimmte Artikel (z.B. *ein* Sklave, *eine* Sklavin) oder kein Artikel (z.B. Sklaven) einzusetzen ist. In den Tabellen steht nur der bestimmte Artikel.

c) Jedes lateinische Substantiv hat – wie auch jedes deutsche – ein bestimmtes **Genus** (grammatisches Geschlecht); wir unterscheiden:

Maskulinum	*m*	männliches Substantiv
Femininum	*f*	weibliches Substantiv
Neutrum	*n*	sächliches Substantiv

d) Jedes lateinische Substantiv kann einer **Deklinationsklasse** zugeordnet werden; wir unterscheiden zunächst zwei Deklinationsklassen, die a-Deklination (1. Deklination) und die o-Deklination (2. Deklination). Zur a-Deklination gehören Substantive mit der **Endung** -a, zur o-Deklination Substantive mit der Endung -us.

e) Im Deutschen erkennt man das Genus am Artikel, im Lateinischen oft an der Endung des Substantivs. Die Substantive der a-Deklination sind meist Feminina, die der o-Deklination auf -us meist Maskulina.
Das Genus eines lateinischen Substantivs kann mit dem des entsprechenden deutschen Substantivs übereinstimmen, z.B. serva *f* – *die Sklavin f*. Es kann aber auch davon abweichen, z.B. silva *f* – *der Wald m*.

f) Substantive treten im **Singular** (in der Einzahl) und im **Plural** (in der Mehrzahl) auf. Der Überbegriff zu Singular und Plural lautet **Numerus** (Zahl).

g) Man kann lateinische Substantive – wie auch deutsche – **deklinieren** (beugen), d.h. in verschiedene **Kasus** (Fälle) setzen, z.B. *der Sklave, des Sklaven, dem Sklaven, den Sklaven.*
In diesem Kapitel kommen die lateinischen Substantive nur im **Nominativ** vor; der Nominativ bezeichnet den 1. Fall.

h) Der Numerus, der Kasus und die Deklinationsklasse sind im Lateinischen an der Endung des Substantivs zu erkennen, z.B. -a oder -us.

W Lernwörter

esse	sein, sich befinden	
est	er (sie, es) ist	
sunt	sie sind	
rīdēre	lachen, auslachen	*i. ridere, f. rire*
nōn	nicht	*e. no, f./i. non*
cūr?	warum?	
pārēre	gehorchen	
monēre	mahnen, ermahnen	
dēbēre	müssen, sollen	
quid?	was?	
timēre	fürchten, Angst haben	
oculus	Auge	
dolēre	schmerzen, wehtun	
Homīlia serva	die Sklavin Homilia	
nunc *Adv.*	nun, jetzt	
tacēre	schweigen, verschweigen	

esse	sein, sich befinden	pārēre	gehorchen
rīdēre	lachen, auslachen	dēbēre	müssen, sollen
tacēre	schweigen, verschweigen	timēre	fürchten, Angst haben
monēre	mahnen, ermahnen	dolēre	schmerzen, wehtun

Verben: e-Konjugation / esse (3. Person, Infinitiv)

e-Konjugation

	Singular	Plural
Infinitiv	rīdē-**re** *lachen*	
3. Person	rīde-**t** *er (sie, es) lacht*	rīde-**nt** *sie lachen*

Hilfsverb esse

	Singular	Plural
Infinitiv	es-**se** *sein*	
3. Person	es-**t** *er (sie, es) ist*	su-**nt** *sie sind*

a) Auch **Verben** (Zeitwörter) bilden Formen im Singular und Plural. Zunächst treten die Verbformen nur im **Präsens** (in der Gegenwart) auf.
Man kann die Verben **konjugieren** (beugen), d.h. in die verschiedenen Personen setzen, z.B. *ich lache, du lachst, er (sie, es) lacht.*

b) Lateinische Verben können verschiedenen **Konjugationsklassen** zugeordnet werden; wir lernen zunächst nur die e-Konjugation kennen; sie ist benannt nach dem -ē- am Ende des **Wortstamms** (ridē-).

Die Formen des Hilfsverbs (esse) lassen sich keiner Konjugationsklasse zuordnen und müssen eigens gelernt werden.

c) Person und Numerus sind an der Endung der Verben zu erkennen. In diesem Kapitel kommen die lateinischen Verben nur im **Infinitiv** (in der Grundform) und in der 3. **Person** vor. Die 3. Person Singular endet auf **-t**, die 3. Person Plural auf **-nt**.
Der Infinitiv Präsens hat in der Regel die Endung **-re**.

S1 Subjekt und Prädikat

Serv*us* ride*t*.

Der Sklave lacht.

Serv*i* ride*nt*.

Die Sklaven lachen.

Der einfache lateinische Satz besteht – wie der deutsche – aus zwei Satzgliedern, nämlich aus **Subjekt** (Satzgegenstand) und **Prädikat** (Satzaussage). Nach dem Subjekt fragt man *„wer oder was?"*, nach dem Prädikat *„was wird ausgesagt?"*. Das Prädikat richtet sich im Numerus nach dem Subjekt. Diese Übereinstimmung nennt man **Kongruenz**.

S2 Substantiv als Prädikatsnomen und als Attribut

Cornelia *puella est.*

Cornelia *ist ein Mädchen.*

Cornelia puella ridet.

Das Mädchen Cornelia lacht.

Ein lateinisches Substantiv (im Nominativ) kann zusammen mit einer Form des Hilfsverbs das Prädikat bilden (hier: puella est). Das Substantiv wird in diesem Fall als **Prädikatsnomen** verwendet.
Ein Substantiv kann durch ein **Attribut** (eine Beifügung) erweitert werden. Das Substantiv puella erläutert als Attribut den Namen Cornelia.

Wörter lernen: Lerntechniken kennen

Es gibt verschiedene Techniken, wie du dir lateinische Wörter einprägen kannst:

1. Lernen mit dem Buch

Decke die lateinische Spalte des Wortschatzes ab. Lies die Bedeutungen des ersten Wortes und versuche, das lateinische Wort laut zu sagen. Durch Aufdecken kannst du überprüfen, ob die Lösung stimmt. Nun ist das nächste Wort an der Reihe. Übe so lange, bis du in einem Durchgang alle lateinischen Wörter nennen kannst. Mache es dann mit der deutschen Spalte genauso. Wenn du alle Wörter kannst, solltest du dich „durcheinander" abfragen lassen.

2. Lernen mit dem Vokabelheft

Die lateinischen Wörter und ihre deutschen Bedeutungen werden zweispaltig in ein Vokabelheft übertragen. Dann lässt sich dieselbe Abdecktechnik anwenden wie für das Lernen mit dem Buch. Ein Vorteil ist, dass du dir geschriebene Wörter leichter einprägst. Dann kannst du dich selber „durcheinander" abfragen: Du hakst z.B. die Vokabeln ab, die du kannst, und übst die übrigen weiter. Wörter, die gar nicht in deinen Kopf wollen, kannst du farbig markieren.

3. Lernen mit Vokabelkarten

Jede Vokabel eines Kapitels wird auf eine Karte übertragen (Vorderseite: lateinisches Wort, rechts oben: Kapitelnummer; Rückseite: deutsche Bedeutungen). Dabei lassen sich die Wörter z.B. nach Wortarten sortieren, wenn man verschiedenfarbige Karten verwendet (vgl. S. 150 unten). Präge dir die Vokabeln der Reihe nach ein wie bei Technik 1. Ob die von dir genannte Lösung richtig ist, ermittelst du durch Umdrehen der Karten. Besonders leicht kannst du dich hier „durcheinander" abfragen: Mische die Karten einfach und sortiere dann Wörter, die du nicht kannst, für einen zweiten Durchgang aus. Wenn du schon Wörter mehrerer Kapitel gelernt hast, empfiehlt sich die Benutzung einer Vokabelkartei, die eine fünfmalige Wiederholung verlangt (vgl. 8 M).

4. Lernen mit dem Computer

Bei der Verwendung eines Vokabelprogramms richtest du dich nach den Anweisungen dieses Programms.

Lernen mit	Material	Vorteil	Nachteil
dem Buch		wenig Aufwand	Selbstkontrolle nicht möglich
dem Vokabelheft	Vokabelheft	geringe Kosten; Einprägen durch Schreiben; Selbstkontrolle möglich	eventuell Fehler beim Abschreiben
Vokabelkarten	Karteikarten und Kasten	Einprägen durch Schreiben; Selbstkontrolle auch langfristig gut möglich	eventuell Fehler beim Abschreiben; eventuell Unvollständigkeit der Karten
dem Computer	Computerprogramm	Selbstkontrolle auch langfristig gut möglich	hohe Kosten

3

W Lernwörter

hīc *Adv.*	hier	
dominus	Herr	
ibī *Adv.*	dort	
sedēre	sitzen	*e. to sit, i. sedere*
sed	aber, sondern	
respondēre	antworten	*Kor-respondenz*
quis?	wer?	
augēre	vergrößern, vermehren	*Auktion*
neque	und nicht, auch nicht	
neque … neque	weder … noch	
terrēre	erschrecken	*Terrorist, e. terror, f. terreur*
lingua	Sprache, Rede	*e. language, f. langue, i. lingua, s. lengua*
nam	denn, nämlich	

M Übersetzen: Satzbauplan beachten

Avus	Corneliam et Iuliam	monet.
Der Großvater	ermahnt	Cornelia und Julia.

Beim Übersetzen musst du die unterschiedliche Satzstellung im Deutschen und Lateinischen beachten. Im Deutschen steht das Prädikat eines Aussagesatzes immer als zweites Satzglied, im Lateinischen meist an letzter Stelle.

Ziehe also bei der Übersetzung vom Lateinischen ins Deutsche das Prädikat nach vorne.
Zum Übersetzen vom Deutschen ins Lateinische kannst du das Prädikat vorläufig auf einem Zettel notieren und dann am Ende des Satzes einfügen.

Substantive: a- / o-Deklination (Akkusativ) F

a-Deklination	Singular		Plural	
Nominativ	serv-a	*die Sklavin*	serv-ae	*die Sklavinnen*
Akkusativ	serv-**am**	*die Sklavin*	serv-**ās**	*die Sklavinnen*

o-Deklination	Singular		Plural	
Nominativ	serv-us	*der Sklave*	serv-ī	*die Sklaven*
Akkusativ	serv-**um**	*den Sklaven*	serv-**ōs**	*die Sklaven*

Der **Akkusativ** bezeichnet den 4. Fall.

Akkusativ als Objekt S1

Avus *servum* monet.

Der Großvater ermahnt *den Sklaven*.

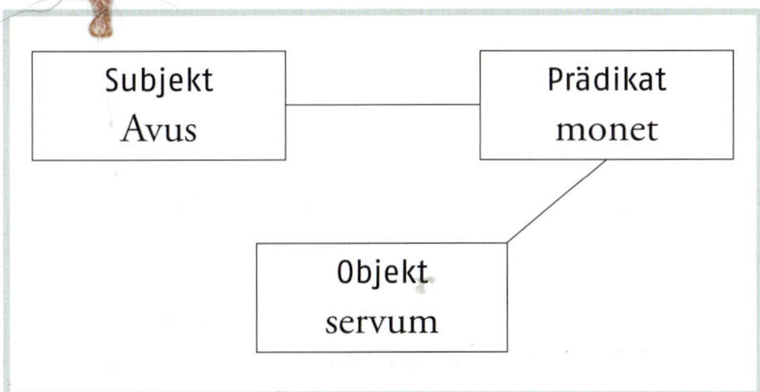

Der Akkusativ hat – wie im Deutschen – die Satzgliedfunktion des **Objekts** (der Satzergänzung). Objekte hängen vom Prädikat ab und ergänzen es. Nach dem **Akkusativobjekt** fragt man *„wen oder was?"*.

Subjekt im Prädikat S2

Rid*ent*.

Sie lachen.

Im Lateinischen kann das Subjekt auch im Prädikat (Endung!) enthalten sein. Bei der Übersetzung werden im Deutschen entsprechende Pronomina (Fürwörter) eingesetzt.

Wer oder was gemeint ist (z.B. *die Sklaven*, *die Mädchen*), ist aus dem Textzusammenhang bzw. dem vorausgehenden Satz zu erschließen.

W Lernwörter

gaudēre, gaudeō	sich freuen	*Gaudi*
amīcus	Freund	*f. ami, i. amico, s. amigo*
docēre, doceō	lehren, unterrichten	*dozieren, Dozent*
studēre, studeō	sich bemühen, studieren	*studieren, Student, e. to study*
tabula	(Schreib-)Tafel, Gemälde	*Tabelle, e./f. table, i. tavola*
tenēre, teneō	halten, festhalten, besitzen	
praebēre, praebeō	geben, hinhalten	
iam *Adv.*	schon, bereits; nun	
prīmō *Adv.*	zuerst	
tum *Adv.*	da, dann, darauf, damals	
rēctē *Adv.*	richtig, zu Recht	
nōn iam	nicht mehr	
saepe *Adv.*	oft	
numquam *Adv.*	niemals	*s. nunca*

Verben: e-Konjugation / esse (1. und 2. Person)

e-Konjugation	Singular		Plural	
1. Person	rīde-**ō**	*ich lache*	rīdē-**mus**	*wir lachen*
2. Person	rīdē-**s**	*du lachst*	rīdē-**tis**	*ihr lacht*
3. Person	rīde-t	*er (sie, es) lacht*	rīde-nt	*sie lachen*

Hilfsverb esse	Singular		Plural	
1. Person	su-**m**	*ich bin*	su-**mus**	*wir sind*
2. Person	es	*du bist*	es-**tis**	*ihr seid*
3. Person	es-t	*er (sie, es) ist*	su-nt	*sie sind*

Lernen planen: Grundsätze beachten

Ob du dir neue Wörter einprägst, einen neuen Grammatikbaustein oder sonst irgendeinen neuen Inhalt lernst, in jedem Fall solltest du die folgenden Grundsätze beachten, um Gelerntes dauerhaft im Gedächtnis zu verankern:

1. Lerne mit verschiedenen Sinnen.
Du behältst die Wörter oder Stoffe leichter, wenn du mehrere Kanäle, d.h. Sinne, am Lernprozess beteiligst. Präge dir z.B. Wörter nicht nur über die Augen ein, sondern nimm sie auch über die Ohren auf: **Lies** sie also nicht nur, sondern **sprich** sie laut. Stoffe, die du dir schlecht merken kannst, solltest du auch **schreiben**. Zusätzlich ist es vorteilhaft, wenn du mit ihnen etwas **tust**: Hefte sie z.B. an eine Pinnwand, zeichne einzelne Vokabeln, gestalte ein Plakat oder lerne, indem du anderen den Stoff noch einmal erklärst.

2. Teile dir den Stoff in Portionen ein.
Unser Gedächtnis kann eine größere Menge an Stoff leichter speichern, wenn wir ihn in kleinere Portionen einteilen. Wenn du z.B. zehn neue Vokabeln lernen musst, solltest du zwei Gruppen daraus machen und diese nacheinander lernen, mit einer kurzen Pause dazwischen.
Bis zu sieben Stoffbausteine, also z.B. Vokabeln, kann das Gedächtnis auf einmal speichern.

3. Lerne konzentriert.
Um zügig und erfolgreich zu lernen, brauchst du einen ruhigen Arbeitsplatz, der es dir ermöglicht, dich ganz auf deine Aufgaben zu konzentrieren. Räume also alles, was dich ablenken könnte, von deinem Schreibtisch weg. Auch Musik beeinträchtigt die Konzentration. Auf keinen Fall solltest du deine Hausaufgaben auf den Abend verschieben; wenn du müde bist, ist konzentriertes Arbeiten nicht möglich.

W Lernwörter

sonus	Ton, Klang, Geräusch	*Sonate, Re-sonanz*
latēre, lateō	verborgen sein	*latent*
subitō *Adv.*	plötzlich	
gladius	Schwert	*Gladiole, Gladiator*
torquēre, torqueō	drehen; quälen	
scelerātus	Verbrecher	
flēre, fleō	weinen, beweinen	
placēre, placeō	gefallen	
cui?	wem?	
statim *Adv.*	sofort	
etiam	auch, sogar	
iterum *Adv.*	wiederum, zum zweiten Mal	
itaque	deshalb	
tantum *Adv. (nachgestellt)* Lingua tantum servōs terret.	nur Nur die Sprache erschreckt die Sklaven.	

Substantive: a- / o-Deklination (Dativ)

a-Deklination	Singular		Plural	
Nominativ	serv-a	*die Sklavin*	serv-ae	*die Sklavinnen*
Dativ	serv-**ae**	*der Sklavin*	serv-**īs**	*den Sklavinnen*
Akkusativ	serv-am	*die Sklavin*	serv-ās	*die Sklavinnen*

o-Deklination	Singular		Plural	
Nominativ	serv-us	*der Sklave*	serv-ī	*die Sklaven*
Dativ	serv-**ō**	*dem Sklaven*	serv-**īs**	*den Sklaven*
Akkusativ	serv-um	*den Sklaven*	serv-ōs	*die Sklaven*

Der **Dativ** bezeichnet den 3. Fall.

Dativ als Objekt

Servus *domino* respondet.

Der Sklave antwortet *dem Herrn.*

Servus *domino* tabulam praebet.

Der Sklave gibt *dem Herrn* die Tafel.

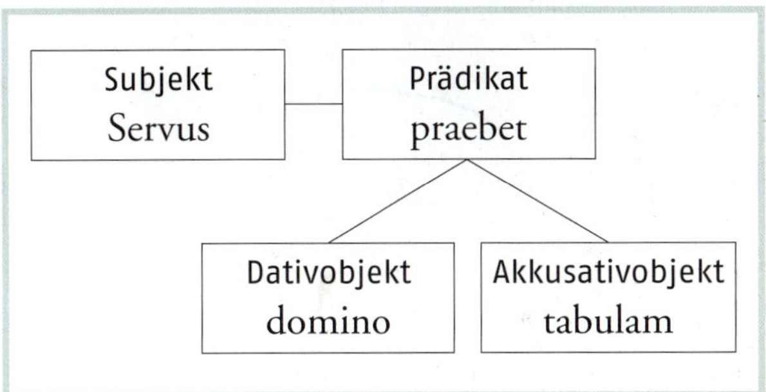

Nach dem **Dativobjekt** fragt man *„wem?"*.

Der Dativ ergänzt als Objekt auch Verben, die schon ein Akkusativobjekt bei sich haben (z.B. praebet). Welche und wie viele Objekte stehen können oder müssen, wird durch das Prädikat festgelegt.

6

W Lernwörter

cibus	Nahrung, Speise, Futter	
habēre, habeō	haben, halten	*e. to have*
complēre, compleō	anfüllen, auffüllen	*komplett, e. to complete*
cōpia	Menge, Vorrat	*Kopie, kopieren, e. copy*
aqua	Wasser	*Aquarium, i. acqua*
ventus	Wind	*Ventil, Ventilator*
dēlēre, dēleō	zerstören, vernichten	
adhūc *Adv.*	bis jetzt, noch	
populus	Volk	*populär, e. people*
Aeolus	Äolus *(Herr über die Winde)*	
deus	Gott, Gottheit	*f. dieu, i. dio, s. dios*
profectō *Adv.*	sicherlich, tatsächlich	
grātia	Dank	*Grazie, i. grazie*
grātiam habēre	danken	
semper *Adv.*	immer	*i. sempre, s. siempre*

F1 Verben: e-Konjugation / esse (Imperativ)

e-Konjugation	Singular	Plural
Imperativ	rīdē *lache!*	rīdē-**te** *lacht!*

Hilfsverb esse	Singular	Plural
Imperativ	es *sei!*	es-**te** *seid!*

Der **Imperativ** ist die Befehlsform.

Lateinische Verbformen geben außer der Person und dem Numerus (Sg. bzw. Pl.) u.a. auch den **Modus** (die Aussageweise) an.

Nach dem **Indikativ** (der sog. Wirklichkeitsform, z.B. *er lacht*) lernst du nun den **Imperativ** (die Befehlsform, z.B. *lache!*) kennen.

Substantive: a- / o-Deklination (Vokativ)

Respondē, puell-a! Antworte, *Mädchen!*	Respondē, serv-e! Antworte, *Sklave!*
Respondēte, puell-ae! Antwortet, *Mädchen!*	Respondēte, serv-ī! Antwortet, *Sklaven!*

Der **Vokativ** (5. Fall) ist ein eigener Kasus, um jemanden anzureden.
Die Formen sind im Allgemeinen denen des Nominativs gleich.

Ausnahme: Bei Substantiven der o-Deklination auf -us hat der Vokativ Sg. die Endung -e.
Der Vokativ wird in den Deklinationstabellen nicht eigens aufgeführt.

Wörter lernen: an Bekanntes anknüpfen

Ein neuer Stoffbaustein wird leichter behalten, wenn man an Bekanntes anknüpfen kann:

1. Von deutschen Fremd- und Lehnwörtern ausgehen
Die lateinische Sprache lebt im Deutschen weiter, und zwar in Fremd- und Lehnwörtern.
Die lateinischen Wörter, die als **Fremdwörter** in das Deutsche eingedrungen sind, haben ihre ursprüngliche lateinische Form weitgehend beibehalten, z.B. *die Villa* (lat. villa). Zu den Fremdwörtern gehören etwa auch *Student* (vgl. lat. studere) oder *Dozent* (vgl. lat. docere).
Die **Lehnwörter** wurden zusammen mit den Dingen, die sie bezeichneten, in die deutsche Sprache „entlehnt". Man erkennt ihre fremde Herkunft nicht gleich, da sie ihre Form und ihre Laute an das Deutsche angeglichen haben, z.B. *Tafel* (vgl. lat. tabula) oder *Mauer* (lat. murus).
Da dir viele Fremd- und Lehnwörter bekannt sind, kannst du dir mit ihrer Hilfe die lateinischen Herkunftswörter leicht merken. Sie werden im Wortschatz als Lernhilfe immer angegeben.

2. Vokabeln anderer Sprachen nutzen
Da sehr viele Wörter der „Muttersprache Latein" (vgl. S. 146) in anderen Sprachen weiterleben, lassen sich Bezüge zu Vokabeln dieser Sprachen nutzen, um sich lateinische Wörter zu merken. Vielleicht hast du in Italien an Straßenschildern das Wort *via* (vgl. lat. via) schon einmal gelesen oder du hast gehört, wie sich jemand im Restaurant *acqua* (vgl. lat. aqua) bestellt und nach Erhalt *grazie* (vgl. lat. gratia) gesagt hat.

3. Eselsbrücken erfinden
Wenn dir keine Verwandtschaft zwischen einem deutschen oder fremdsprachlichen Wort mit einer lateinischen Vokabel einfällt, kannst du dir mit Eselsbrücken helfen: copia kannst du dir z.B. mit dem Ausdruck „eine *Menge Kopien*" merken, monere vielleicht mit dem Satz: „Her mit den *Moneten*!", *mahnt* der Räuber. – Oder: Herr *Semper* geht *immer* spazieren.
Deiner Fantasie sind keine Grenzen gesetzt ...

W Wiederholungswörter

flēre	weinen, beweinen	itaque	deshalb
praebēre	geben, hinhalten	dēbēre	müssen, sollen
subitō	plötzlich	augēre	vergrößern, vermehren

Lernwörter

valēre, valeō	gesund sein, stark sein, Einfluss haben	
valē! valēte!	Leb wohl! Lebt wohl!	
lacrima	Träne	*i. lacrima, s. lágrima*
vidēre, videō	sehen	*Video*
movēre, moveō	bewegen, beeindrucken	*e. to move*
tandem *Adv.*	endlich	
mox *Adv.*	bald	
turba	(Menschen-)Menge	*Trubel*
patēre, pateō	offenstehen	
īnsula	Insel; Wohnblock	*f. île, i. isola, s. isla*
Rōma	Rom	
amīca	Freundin	*amīcus, f. amie, s. amiga*
laetitia	Freude	

Anhand dieser Rekonstruktion der Insula 6, Region I, in Pompeji ist gut zu erkennen, warum die Römer einen Wohnblock mit dem Begriff „insula" gleichsetzten: Der Gebäudekomplex ist ringsum von Straßen umgeben – wie eine Insel im Meer.

Substantive: a- / o-Deklination (Genitiv)

a-Deklination	Singular		Plural	
Nominativ	serv-a	*die Sklavin*	serv-ae	*die Sklavinnen*
Genitiv	serv-**ae**	*der Sklavin*	serv-**ārum**	*der Sklavinnen*
Dativ	serv-ae	*der Sklavin*	serv-īs	*den Sklavinnen*
Akkusativ	serv-am	*die Sklavin*	serv-ās	*die Sklavinnen*

o-Deklination	Singular		Plural	
Nominativ	serv-us	*der Sklave*	serv-ī	*die Sklaven*
Genitiv	serv-**ī**	*des Sklaven*	serv-**ōrum**	*der Sklaven*
Dativ	serv-ō	*dem Sklaven*	serv-īs	*den Sklaven*
Akkusativ	serv-um	*den Sklaven*	serv-ōs	*die Sklaven*

Der **Genitiv** bezeichnet den 2. Fall.

Genitiv als Attribut

Serva *amicae* equum *avi* timet.

Die Sklavin *der Freundin* fürchtet das Pferd *des Großvaters*.

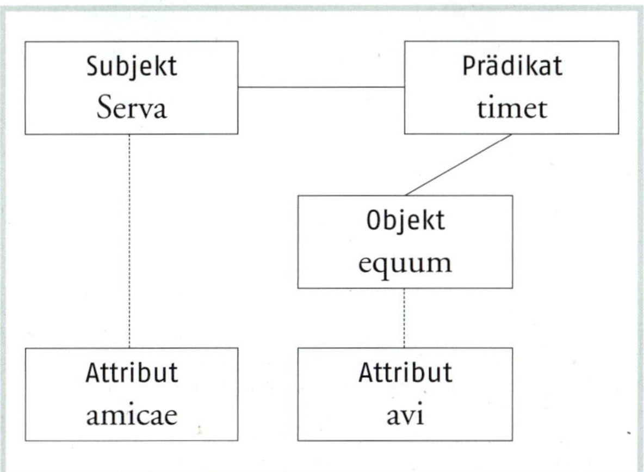

Als **Attribut** (Beifügung) bezeichnet der Genitiv die Zugehörigkeit zu einer Person oder Sache (Genitiv der Zugehörigkeit).
Nach dem **Genitiv** fragt man „*wessen?*".

Das Attribut kann als Satzgliedteil z.B. zum Subjekt oder Objekt hinzutreten.

M Lernen planen: Hausaufgaben machen

Grundsätzlich gilt:

1. Hausaufgaben beginnen im Unterricht!
Je mehr du dir vom Lernstoff durch aufmerksame Teilnahme am Unterricht bereits in der Schule einprägst, desto leichter und schneller gehen dir die Hausaufgaben von der Hand.

2. Planung ist alles!
→ Trage alle Hausaufgaben, die bis zu einem bestimmten Tag gemacht werden müssen, in einen Wochenplan (Beispiel: s.u.) ein.
→ Räume deinen Hausaufgaben täglich genügend Zeit ein.
→ Teile deine Hausaufgaben in überschaubare Portionen ein.

3. Abwechslung macht Spaß!
→ Wechsle ab zwischen mündlichen und schriftlichen Aufgaben.
→ Beginne mit etwas Leichtem, spare dir aber das Schwierige nicht bis zum Ende auf.

Für Latein gilt außerdem:

4. Genauigkeit ist angesagt!
→ Lerne bei den Vokabeln jeden Buchstaben.
→ Lerne alle ergänzenden Angaben im Vokabelteil mit, z.B. bei den Verben die 1. Pers. Sg.

5. Übung macht den Meister!
→ Wiederhole die im Unterricht übersetzten und verbesserten Texte so gut, dass du sie flüssig wiedergeben kannst; so schleifen sich Wendungen ein und du gewinnst Sprachsicherheit. Außerdem sorgst du durch regelmäßiges Wiederholen dafür, dass dir das Lernen immer leichter fällt; denn die Leistungsfähigkeit des Gedächtnisses lässt sich trainieren.
→ Erledige schriftliche Hausaufgaben besonders sorgfältig; notiere dir alles, was du dabei nachschlagen musstest, und präge es dir anschließend nochmals ein.

Mo
Latein: ~~6T wiederholen, 4–6 W~~
Mathe: ~~S. 22 Regeln~~!
Deutsch: ~~Kommaregeln~~!

Die
Musik: Flöte!
Latein: 7W–7F–7Ü, b und d
Geogr.: Atlas! Hefteintrag

Mi
Deutsch: Aufsatz verbessern
Mathe: S. 24, Übung a–c
Sport: Turnschuhe!

Do
Mathe:
NuT: Buch S. 17
Latein:

Fr

Mitteilungen

8

Wiederholungswörter

W

lingua	Sprache, Rede	statim	sofort
cibus	Nahrung, Speise, Futter	prīmō	zuerst
itaque	deshalb	profectō	sicherlich, tatsächlich

Lernwörter

domina	Herrin, Dame	*dominus*
rogāre, rogō	bitten, fragen	
amāre, amō	lieben	*Amateur, f. aimer, i. amare, s. amar*
parāre, parō	(vor)bereiten, vorhaben *(m. Inf.)*; erwerben	*parat, prä-parieren, re-parieren*
labōrāre, labōrō	arbeiten, sich anstrengen	*Labor*
vocāre, vocō	nennen, benennen, rufen	*Vokal, Vokativ*
properāre, properō	eilen, sich beeilen	
cēna	Mahlzeit, Essen	
fīlia	Tochter	
intrāre, intrō	betreten, eintreten	
mēnsa	(Ess-)Tisch	*Mensa*
ōrnāre, ōrnō	ausstatten, schmücken	
sīc *Adv.*	so	
dēlectāre, dēlectō	erfreuen, unterhalten	

parāre, parō	(vor)bereiten, vorhaben *(m. Inf.)*; erwerben	amāre, amō	lieben
		labōrāre, labōrō	arbeiten, sich anstrengen
vocāre, vocō	nennen, benennen, rufen	properāre, properō	eilen, sich beeilen
intrāre, intrō	betreten, eintreten	ōrnāre, ōrnō	ausstatten, schmücken
rogāre, rogō	bitten, fragen	dēlectāre, dēlectō	erfreuen, unterhalten

F Verben: a-Konjugation

a-Konjugation				
Infinitiv	rogā-**re**	*bitten, fragen*		
	Singular		**Plural**	
1. Person	rog-**ō**	*ich bitte*	rogā-**mus**	*wir bitten*
2. Person	rogā-**s**	*du bittest*	rogā-**tis**	*ihr bittet*
3. Person	roga-**t**	*er (sie, es) bittet*	roga-**nt**	*sie bitten*
Imperativ	rogā	*bitte!*	rogā-**te**	*bittet!*

Die a-Konjugation ist benannt nach dem -ā- am Ende des Wortstamms (rogā-).

Die Endungen sind die gleichen wie bei den Verben der e-Konjugation. Beachte: rog-ō aus roga-ō.

M Wörter wiederholen

Dass man gelernten Stoff schnell wieder vergisst, wenn man nicht wiederholt, zeigt folgende Kurve:

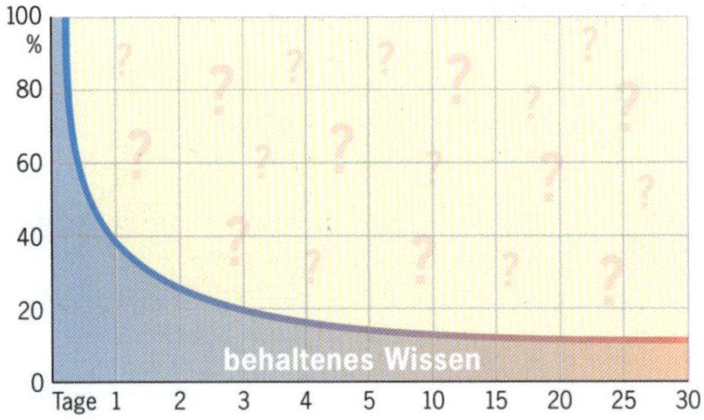

Vor allem Wörter muss man gezielt wiederholen. Beachte dabei Folgendes:

1. Erst wenn du ein Wort auch nach der fünften Wiederholung noch beherrschst, kannst du dir sicher sein, dass es im Gedächtnis verankert ist. Sinnvoll sind deshalb **fünf Wiederholungen** in immer größeren Zeitabständen, z.B.:

1. WH	am Abend des ersten Lernens
2. WH	am nächsten Tag
3. WH	nach weiteren zwei Tagen
4. WH	am Wochenende
5. WH	vor der Prüfungsarbeit

2. Alle Wörter, die du bei einer der fünf Wiederholungen nicht kannst, musst du **aussortieren**: Du kannst diese aus dem Kapitelwortschatz herausschreiben, im Vokabelheft markieren oder die Vokabelkarte aussortieren. Diese Wörter werden wieder neu gelernt und müssen noch einmal fünf Wiederholungen „überstehen".

Zusätzlich zu dieser systematischen Art der Wiederholung musst du Vokabeln, die dir beim Übersetzen nicht einfallen, notieren und ebenfalls wiederholen. Nimm dir jeden Tag zusätzlich zu dem, was du als Hausaufgabe bekommen hast, etwa 15 Minuten Zeit, um „alte" Vokabeln „aufzufrischen".

Wiederholungswörter

complēre	anfüllen, auffüllen	gladius	Schwert
studēre	sich bemühen, studieren	populus	Volk
respondēre	antworten	adhūc	bis jetzt, noch

Lernwörter

familia	Familie	*e. family, f. famille, i. famiglia, s. familia*
bene *Adv.*	gut	*f./s. bien, i. bene*
cēnāre, cēnō	essen	*cēna*
spectāre, spectō	betrachten, anschauen, hinsehen	
unde?	woher?	
diū *Adv.*	lange (Zeit)	
dubitāre, dubitō	zweifeln; zögern *(m. Inf.)*	*e. to doubt*
Rōmānus	Römer, Einwohner Roms	
pūgna	Kampf	
pūgnāre, pūgnō	kämpfen	
superāre, superō	besiegen, überwinden, übertreffen	*i. superare, s. superar*
Syria	Syrien	
patria	Heimat	*f. patrie, i./s. patria*
prōvincia	Provinz	*Provence, e./f. province, i./s. provincia*
Eurōpa	Europa	
Asia	Asien	
Āfrica	Afrika	
dolus	List, Täuschung	
iniūria	Unrecht, Beleidigung	
captīvus	Kriegsgefangener	
fīlius	Sohn	*fīlia, f. fils, i. figlio*

F Substantive: a- / o-Deklination (Ablativ)

a-Deklination	Singular		Plural	
Nominativ	cēn-a	*die Mahlzeit*	cēn-ae	*die Mahlzeiten*
Genitiv	cēn-ae	*der Mahlzeit*	cēn-ārum	*der Mahlzeiten*
Dativ	cēn-ae	*der Mahlzeit*	cēn-īs	*den Mahlzeiten*
Akkusativ	cēn-am	*die Mahlzeit*	cēn-ās	*die Mahlzeiten*
Ablativ	cēn-**ā**	*mit der Mahlzeit, durch die Mahlzeit*	cēn-**īs**	*mit den Mahlzeiten, durch die Mahlzeiten*

o-Deklination	Singular		Plural	
Nominativ	vent-us	*der Wind*	vent-ī	*die Winde*
Genitiv	vent-ī	*des Windes*	vent-ōrum	*der Winde*
Dativ	vent-ō	*dem Wind*	vent-īs	*den Winden*
Akkusativ	vent-um	*den Wind*	vent-ōs	*die Winde*
Ablativ	vent-**ō**	*mit dem Wind, durch den Wind*	vent-**īs**	*mit den Winden, durch die Winde*

Der **Ablativ** bezeichnet den 6. Fall. Er ist ein Kasus, den es im Deutschen nicht gibt. Die Übersetzung erfolgt oft mit Hilfe einer Präposition (eines Verhältniswortes), z.B. *mit* oder *durch*.

Das -ā wird als Ablativendung lang gesprochen; zunächst wird in den Texten und Übungen die Länge durch einen Querstrich markiert (-ā).

S Ablativ als Adverbiale: Ablativ des Mittels

Aeolus servos *vento* terret.

Äolus erschreckt die Sklaven *durch den Wind (mit dem Wind).*

In einem Satz kann neben Subjekt, Prädikat und Objekt als Satzglied noch das **Adverbiale** (die Umstandsbestimmung) auftreten. Das Adverbiale hängt vom Prädikat ab und erläutert es.

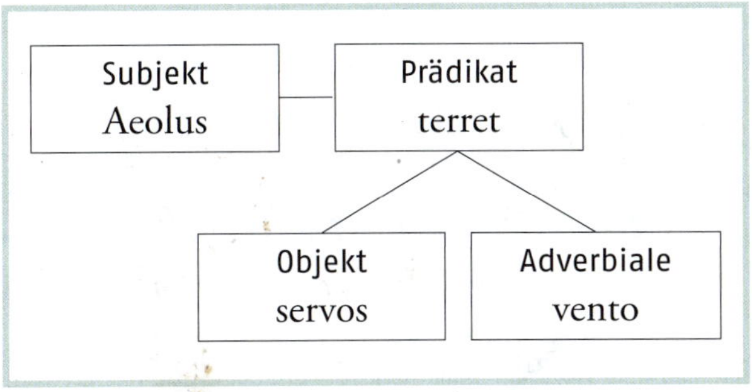

In der Satzgliedfunktion des Adverbiales kommt häufig der Ablativ vor.
Als **Ablativ des Mittels** (Ablativus instrumentalis) gibt er an, womit etwas getan wird.
Man fragt *„womit?"* oder *„wodurch?"*.

Lernen planen: Prüfungen vorbereiten

Der Stoff, der in einer Schulaufgabe oder Klassenarbeit geprüft wird, erstreckt sich über einige Kapitel. Für spätere Prüfungen muss zusätzlich das Grundwissen „aufgefrischt" werden:

1. Wiederhole alle **Vokabeln**. Sortiere dabei die Wörter aus, die du nicht kannst, und übe sie so lange, bis du sie sicher beherrschst.
2. Wiederhole die aktuelle **Grammatik**.
3. Bearbeite alle **Übersetzungen** und **Übungen**, die verbessert im Heft stehen, noch einmal, am besten schriftlich. Vergleiche deine Lösung sorgfältig mit der richtigen Lösung im Heft und versuche die Art des Fehlers, den du gemacht hast, zu erkennen.

Da in deinem Kopf ein heilloses Durcheinander herrschen würde, wenn du alles auf einmal wiederholen würdest, solltest du spätestens eine Woche vor dem Termin der Arbeit mit einer gezielten Vorbereitung beginnen: Erstelle dir dazu einen **Zeitplan**. Plane für jeden Tag ein bestimmtes Pensum aus 1., 2. und 3. ein. Beginne dabei mit dem zuletzt gelernten Stoff, da dieser erfahrungsgemäß noch am wenigsten im Gedächtnis verankert ist. Für den Tag vor der Schulaufgabe solltest du dir nichts Neues mehr vornehmen.

Beispiel:

	1. Wortschatz	2. Grammatik	3. Übersetzung und Übung
1. Tag	9, 8	Ablativ	9 T, 9 Ü d, 9 V c, 8 Ü f, 8 V c
2. Tag	7, 6	a-Konjugation, Genitiv	8 T, 7 T, 7 Ü e, 7 V c
3. Tag	5, 4	Vokativ, Imperativ, Dativ	6 T, 5 T, II plus T
4. Tag	3–1	alle Personen (e-Konjug. / esse)	4 T, 6 V c, 5 V c
5. Tag	9–7	Akkusativ	3 T, 5 V d, 4 V c
6. Tag	6–4	Nominativ, Subjekt und Prädikat	2 T, 4 Ü d, I plus T, 3 V d, 2 V d
7. Tag	3–1	– – – – – –	9 T, 8 T

10

W Wiederholungswörter

dēlectāre	erfreuen, unterhalten	intrāre	betreten, eintreten
ōrnāre	ausstatten, schmücken	properāre	eilen, sich beeilen
labōrāre	arbeiten, sich anstrengen	dubitāre	zweifeln; zögern

Lernwörter

cottīdiē *Adv.*	täglich	
vigilāre, vigilō	wachen; unermüdlich tätig sein	
thēsaurus	Schatz	*Tresor*
invītāre, invītō	einladen	*e. to invite, f. inviter, i. invitare, s. invitar*
cavus	Höhle	*e./f. cave*
modestia	Anstand, Bescheidenheit	*e. modest*
luxuria	Luxus, Genusssucht	
noctū *Adv.*	nachts	
appropinquāre, appropinquō	sich nähern	
recūsāre, recūsō	zurückweisen, ablehnen	

M Übersetzen: Satzglieder abfragen

Aeolus saepe villas vento delet.

Suche und übersetze in längeren Sätzen erst das Prädikat (hier: delet *er (sie, es) zerstört*). Frage dann nach den einzelnen Satzgliedern bzw. Kasus. Beantworte deine Frage zuerst lateinisch – indem du ein Wort oder mehrere Wörter mit der entsprechenden Kasusendung suchst –, dann deutsch.

Wer oder was (zerstört)?	**Subjekt:** Nominativ	Aeolus	**Äolus** zerstört.
Wen oder was (zerstört Äolus)?	**Objekt:** Akkusativ	villas	Äolus zerstört **Häuser**.
Wem ...?	**Objekt:** Dativ	–	–
Wessen (mit Bezugswort) ...?	**Attribut:** Genitiv	–	–
Womit, wodurch ...?	**Adverbiale:** Ablativ	vento	Äolus zerstört Häuser **durch Wind**.

Übersetze schließlich die unveränderlichen Wörter (hier: saepe):

Oft zerstört Äolus Häuser durch Wind.

Wiederholungswörter

patēre	offenstehen	vidēre	sehen
monēre	mahnen, ermahnen	quis?	wer?
cūr?	warum?	tantum	nur

Lernwörter

exspectāre, exspectō	warten (auf), erwarten	*spectāre, e. to expect*
venīre, veniō	kommen	*f./s. venir, i. venire*
audīre, audiō	hören	*Audienz, „Audi"*
nihil	nichts	
lūdus	Spiel; Schule	
scīre, sciō	wissen, kennen, verstehen	*e. science*
Crēta	Kreta *(Insel im Mittelmeer)*	
dēsīderāre, dēsīderō	sich sehnen nach, vermissen	*e. to desire*
patriam dēsīderāre	sich nach der Heimat sehnen	
ubī?	wo?	
nescīre, nesciō	nicht wissen, nicht kennen, nicht verstehen	*scīre*
Sicilia	Sizilien *(Insel im Mittelmeer)*	
Aetna	Ätna *(Vulkan auf Sizilien)*	
Vulcānus	Vulkan(us) *(Gott des Feuers)*	
habitāre, habitō	wohnen, bewohnen	

venīre, veniō	kommen	nescīre, nesciō	nicht wissen, nicht kennen, nicht verstehen
audīre, audiō	hören		
scīre, sciō	wissen, kennen, verstehen		

F Verben: i-Konjugation

i-Konjugation

Infinitiv	venī-re	*kommen*		
	Singular		**Plural**	
1. Person	veni-ō	*ich komme*	venī-mus	*wir kommen*
2. Person	venī-s	*du kommst*	venī-tis	*ihr kommt*
3. Person	veni-t	*er (sie, es) kommt*	veni-u-nt	*sie kommen*
Imperativ	venī	*komm!*	venī-te	*kommt!*

Die i-Konjugation ist benannt nach dem -ī- am Ende des Wortstamms (venī-).
Die Endungen sind die gleichen wie bei den Verben der a- und e-Konjugation.

In der 3. Pers. Pl. wird zwischen Wortstamm und Endung der Vokal (Selbstlaut) -u- eingefügt, der als Bindevokal bezeichnet wird.

M Wörter lernen: Gruppen bilden (1)

Für alle Lerninhalte gilt: Man merkt sie sich leichter, wenn man sie vorher strukturiert. Neue Vokabeln lassen sich nach verschiedenen Kriterien ordnen:

1. **nach Wortarten:** Wortschatz 11 enthält z.B. Verben, Substantive und „unveränderliche Wörter". Sortiere die Wörter nach diesen drei Gruppen und präge dir die Gruppen nacheinander – mit Pausen dazwischen – ein.

2. **nach Wortfamilien:** Auch verwandte Wörter lassen sich finden, z.B. gehören scire und ne-scire derselben Wortfamilie an.

scire	pugna
ne- scire	pugna -re

3. **mit Hilfe der Geschichtentechnik:** Eine wirkungsvolle und meist recht unterhaltsame Methode, Ordnung sogar in völlig zusammenhangslose Einzelteile zu bringen, ist die Geschichtentechnik. Erfinde einfach eine möglichst interessante Geschichte, in der die neuen Wörter, vor allem die, die du dir schwer merken kannst, vorkommen:

   An einem schönen Sommertag wartet (**exspectare**) Ulrike vor der Schule (**ludus**) auf ihre Freundin Monika. Diese aber kommt (**venire**) nicht. Ulrike denkt: „Ich weiß nicht (**nescire**): Wo (**ubi**) bleibt sie denn? Wahrscheinlich hat sie ihren Wecker nicht gehört (**audire**)!" …

12

Wiederholungswörter

W

semper	immer	rēctē	richtig, zu Recht
bene	gut	populus	Volk
deus	Gott, Gottheit	iterum	wiederum, zum zweiten Mal

Lernwörter

discipulus	Schüler	
libenter *Adv.*	gerne	
ingenium	Begabung, Talent, Verstand	*Ingenieur, Genie*
cōnsilium	Beratung, Beschluss, Plan, Rat	*f. conseil, i. consiglio*
forum	Forum, Marktplatz	*Forum, e./f. forum, i./s. foro*
aedificium	Gebäude	
cūria	Kurie *(Sitzungsgebäude des Senats)*	
templum	Tempel	*e./f. temple, i. tempio, s. templo*
dea	Göttin	*deus*
Sāturnus	Saturn *(Gott der Saat und der Zeit)*	
Concordia	Concordia *(Göttin der Eintracht)*	
aedificāre, aedificō	bauen	*aedificium*
porta	Tor	*Pforte, Portal, f. porte, i. porta, s. puerta*
beneficium	Wohltat	*bene, Benefiz(spiel)*
frūmentum	Getreide	
dōnum	Geschenk	
verbum	Wort, Äußerung	*Verb, verbal, f. verbe, i./s. verbo*

forum	Forum, Marktplatz	ingenium	Begabung, Talent, Verstand
templum	Tempel	aedificium	Gebäude
cōnsilium	Beratung, Beschluss, Plan, Rat	beneficium	Wohltat
dōnum	Geschenk	frūmentum	Getreide
		verbum	Wort, Äußerung

F Substantive: o-Deklination (Neutra auf -um)

o-Dekl. (Neutra)	Singular		Plural	
Nominativ	dōn-**um**	*das Geschenk*	dōn-**a**	*die Geschenke*
Genitiv	dōn-**ī**	*des Geschenks*	dōn-**ōrum**	*der Geschenke*
Dativ	dōn-**ō**	*dem Geschenk*	dōn-**īs**	*den Geschenken*
Akkusativ	dōn-**um**	*das Geschenk*	dōn-**a**	*die Geschenke*
Ablativ	dōn-**ō**	*mit dem Geschenk, durch das Geschenk*	dōn-**īs**	*mit den Geschenken, durch die Geschenke*

Bei den Neutra sind die Formen des Nominativs und Akkusativs gleich. Sie enden im Singular auf -**um**, im Plural auf -**a**.

Ansonsten sind die Endungen denen der Maskulina auf -us gleich.

M Wörter lernen: Gruppen bilden (2)

Oft lassen sich mit den neuen Wörtern allein oder unter Zuhilfenahme bereits bekannter Vokabeln **Sachfelder** bilden, d.h. Gruppen von Wörtern aus dem gleichen Lebensbereich. Aus Wortschatz 11 lassen sich z.B. die Wörter ludus, audire, scire, nescire dem Sachfeld „Lernen" zuordnen, zu dem aus den vergangenen Lektionen auch tabula, lingua, docere, studere, rogare und laborare passen; in Wortschatz 12 sind noch discipulus und ingenium dazugekommen – und in den nächsten Kapiteln kann das Sachfeld wieder ergänzt werden. Lege am besten für jedes gefundene Sachfeld ein Blatt an, damit es „mitwachsen" kann, oder ordne deine Vokabelkarten nach Sachfeldern.

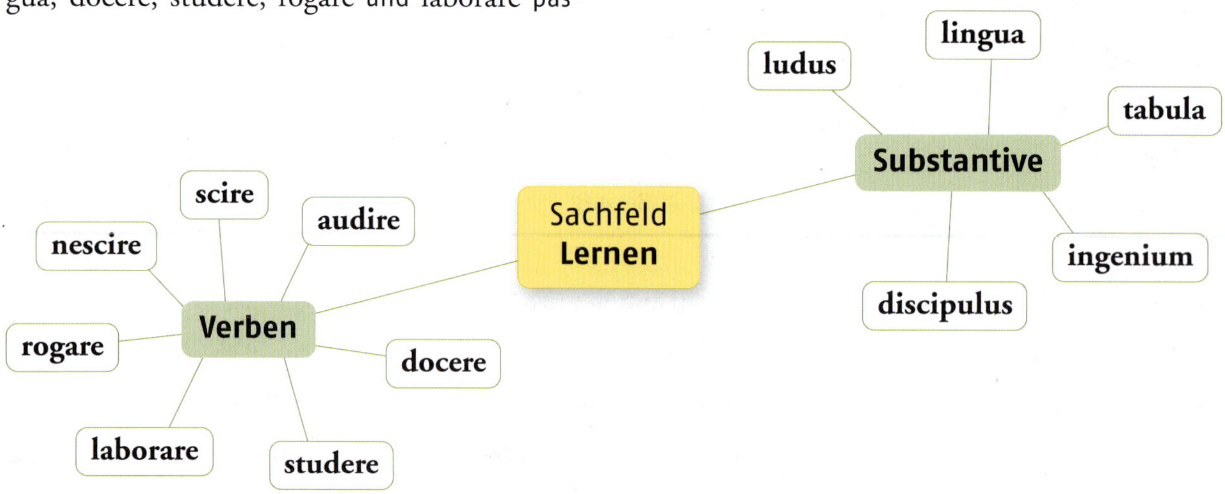

Wiederholungswörter

itaque	deshalb	nam	denn, nämlich
tandem	endlich	sed	aber, sondern
subitō	plötzlich	tum	da, dann, darauf, damals

Lernwörter

basilica	Markthalle, Gerichtshalle	
ad *Präp. m. Akk.*	zu, bei, nach, an	
ad basilicam esse	bei der Markthalle sein	
ad basilicam properāre	zu der Markthalle eilen	
ante *Präp. m. Akk.*	vor	
ante vīllam; ante cēnam	vor dem Landhaus; vor dem Essen	
umbra	Schatten	*e. umbrella*
post *Präp. m. Akk.*	hinter, nach	
post vīllam; post cēnam	hinter dem Landhaus; nach dem Essen	
ōrnāmentum	Schmuck(stück)	*ōrnāre, Ornament*
cum *Präp. m. Abl.*	mit, zusammen mit	*i./s. con*
cum amīcō	mit dem Freund	
pretium	Preis, Wert	*e. price, f. prix, i. prezzo, s. precio*
probāre, probō	prüfen, beweisen, für gut befinden	*probieren, Probe*
indicāre, indicō	anzeigen, melden	*Indikativ, Indiz*
sine *Präp. m. Abl.*	ohne	
sine amīcō	ohne den Freund	
ē / ex *Präp. m. Abl.*	aus, von … her	
ē patriā	aus der Heimat	
ex aedificiō	aus dem Gebäude	
in *Präp. m. Abl.*	in, an, auf, bei *(wo?)*	
in aquā	im Wasser	
manēre, maneō	bleiben, (er)warten	*permanent*
in *Präp. m. Akk.*	in (… hinein), nach *(wohin?)*	
in aquam	ins Wasser	

ad	*Präp. m. Akk.*	zu, bei, nach, an	ē / ex	*Präp. m. Abl.*	aus, von ... her
ante	*Präp. m. Akk.*	vor	sine	*Präp. m. Abl.*	ohne
post	*Präp. m. Akk.*	hinter, nach	cum	*Präp. m. Abl.*	mit, zusammen mit
in	*Präp. m. Akk.*	in (... hinein), nach *(wohin?)*	in	*Präp. m. Abl.*	in, an, auf, bei *(wo?)*

S1 Verwendung der Präpositionen

ad vill*am*

zum Haus

e silv*ā*

aus dem Wald

cum amic*ō*

(zusammen) mit dem Freund

Nach einer **Präposition** (einem Verhältniswort) steht im Lateinischen ein bestimmter Kasus, nämlich der Akkusativ (z.B. ad villam) oder der Ablativ (z.B. e silvā). Welcher Kasus jeweils folgt, muss man im Wortschatz mitlernen. Nach einer Präposition entfällt meistens das „Abfragen".

in vill*am*	in vill*ā*
in das Haus *(wohin?)*	im Haus *(wo?)*

Beachte: Bei der Präposition in gibt der Akkusativ die Richtung an (Frage: *„wohin?"*), der Ablativ den Ort (Frage: *„wo?"*).

S2 Präpositionalausdruck als Adverbiale

Servi *in villam* properant.

Die Sklaven eilen *in das Haus.*

Servi *in villā* laborant.

Die Sklaven arbeiten *im Haus.*

Die Präpositionalausdrücke (in villam, in villā) haben in diesen Sätzen die Satzgliedfunktion des Adverbiales. Ein Präpositionalausdruck besteht aus einer Präposition (einem Verhältniswort) und dem zugehörigen Substantiv.

Die Bedeutung der Präpositionen lässt sich folgendermaßen veranschaulichen:

... ad aedificium properat

... post aedificium exspectat

... ante aedificium exspectat

... in aedificium properat

... in aedificio sedet

... ex aedificio properat

... sine amicis venit

... cum amicis venit

Wörter lernen: Grammatische Eigenschaften behalten

Wie du bei jedem Verb neben dem Infinitiv auch die 1. Pers. Sg. Präsens mitlernen musst, damit du es eindeutig einer Konjugationsklasse zuordnen kannst, musst du dir alle bei einer Vokabel angegebenen **grammatischen Eigenschaften** (Angaben im *Kursivdruck*) merken.
Da z.B. manche lateinischen Präpositionen mit einem anderen Kasus verbunden werden als ihre deutsche Entsprechung, nützt das Abfragen hier nichts. Also musst du dir den Kasus merken, mit dem sie verbunden sind, damit du beim Übersetzen die zusammengehörigen Wörter schnell finden kannst. Damit dir das Einprägen leichter fällt, findest du bei grammatischen Eigenschaften immer ein einfaches Beispiel (einen Minikontext) im Graudruck (z.B. S. 173). Wenn du dir dieses merkst (z.B. post villam), kannst du die abstrakte Eigenschaft (z.B. *Präp. m. Akk.*) leicht ableiten.

Was sagen dir die bisher bekannten grammatischen Eigenschaften?

Adv.	Es handelt sich um ein Adverb, also ein unveränderliches Wort.
Präp. m. Akk.	Die Präposition wird mit dem Akkusativ verbunden.
Präp. m. Abl.	Die Präposition wird mit dem Ablativ verbunden.

14

W Wiederholungswörter

libenter	gerne	nihil	nichts
prīmō	zuerst	numquam	niemals
neque ... neque	weder ... noch	terrēre	erschrecken

Lernwörter

ego *Nom.*	ich *(betont)*	*egoistisch, e. I, f. je, i. io, s. yo*
tū *Nom.*	du *(betont)*	*f. tu, i./s. tu*
-ne Vidēsne aedificium?	*Partikel im dir. Fragesatz (unübersetzt)* Siehst du das Gebäude?	
vōs *Nom.*	ihr *(betont)*	*f. vous, i. voi*
mihi *Dat.*	mir	
mē *Akk.*	mich	
tēcum	mit dir	
nōs *Nom.*	wir *(betont)*	*f. nous, i. noi*
vōbīscum	mit euch	
nōs *Akk.*	uns	
tibi *Dat.*	dir	
nōbīs *Dat.*	uns	
vōbīs *Dat.*	euch	
vōs *Akk.*	euch	
clāmāre, clāmō	laut rufen, schreien	*Reklame*
errāre, errō	umherirren, (sich) irren	*e. error*
invenīre, inveniō	finden, erfinden	*venīre*
tē *Akk.*	dich	
sine mē	ohne mich	

Personalpronomen (Persönliches Fürwort)

F

1. Person	Singular		Plural	
Nominativ	ego	*ich*	nōs	*wir*
Dativ	mihi	*mir*	nōbīs	*uns*
Akkusativ	mē	*mich*	nōs	*uns*
Ablativ	mēcum sine mē	*mit mir* *ohne mich*	nōbīscum sine nōbīs	*mit uns* *ohne uns*

2. Person	Singular		Plural	
Nominativ	tū	*du*	vōs	*ihr*
Dativ	tibi	*dir*	vōbīs	*euch*
Akkusativ	tē	*dich*	vōs	*euch*
Ablativ	tēcum sine tē	*mit dir* *ohne dich*	vōbīscum sine vōbīs	*mit euch* *ohne euch*

Die Verwendung der wenig gebräuchlichen Genitivformen wird später anhand von Wendungen gelernt.

Personalpronomen: Verwendung

S1

Dominus: *Ego* dominus sum, *tu* servus es. Servi *mihi* parere debent.

Ein Herr: *Ich* bin der Herr, *du* bist der Sklave. Die Sklaven müssen *mir* gehorchen.

Im Nominativ steht das Personalpronomen nur, wenn das – bereits im Prädikat enthaltene – Subjekt besonders betont wird. In den anderen Kasus wird das Personalpronomen wie im Deutschen verwendet.

Wort- und Satzfragen

S2

Quis ridet? Ridet*ne* serva?

Wer lacht? Lacht die Sklavin?

Wortfragen werden mit Fragewörtern (z.B. quis, cur) eingeleitet.
In Satzfragen wird **-ne** an das erste Wort des Satzes angehängt; **-ne** wird nicht übersetzt.

15

W Wiederholungswörter

prōvincia	Provinz	rogāre	bitten, fragen
praebēre	geben, hinhalten	tacēre	schweigen, verschweigen
labōrāre	arbeiten, sich anstrengen	pretium	Preis, Wert, Geld

Lernwörter

imperium	Befehl, Herrschaft, Reich	*Imperialismus, e. empire*
novus, a, um	neu, ungewöhnlich	*Novum, renovieren, e. new*
-que *(angehängt)*	und	
servī servaeque	Sklaven und Sklavinnen	
multus, a, um	viel	*multiplizieren, Multivitaminsaft, i. molto*
multī, ae, a	viele	
dē *m. Abl.*	von, von ... her, von ... weg, von ... herab; über	*f. de, i. di*
dē templō	vom Tempel herab	
cūnctī, ae, a	alle (zusammen)	
Rōmānus, a, um	römisch	*e. Roman, i. Romano*
bonus, a, um	gut, tüchtig	*Bon, Bonus, Bonbon*
magnus, a, um	groß, bedeutend	*„Magnum"*
ut	wie	
laudāre, laudō	loben	*Laudatio*
tuus, a, um	dein	
narrāre, narrō	erzählen	*narrativ*
dē lūdō narrāre	vom Spiel/über das Spiel erzählen	
meus, a, um	mein	*e. my*
parvus, a, um	klein, gering	

novus, a, um	neu, ungewöhnlich	meus, a, um	mein
multus, a, um	viel	tuus, a, um	dein
multī, ae, a	viele	bonus, a, um	gut
Rōmānus, a, um	römisch	cūnctī, ae, a	alle (zusammen)
magnus, a, um	groß, bedeutend	parvus, a, um	klein, gering

Adjektive: a- / o-Deklination (auf -us, a, um)

Beispiel: **magnus, magna, magnum** *groß, bedeutend*

Singular	*m*	*f*	*n*
Nominativ	magn-**us**	magn-**a**	magn-**um**
Genitiv	magn-**ī**	magn-**ae**	magn-**ī**
Dativ	magn-**ō**	magn-**ae**	magn-**ō**
Akkusativ	magn-**um**	magn-**am**	magn-**um**
Ablativ	magn-**ō**	magn-**ā**	magn-**ō**

Plural	*m*	*f*	*n*
Nominativ	magn-**ī**	magn-**ae**	magn-**a**
Genitiv	magn-**ōrum**	magn-**ārum**	magn-**ōrum**
Dativ		magn-**īs**	
Akkusativ	magn-**ōs**	magn-**ās**	magn-**a**
Ablativ		magn-**īs**	

Die **Adjektive** (Eigenschaftswörter) auf -us, a, um werden dekliniert wie die Substantive der a- und o-Deklination.

S1 Adjektive: KNG-Kongruenz

Titus lud*um* nov*um* amat.
Titus liebt *das neue Spiel.*

Titus magn*a* templ*a* videt.
Titus sieht *große Tempel.*

Das Adjektiv richtet sich im **K**asus, **N**umerus und **G**enus nach dem Substantiv, zu dem es gehört (**KNG-Kongruenz**). Die Adjektive stehen im Lateinischen in der Regel hinter dem zugehörigen Substantiv; wenn sie eine Menge, ein Maß oder eine Zahl bezeichnen (z.B. magnus), stehen sie meist davor.

S2 Adjektive als Attribut und als Prädikatsnomen

Templum novum Tito placet.
Der neue Tempel gefällt Titus.

Adjektive werden häufig als **Attribute** verwendet. Ein Adjektivattribut ist wie auch ein Genitivattribut – kein notwendiger Bestandteil eines Satzes; es kann als Satzgliedteil z.B. zum Subjekt (hier: templum) oder Objekt hinzutreten.
Es gilt im Deutschen und im Lateinischen die KNG-Kongruenz des Adjektivs mit seinem Bezugswort.

Templum *novum est.*
Der Tempel *ist neu.*

Ein Adjektiv kann – wie auch ein Substantiv – zu sammen mit einer Form des Hilfsverbs das Prädikat bilden (hier: novum est). Das Adjektiv wird hier als **Prädikatsnomen** verwendet.
Beachte: Die KNG-Kongruenz des Adjektivs mit seinem Bezugswort (hier: templum) gilt hier nur für das Lateinische.

Serv*us* et serv*a* nov*i* sunt.
Der Sklave und die Sklavin *sind neu.*

Bezieht sich ein adjektivisches Prädikatsnomen auf mehrere Wörter, die maskulin und feminin sind, so steht die maskuline Pluralform des Adjektivs (hier: novi).

16

Wiederholungswörter

hīc	hier	neque ... neque	weder ... noch
campus	Feld, freier Platz	-ne	*unübersetzte Fragepartikel*
statim	sofort	lūdus	Spiel; Schule

Lernwörter

vir, virī *m*	Mann	*Werwolf*
puer, puerī *m*	Junge	
ager, agrī *m*	Acker, Feld, Gebiet	*Agrar-*
magister, magistrī *m*	Lehrer, Meister	*e. master, i. maestro*
imperāre, imperō populīs imperāre	befehlen, herrschen (über) über (die) Völker herrschen	*imperium*
pulcher, pulchra, pulchrum	schön	
niger, nigra, nigrum	schwarz, dunkel	*i. nero*
līber, lībera, līberum	frei	*Libero, liberal*
miser, misera, miserum	arm, erbärmlich, unglücklich	*Misere*
vīta	Leben	*vital, i. vita, s. vida*
noster, nostra, nostrum	unser	*Paternoster, i. nostro, s. nuestro*
vester, vestra, vestrum	euer	

puer, puerī *m*	Junge	niger, nigra, nigrum	schwarz
vir, virī *m*	Mann	pulcher, pulchra, pulchrum	schön
magister, magistrī *m*	Lehrer, Meister	līber, lībera, līberum	frei
ager, agrī *m*	Acker, Feld, Gebiet	miser, misera, miserum	arm, erbärmlich, unglücklich
		noster, nostra, nostrum	unser
		vester, vestra, vestrum	euer

F1 Substantive: o-Deklination (auf -(e)r)

Beispiel: **puer, puerī** *Junge*

o-Dekl. (-er)	Singular	Plural
Nominativ	puer	puer-**ī**
Genitiv	puer-**ī**	puer-**ōrum**
Dativ	puer-**ō**	puer-**īs**
Akkusativ	puer-**um**	puer-**ōs**
Ablativ	(cum) puer-**ō**	(cum) puer-**īs**

Beispiel: **magister, magistrī** *Lehrer, Meister*

o-Dekl. (-er)	Singular	Plural
Nominativ	magister	magistr-**ī**
Genitiv	magistr-**ī**	magistr-**ōrum**
Dativ	magistr-**ō**	magistr-**īs**
Akkusativ	magistr-**um**	magistr-**ōs**
Ablativ	(cum) magistr-**ō**	(cum) magistr-**īs**

Die Formen der Substantive auf -(e)r sind außer im Nom. Sg. denen der Substantive auf -us gleich. Der Vokativ entspricht dem Nominativ (z.B. puer). Ihr Genus ist **maskulin**. Da bei manchen dieser Substantive das -e- in den deklinierten Formen fehlt (z.B. magister, magistrī), muss man den Gen. Sg. immer mitlernen.

F2 Adjektive: a- / o-Deklination (auf -(e)r)

Beispiele: **miser, misera, miserum** *arm, erbärmlich, unglücklich*
pulcher, pulchra, pulchrum *schön*

Die Formen der Adjektive auf -(e)r entsprechen (außer im Nom. Sg. *m*) denen der Adjektive auf -us, a, um. Da bei manchen dieser Adjektive das -e- in den deklinierten Formen fehlt (z.B. pulcher, pulchra, pulchrum), muss man den Nominativ aller drei Genera lernen.

Wiederholungswörter

equus	Pferd	mox	bald
complēre	anfüllen, auffüllen	ingenium	Begabung, Talent, Verstand
sedēre	sitzen	nōn tantum	nicht nur

Lernwörter

carrus	Wagen, Karren	*e. car*
stāre, stō	stehen	*e. to stand*
dīcere, dīcō	sagen, sprechen	*diktieren*
nūntius	Bote, Nachricht	*Nuntius*
mittere, mittō	(los)lassen, schicken, werfen	*Mission*
scrībere, scrībō	schreiben, beschreiben	*Skript*
relinquere, relinquō	verlassen, zurücklassen	*Relikt, Reliquie*
dūcere, dūcō	führen, ziehen	
trahere, trahō	schleppen, ziehen	*Traktor, subtrahieren*
ostendere, ostendō	zeigen, erklären	
oppidum	Stadt (Kleinstadt)	
Campānia	Kampanien *(fruchtbare Landschaft südlich von Rom)*	
Vesuvius	Vesuv *(Vulkan in Kampanien)*	
ā / ab *Präp. m. Abl.* ab oppidō venīre ā basilicā venīre	von, von … her von der Stadt kommen von der Markthalle kommen	
per *Präp. m. Akk.* per silvam	durch, hindurch durch den Wald	
vīnea	Weinberg, Weinstock	*i. vigna*

scrībere	schreiben, beschreiben	mittere	(los)lassen, schicken, werfen
dīcere	sagen, sprechen	relinquere	zurücklassen, verlassen
ostendere	zeigen, erklären	dūcere	führen, ziehen
		trahere	schleppen, ziehen

F Verben: Konsonantische Konjugation

kons. Konjugation

	Singular		Plural	
Infinitiv	scrīb-e-re	*schreiben*		
1. Person	scrīb-ō	*ich schreibe*	scrīb-i-mus	*wir schreiben*
2. Person	scrīb-i-s	*du schreibst*	scrīb-i-tis	*ihr schreibt*
3. Person	scrīb-i-t	*er (sie, es) schreibt*	scrīb-u-nt	*sie schreiben*
Imperativ	scrīb-e	*schreibe!*	scrīb-i-te	*schreibt!*

Die konsonantische Konjugation ist benannt nach dem **Konsonanten** (Mitlaut) am Ende des Wortstamms (scrī**b**-).
Die Endungen sind die gleichen wie bei den Verben der anderen Konjugationsklassen.

Mit Ausnahme der 1. Pers. Sg. wird zwischen Wortstamm und Endung ein Bindevokal (-e-, -i- oder -u-) eingefügt. Der Bindevokal -e- im Infinitiv der konsonantischen Konjugation wird kurz gesprochen (Unterscheide: scrīb-e-re ↔ monē-re).

Vorsicht – Verwechslungsgefahr

parēre – parāre

dīcere – dūcere

vidēre – rīdēre

monēre – manēre

Wiederholungswörter

silva	Wald	cibus	Nahrung, Speise, Futter
itaque	deshalb	properāre	eilen, sich beeilen
tandem	endlich	movēre	bewegen, beeindrucken

Lernwörter

ēdūcere, ēdūcō	herausführen	*dūcere, e. education*
cōnsistere, cōnsistō	stehenbleiben, haltmachen, sich aufstellen	
dēdūcere, dēdūcō	wegführen, hinführen	
addūcere, addūcō	heranführen, veranlassen	
bibere, bibō	trinken	*f. boire, i. bibere, s. beber*
portāre, portō	bringen, tragen	*Porto*
vīnum	Wein	*vīnea, e. wine, f. vin, i./s. vino*
auxilium	Hilfe	
adesse, adsum	da sein, helfen	
amīcō adesse	dem Freund helfen	
dēesse, dēsum	abwesend sein, fehlen	
mortuus, a, um	gestorben, tot	*f. mort, i. morto, s. muerto*
plēnus, a, um	voll	*Plenum, Plenarsaal*
posse, possum	können	*esse*

ēdūcere, ēdūcō	herausführen	adesse, adsum	da sein, helfen
addūcere, addūcō	heranführen, veranlassen	dēesse, dēsum	abwesend sein, fehlen
dēdūcere, dēdūcō	wegführen, hinführen	posse, possum	können

F1 Verben: Komposita

	ad zu, bei, nach, an	dē von, von ... weg, von ... herab; über	ē / ex aus, von ... her
dūcere führen, ziehen	ad-dūcere heranführen, veranlassen	dē-dūcere wegführen, hinführen	ē-dūcere herausführen
esse sein, sich befinden	ad-esse da sein, helfen	dē-esse abwesend sein, fehlen	

Komposita nennt man Verben, die aus einem einfachen Verb (**Verbum simplex**) und einer Vorsilbe (einem **Präfix**) zusammengesetzt sind.

Da das Präfix häufig als Präposition bekannt ist, lässt sich die Bedeutung des Kompositums in vielen Fällen leicht erschließen.

F2 Verben: posse

posse		
Infinitiv	pos-**se**	*können*

	Singular		Plural	
1. Person	pos-**sum**	*ich kann*	pos-**sumus**	*wir können*
2. Person	pot-**es**	*du kannst*	pot-**estis**	*ihr könnt*
3. Person	pot-**est**	*er (sie, es) kann*	pos-**sunt**	*sie können*

Das Verb posse ist ein Kompositum zu esse. Die Formen sind aus dem Adjektiv potis *(mächtig, fähig)* und dem Hilfsverb esse entstanden. Vor Vokal steht pot-, vor s steht pos-.

Wörter lernen: Wortbildung anwenden (Verben)

Mit der folgenden Auflistung von wichtigen Präfixen (Vorsilben), die du zum größten Teil schon kennst, kannst du dir die Bedeutung vieler Komposita erschließen: Füge einfach die Bedeutung des Präfixes zur Bedeutung des Verbum simplex hinzu, und du erhältst die Grundbedeutung des Kompositums.

ab- (a-, abs-)	von der Präp. a / ab	weg-, ab-
ad- (ac-, at- und andere Formen)	von der Präp. ad	hinzu-, dabei-
com- (col-, con-, co-)	von der Präp. cum	zusammen-
de-	von der Präp. de	herab-, weg-
ex- (e-, ef-)	von der Präp. e / ex	heraus-
in-	von der Präp. in	hinein-, darin-
per-	von der Präp. per	(hin)durch-
ne-		nicht
re-		zurück-, wieder-

ducere

educere

deducere

19

W Wiederholungswörter

invenīre	finden, erfinden	iam	schon, bereits; nun
dubitāre	zweifeln; zögern	parvus	klein, gering
placēre	gefallen	dōnum	Geschenk

Lernwörter

facere, faciō	machen, tun, handeln	*Faktum, e. fact*
sacrum	Opfer, Heiligtum	*Sakrament*
sacrum facere	ein Opfer bringen, opfern	
autem *(nachgestellt)* Puerī autem tacent.	aber, andererseits Die Jungen aber schweigen.	
dēscendere, dēscendō	herabsteigen	*e. to descend*
nōnne?	(etwa) nicht?	
magis	mehr	
quam Quam pulchrum est templum!	als, wie Wie schön ist der Tempel!	
magis ... quam	mehr ... als	
capere, capiō	fassen, nehmen; erobern	*kapieren*
aspicere, aspiciō	erblicken, ansehen	*Aspekt*
quīn?	warum nicht?	
summus, a, um	der höchste, oberste	*Summe*

facere, faciō	machen, tun, handeln
capere, capiō	fassen, nehmen; erobern
aspicere, aspiciō	erblicken, ansehen

Verben: Konsonantische Konjugation (i-Erweiterung)

F

i-Erweiterung

Infinitiv	cape-re *nehmen*	
	Singular	**Plural**
1. Person	capi-ō *ich nehme*	capi-mus *wir nehmen*
2. Person	capi-s *du nimmst*	capi-tis *ihr nehmt*
3. Person	capi-t *er (sie, es) nimmt*	capi-u-nt *sie nehmen*
Imperativ	cape *nimm!*	capi-te *nehmt!*

Bei einigen Verben, die zur konsonantischen Konjugation gezählt werden, endet der Wortstamm auf ein kurzes -i-. Daher gleichen viele Formen denen der i-Konjugation.

Vor -r (z.B. im Infinitiv) und im Imperativ Singular steht statt des kurzen -i- ein kurzes -e-. Um die Verben mit i-Erweiterung zu erkennen, muss man zusätzlich zum Infinitiv die 1. Pers. Sg. wissen.

Texte erschließen: Wort- und Sachfelder beachten

M

Um – ggf. auch vor der Übersetzung – einen Text zu erschließen, genügt es oft, zu überprüfen, welche Wort- bzw. Sachfelder dieser enthält.

1. Ein **Wortfeld** wird gebildet von sinnverwandten Wörtern derselben Wortart.
   Beispiel: Wortfeld „reden, sprechen, sagen": vocare, respondere, rogare, monere

2. Ein **Sachfeld** wird gebildet von sinnverwandten Wörtern verschiedener Wortarten. (vgl. 12 M)
   Beispiel: Sachfeld „Lernen": discipulus, ludus, tabula, lingua, audire, scire, nescire, docere, laborare, rogare, probare, studere, laudare, scribere, ostendere
   Weitere Beispiele für Sachfelder: „Handel", „Politik", „Religion", „Leben in der Stadt", „Leben auf dem Land", „Reisen".

Die zu einem Wort- oder Sachfeld gehörenden Wörter können zwar unterschiedliche Bedeutungen haben, sie werden aber dadurch auf eine Bedeutung festgelegt, dass sie zusammen mit anderen Wörtern in einem bestimmten Kontext verwendet werden.

W Wiederholungswörter

intrāre	betreten, eintreten
valēre	gesund sein, stark sein, Einfluss haben
torquēre	drehen; quälen
nescīre	nicht wissen, nicht kennen, nicht verstehen
ōrnāmentum	Schmuck(stück)
latēre	verborgen sein

Lernwörter

ideō *Adv.*	deshalb	
magnificus, a, um	großartig, prächtig	*magnus, facere*
cubiculum	Zimmer, Schlafzimmer	
balineum	Bad	
ātrium	Atrium *(Eingangshalle)*	
alibī *Adv.*	anderswo	*Alibi*
cella	Kammer	*Zelle*
cūstōdīre, cūstōdiō	bewachen, im Auge behalten	
mundus	Welt	*f. monde*

M Verben: Konjugationsklassen (Unterscheidung)

Um zu wissen, zu welcher Konjugationsklasse ein Verb gehört, musst du immer den Infinitiv **und** die 1. Pers. Sg. kennen:

a-Konjugation	vocā-re	voc-ō	voca-t ...	voca-nt ...
e-Konjugation	habē-re	habe-ō	habe-t ...	habe-nt ...
i-Konjugation	audī-re	audi-ō	audi-t ...	audi-u-nt ...
kons. Konjugation (i-Erweiterung)	scrib-e-re face-re	scrib-ō faci-ō	scrib-i-t ... faci-t ...	scrib-u-nt ... faci-u-nt ...

Wiederholungswörter

bibere	trinken	adesse	da sein, helfen
beneficium	Wohltat	turba	(Menschen-)Menge
cōnsilium	Beratung, Beschluss, Plan, Rat	imperāre	befehlen, herrschen (über)

Lernwörter

senātor, senātōris *m*	Senator	
mercātor, mercātōris *m*	Kaufmann, Händler	
vēndere, vēndō	verkaufen	*f. vendre*
clārus, a, um	klar, hell, berühmt	*e. clear*
imperātor, imperātōris *m*	Befehlshaber, Feldherr, Kaiser	*imperāre*
Titus	Titus *(röm. Kaiser 79–81 n. Chr.)*	
Pompēiānus, a, um	pompejanisch; *Subst.* Pompejaner, Einwohner von Pompeji	
honor, honōris *m*	Ehre, Ehrenamt	*Honorar, honorieren*
in honōre esse	in Ehren stehen, angesehen sein	
hodiē *Adv.*	heute	
tantus, a, um	so groß, so viel	
creāre, creō	erschaffen, wählen	*Kreatur, Kreation, e. to create*
petere, petō	aufsuchen, (er)streben, bitten, verlangen	
licet	es ist erlaubt, es ist möglich	*Lizenz*
uxor, uxōris *f*	Ehefrau	
apud *Präp. m. Akk.*	bei	
apud amīcōs	bei Freunden	

mercātor, mercātōris *m*	Kaufmann, Händler	uxor, uxōris *f*	Ehefrau
senātor, senātōris *m*	Senator	honor, honōris *m*	Ehre, Ehrenamt
imperātor, imperātōris *m*	Befehlshaber, Feldherr, Kaiser		

F Substantive: 3. Deklination (auf -or, oris)

Beispiel: **senātor, senātōris** *Senator*

3. Dekl. (-or)	Singular		Plural	
Nominativ	senātor	*der Senator*	senātōr-ēs	*die Senatoren*
Genitiv	senātōr-is	*des Senators*	senātōr-um	*der Senatoren*
Dativ	senātōr-ī	*dem Senator*	senātōr-ibus	*den Senatoren*
Akkusativ	senātōr-em	*den Senator*	senātōr-ēs	*die Senatoren*
Ablativ	(cum) senātōr-e	*(mit dem) Senator*	(cum) senātōr-ibus	*(mit den) Senatoren*

Zur **3. Deklination** gehören mehrere Gruppen von Substantiven, die im Nom. Sg. unterschiedlich enden können; daher muss man den Gen. Sg. immer mitlernen, um den Wortstamm (hier: senātor-) erkennen zu können. Den Wortstamm erhältst du, indem du vom Gen. Sg. die Endung -is wegnimmst.

Die Substantive auf **-or, ōris** haben im Nom. Sg. keine Endung; sie sind meist **Maskulina.**
Bei den Substantiven der 3. Deklination wird das Genus im Wortschatz immer angegeben.
Zunächst kommen nur Substantive vor, die ihre Formen wie senator bilden; diese Kasusformen gelten für die meisten Substantive der 3. Deklination.

imperator **senator** **mercator**

Welche deutschen Substantive kennst du, die auf *-tor* enden und eine handelnde Person bezeichnen?

Warum enden wohl auch Substantive wie „Motor" oder „Traktor" auf *-tor*?

Übersetzen: Mehrdeutige Wortenden unterscheiden

Uxores senatorum mercatori nuntium mittunt: „Vinum bonum habes. Veni et vende vinum!“

Durch das Erlernen der 3. Deklination sind viele Wortenden mehrdeutig geworden. Die Endung -um beispielsweise zeigt den Akkusativ eines Substantivs oder Adjektivs der o-Deklination maskulinum an, den Nominativ oder Akkusativ eines Substantivs oder Adjektivs der o-Deklination neutrum oder den Genitiv Plural eines Substantivs der 3. Deklination.

Um herauszufinden, um welche Formen es sich im Satz handelt (z.B. senator**um**; nunti**um**; vin**um**; bon**um**), empfiehlt es sich, in folgenden Schritten vorzugehen:

1. Führe die Wörter zuerst auf die gelernte Grundform zurück und bestimme so die Zugehörigkeit zu einer Deklinationsklasse:
senator, senatoris: 3. Dekl.
nuntius: o-Dekl. *m*
vinum: o-Dekl. *n*
bonus, bona, bonum: o-Dekl. Adj.

2. Wenn du dir das Deklinationsschema der betreffenden Deklinationsklasse vorstellst, erkennst du, dass manche Formen nun eindeutig sind (senatorum: Gen. Pl.; nuntium: Akk. Sg.).

3. Bei den übrigen musst du den Kontext des Satzes beachten:
vinum (*„Wen oder was hast du?“*): Akk. Sg.
bonum (KNG-Kongruenz zu vinum): Akk. Sg.

Schematisch kannst du dir diese Technik für vinum und mercatori etwa so vorstellen:

gefundene Form	vinum	mercatori
1. Grundform und Klasse	vinum: o-Dekl. *n*	mercator, oris: 3. Dekl.
2. Mögliche Formen innerhalb dieser Klasse	Nom. Sg. *oder* Akk. Sg.	Dat. Sg.
3. Kontext	„*Wen oder was* hast du?“: Akk. Sg.	

22

W Wiederholungswörter

cūnctī	alle (zusammen)	tantum	nur
ostendere	zeigen, erklären	plēnus	voll
gaudēre	sich freuen	scelerātus	Verbrecher

Lernwörter

mulier, mulieris *f*	Frau	*i. moglie*
quia *Subj.*	weil	
sē *Akk./Abl.*	sich	
quod *Subj.*	weil; dass	
dum *Subj.*	während, solange, bis	
animus	Geist, Mut, Gesinnung	*re-animieren*
in animō habēre	im Sinn haben, vorhaben	
velle, volō	wollen	
amor, amōris *m*	Liebe	*amāre, f. amour, i. amore, s. amor*
soror, sorōris *f*	Schwester	*f. soeur*
sī *Subj.*	wenn, falls	*f. si, i. se, s. si*
fūr, fūris *m*	Dieb	
clāmor, clāmōris *m*	Geschrei, Lärm	*clāmāre, Klamauk*
pecūnia	Geld, Vermögen	
quamquam *Subj.*	obwohl	
līberāre, līberō	befreien, freilassen	*līber, e. to deliver*

sī *Subj.*	wenn, falls	dum *Subj.*	während, solange, bis
quod *Subj.*	weil; dass	quamquam *Subj.*	obwohl
quia *Subj.*	weil	velle, volō	wollen

Verben: velle

F1

Infinitiv	vel-le *wollen*	
	Singular	**Plural**
1. Person	volō *ich will*	volumus *wir wollen*
2. Person	vīs *du willst*	vultis *ihr wollt*
3. Person	vult *er (sie, es) will*	volunt *sie wollen*

Substantive: 3. Deklination (Erweiterung)

F2

Zur 3. Deklination werden nicht alle Gruppen mit Deklinationstabellen vorgeführt. Viele Substantive kannst du problemlos deklinieren, wenn du im Wortschatz Nom. und Gen. Sg. gelernt hast:

senātor, senātōr-is
mulier, mulier-is
fūr, fūr-is

Die Kasusendungen, die an den Wortstamm (mulier-, fūr-) angehängt werden, sind die gleichen wie bei senātor.

Gliedsätze als Adverbiale

S1

Aulus gaudet, *quia* amicus valet.

Aulus freut sich, *weil* der Freund gesund ist.

Gliedsätze werden – wie auch im Deutschen – durch **Subjunktionen** (unterordnende Bindewörter; hier: quia) eingeleitet und einem Hauptsatz (hier: Aulus gaudet) untergeordnet. Oft haben Gliedsätze die Satzgliedfunktion des Adverbiales.

Aulus, *quod* amicum videt, gaudet.

Weil Aulus seinen Freund sieht, freut er sich.

Bei gleichem Subjekt im Haupt- und Gliedsatz (hier: Aulus) steht die Subjunktion im Lateinischen an zweiter Stelle nach dem gemeinsamen Subjekt.

Gliedsätze: Sinnrichtungen

S2

Die Subjunktionen drücken die Sinnrichtungen der Gliedsätze aus; wir unterscheiden zunächst:

Temporalsätze	Sie enthalten Zeitangaben, z.B. ***während*** ...
Kausalsätze	Sie geben einen Grund an, z.B. ***weil*** ...
Konditionalsätze	Sie enthalten eine Bedingung, z.B. ***wenn*** ...
Konzessivsätze	Sie geben ein Hindernis an, das allerdings für das Geschehen keine Bedeutung hat, einen (unwirksamen) Gegengrund, z.B. ***obwohl*** ...

23

W Wiederholungswörter

parāre	(vor)bereiten, vorhaben; erwerben	dēbēre	müssen, sollen
adhūc	bis jetzt, noch	nōnne?	(etwa) nicht?
relinquere	verlassen, zurücklassen	profectō	sicherlich, tatsächlich

Lernwörter

salūtāre, salūtō	(be)grüßen	*salutieren, Salut, f. salut*
salvē! salvēte!	sei gegrüßt! seid gegrüßt!	
frāter, frātris *m*	Bruder	*f. frère*
pater, patris *m*	Vater	*f. père, i./s. padre*
māter, mātris *f*	Mutter	*f. mère, i./s. madre*
tam	so	
tam … quam Capua nōn tam pulchra est quam Rōma.	so … wie Capua ist nicht so schön wie Rom.	
cīvitās, cīvitātis *f*	Gemeinde, Staat	*City, e. city, i. città*
Caesar, Caesaris *m*	Cäsar; Kaiser	
lībertās, lībertātis *f*	Freiheit	*e. liberty, f. liberté*
Vespasiānus	Vespasian *(röm. Kaiser 69–79 n. Chr.)*	
potestās, potestātis *f*	(Amts-)Gewalt, Macht	*posse, e. power*
voluntās, voluntātis *f*	Wille, Absicht	*f. volonté*
cārus, a, um	lieb, teuer, wertvoll	*Caritas, f. cher, i. caro*
herī *Adv.*	gestern	*f. hier*
servitūs, servitūtis *f*	Sklaverei	*servus, serva*

pater, patris *m*	Vater
māter, mātris *f*	Mutter
frāter, frātris *m*	Bruder
lībertās, lībertātis *f*	Freiheit
cīvitās, cīvitātis *f*	Gemeinde, Staat
potestās, potestātis *f*	(Amts-)Gewalt, Macht
voluntās, voluntātis *f*	Wille, Absicht
servitūs, servitūtis *f*	Sklaverei

Substantive: 3. Deklination (auf -er, ris / -as, atis / -us, utis)

Beispiel: **pater, patris** *Vater*

3. Dekl. (-er)	Singular	Plural
Nominativ	pater	patr-**ēs**
Genitiv	patr-**is**	patr-**um**
Dativ	patr-**ī**	patr-**ibus**
Akkusativ	patr-**em**	patr-**ēs**
Ablativ	(cum) patr-**e**	(cum) patr-**ibus**

Die Substantive auf -er, ris sind in der Regel **Maskulina**.
Ausnahme: māter, mātris *f* (natürliches Geschlecht)

Der Wortstamm (patr-) ist auch hier am Genitiv zu erkennen. Die Endungen sind die gleichen wie bei den Substantiven auf -or, ōris.

Beispiel: **lībertās, lībertātis** *Freiheit*

3. Dekl. (-as)	Singular	Plural
Nominativ	lībertās	lībertāt-**ēs**
Genitiv	lībertāt-**is**	lībertāt-**um**
Dativ	lībertāt-**ī**	lībertāt-**ibus**
Akkusativ	lībertāt-**em**	lībertāt-**ēs**
Ablativ	lībertāt-**e**	lībertāt-**ibus**

Die Substantive auf **-ās, ātis** und **-ūs, ūtis** sind in der Regel **Feminina**.
Der Wortstamm (lībertāt-, servitūt-) ist auch hier am Genitiv zu erkennen.

Die Endungen sind die gleichen wie bei den Substantiven auf -or, ōris.

24

W Wiederholungswörter

summus	der höchste, oberste	umbra	Schatten
pārēre	gehorchen	exspectāre	warten (auf), erwarten
auxilium	Hilfe	mortuus	gestorben, tot

Lernwörter

antīquus, a, um	alt, altertümlich	*antik*
Iuppiter, Iovis *m*	Jupiter *(höchster Gott der Römer)*	
caelum	Himmel	*f. ciel, i. cielo*
terra	Erde, Land	*Terrarium, f. terre, i. terra, s. tierra*
Minerva	Minerva *(Göttin der Weisheit)*	
Diāna	Diana *(Göttin der Jagd)*	
bēstia	(wildes) Tier	*Bestie, f. bête*
Neptūnus	Neptun *(Gott des Meeres)*	
Mercurius	Merkur *(Götterbote)*	
cēterī, ae, a	die übrigen	*et cetera (etc.)*
dare, dō	geben	
varius, a, um	bunt, verschieden, vielfältig	*variieren, variabel*
servāre, servō	bewahren, retten; beobachten	*observieren, e. to observe*
sōlum *Adv.*	nur	
nūntiāre, nūntiō	melden	*nūntius*
exīstimāre, exīstimō	meinen, einschätzen	

Nominativ	Iuppiter
Genitiv	Iovis
Dativ	Iovī
Akkusativ	Iovem
Ablativ	Iove

Verben: Imperfekt (a- / e-Konjugation / esse)

a-Konjugation	Singular	Plural
1. Person	rogā-**ba-m**	rogā-**bā-mus**
2. Person	rogā-**bā-s**	rogā-**bā-tis**
3. Person	rogā-**ba-t**	rogā-**ba-nt**

e-Konjugation	Singular	Plural
1. Person	rīdē-**ba-m**	rīdē-**bā-mus**
2. Person	rīdē-**bā-s**	rīdē-**bā-tis**
3. Person	rīdē-**ba-t**	rīdē-**ba-nt**

Die Personalendungen sind im **Imperfekt** (1. Vergangenheit) die gleichen wie im Präsens. Ausnahme: Die 1. Pers. Sg. endet auf **-m** (vgl. sum).

Zusätzlich tritt zwischen Stamm und Endung ein Tempuszeichen. Für das Imperfekt der a- und e-Konjugation lautet es **-ba-**.

Hilfsverb esse	Singular	Plural
1. Person	er-**a-m**	er-**ā-mus**
2. Person	er-**ā-s**	er-**ā-tis**
3. Person	er-**a-t**	er-**a-nt**

Imperfekt zu **posse**: pot-eram, pot-erās, pot-erat, pot-erāmus, pot-erātis, pot-erant.

Verwendung des Imperfekts

Nach dem **Tempus** (der Zeit) Präsens werden nun diejenigen Tempora behandelt, die im Lateinischen für Handlungen und Vorgänge in der Vergangenheit verwendet werden. Die Vergangenheitstempora haben z.T. eine andere Bedeutung als im Deutschen.

Imperfekt	1. Vergangenheit
Perfekt	2. Vergangenheit
Plusquamperfekt	3. Vergangenheit

Secundus amicam diu *desiderabat.*

Secundus *sehnte sich* lange nach seiner Freundin.

Das lateinische **Imperfekt** wird im Deutschen meist mit Präteritum wiedergegeben. Es kann vor allem

→ Zustände oder Vorgänge ausdrücken, die die Haupthandlung begleiten oder ein Geschehen erläutern,
→ wiederholte Handlungen oder Ereignisse der Vergangenheit mitteilen,
→ sich entwickelnde oder noch andauernde Handlungen der Vergangenheit ausdrücken.

Sachfeld Religion

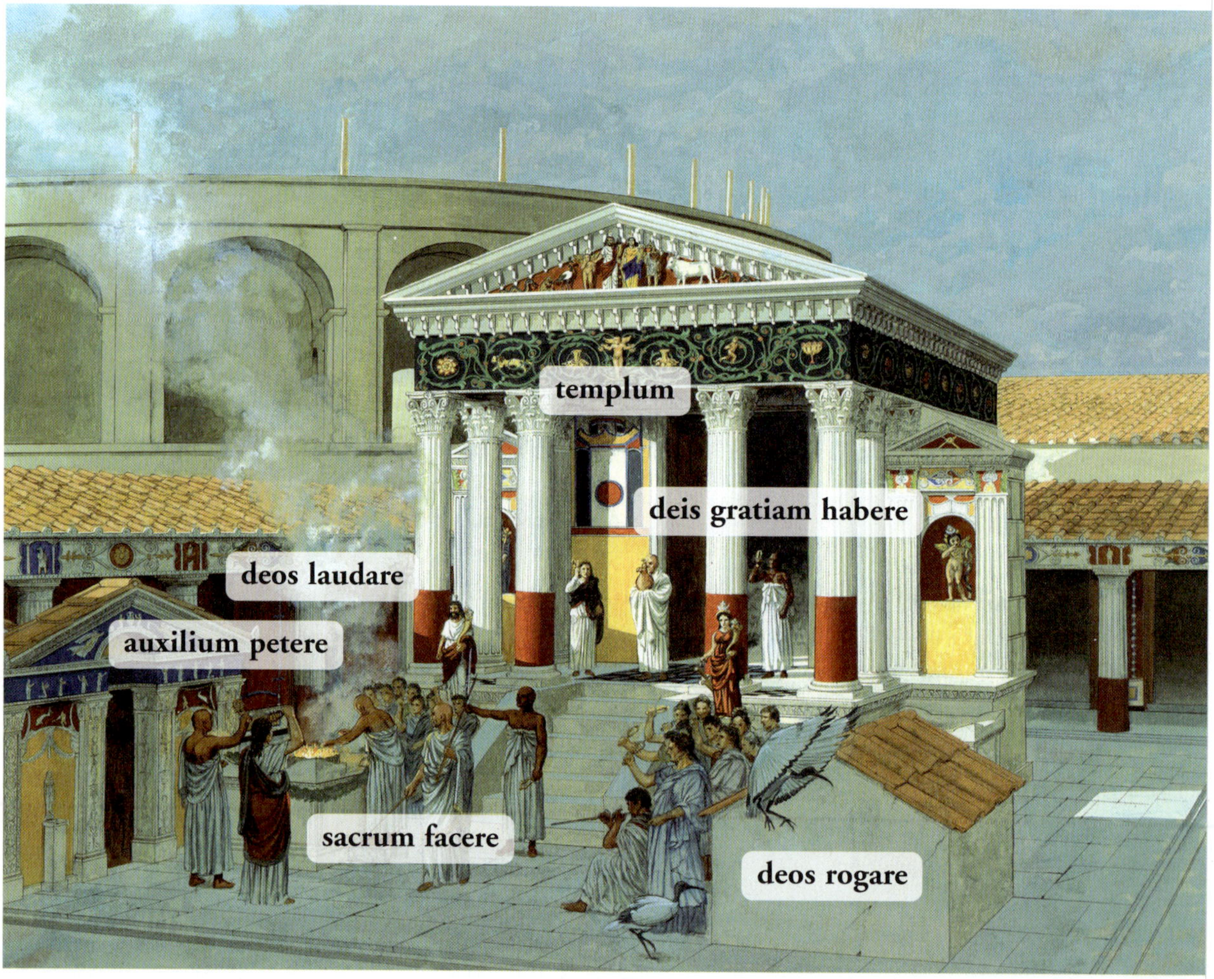

25

W

Wiederholungswörter

dūcere	führen, ziehen	prīmō	zuerst
clāmor	Geschrei, Lärm	pūgnāre	kämpfen
diū	lange (Zeit)	dēlectāre	erfreuen, unterhalten

Lernwörter

amphitheātrum	Amphitheater	
propter *Präp. m. Akk.*	wegen	
propter amōrem	wegen der Liebe	
gladiātor, gladiātōris *m*	Gladiator	*gladius*
urbs, urbis *f (Gen. Pl. -ium)*	Stadt; die Stadt Rom	*urban, e. suburb*
pars, partis *f (Gen. Pl. -ium)*	Teil, Seite	*Partei, partiell, f. part, i./s. parte*
victor, victōris *m*	Sieger	
exercēre, exerceō	üben, trainieren; quälen	*exerzieren, e. exercise*
mors, mortis *f (Gen. Pl. -ium)*	Tod	*mortuus, Salto mortale, f. mort, i. morte*
dolor, dolōris *m*	Schmerz	*dolēre, i. dolore*
vel	oder	
aqua vel vīnum	Wasser oder Wein	
negōtium	Aufgabe, Geschäft; Angelegenheit	*i. negozio*
interficere, interficiō	töten, vernichten	*facere*
annus	Jahr	*Anno Domini, f. an/année, i. anno, s. año*
virtūs, virtūtis *f*	Tapferkeit, Tüchtigkeit, Leistung	*Virtuose, e. virtue, f. vertu*

pars, partis *f (Gen. Pl. -ium)*	Teil, Seite
urbs, urbis *f (Gen. Pl. -ium)*	Stadt; die Stadt Rom
mors, mortis *f (Gen. Pl. -ium)*	Tod

F1 Verben: Imperfekt (i- / Kons. Konjugation)

i-Konjugation	Singular	Plural
1. Person	veni-ēba-m	veni-ēbā-mus
2. Person	veni-ēbā-s	veni-ēbā-tis
3. Person	veni-ēba-t	veni-ēba-nt

kons. Konjugation	Singular	Plural
1. Person	scrīb-ēba-m	scrīb-ēbā-mus
2. Person	scrīb-ēbā-s	scrīb-ēbā-tis
3. Person	scrīb-ēba-t	scrīb-ēba-nt

(i-Erweiterung)	Singular	Plural
1. Person	capi-ēba-m	capi-ēbā-mus
2. Person	capi-ēbā-s	capi-ēbā-tis
3. Person	capi-ēba-t	capi-ēba-nt

Die Personalendungen sind die gleichen wie beim Imperfekt der a- / e-Konjugation.
Das Tempuszeichen für das Imperfekt der i- und der kons. Konjugation ist **-ēba-**.

Imperfekt zu **velle**: vol-ēba-m, vol-ēbā-s, vol-ēba-t, vol-ēbā-mus, vol-ēbā-tis, vol-ēba-nt.

Substantive: 3. Deklination (auf Konsonant + s)

Beispiel: **pars, partis** *Teil, Seite*

3. Dekl. (Kons + s)	Singular	Plural
Nominativ	pars	part-ēs
Genitiv	part-is	part-ium
Dativ	part-ī	part-ibus
Akkusativ	part-em	part-ēs
Ablativ	part-e	part-ibus

Bei den Substantiven dieser Gruppe endet der Wortstamm auf zwei Konsonanten; der Nom. Sg. endet auf Konsonant + s (pars aus part-s). Diese Substantive haben im Nom. und Gen. Sg. eine unterschiedliche Silbenzahl. Sie sind meist **Feminina**.

Die Endungen sind die gleichen wie bei den Substantiven auf -or, ōris.

Ausnahme: Der Gen. Pl. endet auf -ium; er wird im Wortschatz immer eigens angegeben.

Wörter lernen: Wortbildung anwenden (Substantive)

Auch beim Erlernen von Substantiven kann die Wortbildung helfen. Viele sind nämlich von einem anderen Wort, meist einem Verb oder einem Adjektiv, mit Hilfe einer Nachsilbe (einem **Suffix**) abgeleitet, das eine bestimmte Bedeutung hat. Wenn du das zugrunde liegende Wort mit dieser Bedeutung in Verbindung bringst, kannst du dir die Bedeutung des neuen Wortes erschließen.

Zum Beispiel bezeichnet das Suffix -ium in der Regel eine Handlung oder ein Ergebnis. aedific-ium *(Gebäude)* ist also das Ergebnis des *Bauens* (aedificare).

Einige wichtige Substantiv-Suffixe sind:

-ium	z.B. aedificium	Handlung oder Ergebnis	von aedificare
-mentum	z.B. ornamentum	Mittel oder Ergebnis	von ornare
-or	z.B. dolor	Zustand oder Eigenschaft	von dolere
-tas	z.B. libertas	Zustand oder Eigenschaft	von liber
-tor	z.B. imperator	handelnde Person	von imperare

26

W Wiederholungswörter

mulier	Frau	dēesse	abwesend sein, fehlen
umbra	Schatten	cūnctī	alle (zusammen)
torquēre	drehen; quälen	vīnea	Weinberg, Weinstock

Lernwörter

sōl, sōlis *m*	Sonne	*solar, i. sole, s. sol*
regiō, regiōnis *f*	Gebiet, Gegend, Richtung	*Region*
nātiō, nātiōnis *f*	Volk, Volksstamm	*Nation*
homō, hominis *m*	Mensch	*human, f. homme, i. uomo, s. hombre*
multitūdō, multitūdinis *f*	große Zahl, Menge	*multus*
mōns, montis *m (Gen. Pl.* **-ium***)*	Berg	*Mount Everest*
fōns, fontis *m (Gen. Pl.* **-ium***)*	Quelle, Ursprung	*Fontäne*
magnitūdō, magnitūdinis *f*	Größe	*magnus*
hōra	Stunde	*e. hour, f. heure*
surgere, surgō	aufrichten; sich erheben, aufstehen	
nisī *Subj.*	wenn nicht	*sī*
āmittere, āmittō	aufgeben, verlieren	*mittere*
leō, leōnis *m*	Löwe	*e. lion*

regiō, regiōnis *f*	Gebiet, Gegend, Richtung	magnitūdō, magnitūdinis *f*	Größe
nātiō, nātiōnis *f*	Volk, Volksstamm	leō, leōnis *m*	Löwe
multitūdō, multitūdinis *f*	große Zahl, Menge	homō, hominis *m*	Mensch

Substantive: 3. Deklination (auf -o, onis / -o, inis)

F

Beispiel: **regiō, regiōnis** *Gebiet, Gegend, Richtung*

3. Dekl. (-o)	Singular	Plural
Nominativ	regiō	regiōn-**ēs**
Genitiv	regiōn-**is**	regiōn-**um**
Dativ	regiōn-**ī**	regiōn-**ibus**
Akkusativ	regiōn-**em**	regiōn-**ēs**
Ablativ	regiōn-**e**	regiōn-**ibus**

Die Substantive auf **-ō, ōnis** und **-ō, inis** sind in der Regel **Feminina**.
Ausnahmen: homō, hominis *m*
leō, leōnis *m*
Die Endungen sind die gleichen wie bei den Substantiven auf -or, ōris.

Akkusativ als Adverbiale: Akkusativ der zeitlichen Ausdehnung

S

Gladiator *multos annos* in amphitheatro pugnabat.

Der Gladiator kämpfte *viele Jahre (lang)* im Amphitheater.

Der Akkusativ der zeitlichen Ausdehnung steht auf die Frage *„wie lange?"*.

Wortfamilien

multus
multitudo

magnus
magnitudo

gladius
gladiator

imperare
imperator
imperium

amor
amare

clamor
clamare

dolor
dolere

liber
libertas
liberare

possum, **pot**es
potestas

mors, **mort**is
mortuus

servus
servitus

27

W Wiederholungswörter

subitō	plötzlich	nihil	nichts
hodiē	heute	tenēre	halten, festhalten, besitzen
adhūc	bis jetzt, noch	sonus	Ton, Klang, Geräusch

Lernwörter

mīrus, a, um	erstaunlich, sonderbar	*„Miracoli", e. miracle*
anteā *Adv.*	vorher, früher	*ante*
prīmum *Adv.*	erstens, zuerst, zum ersten Mal	
cūrāre, cūrō	pflegen, sorgen für	*kurieren*
equum cūrāre	das Pferd pflegen	
familiam cūrāre	für die Familie sorgen	
perīculum	Gefahr	*i. pericolo*
malus, a, um	schlecht, schlimm	*i. male*
sub *Präp. m. Abl.*	unter *(wo?)*	
sub carrō esse	unter dem Wagen liegen	
sub *Präp. m. Akk.*	unter *(wohin?)*	
sub carrum trahere	unter den Wagen ziehen	
mōnstrum	Ungeheuer	*Monster, e. monster*
an *(im Fragesatz)*	oder (etwa)	

sub carrō esse

sub carrum trahere

Verben: Perfekt (-v-)

a-Konjugation

Infinitiv	rogā-v-isse

	Singular	Plural
1. Person	rogā-v-ī	rogā-v-imus
2. Person	rogā-v-istī	rogā-v-istis
3. Person	rogā-v-it	rogā-v-ērunt

i-Konjugation

Infinitiv	audī-v-isse

	Singular	Plural
1. Person	audī-v-ī	audī-v-imus
2. Person	audī-v-istī	audī-v-istis
3. Person	audī-v-it	audī-v-ērunt

Die Personalendungen für das **Perfekt** (2. Vergangenheit) sind in allen Konjugationsklassen gleich. Sie werden an den **Perfektstamm** angefügt, der auf verschiedene Weise gebildet werden kann.
Wir lernen zunächst das **v-Perfekt** kennen, bei dem an den Präsensstamm als Tempuszeichen ein -v- angehängt wird. Die meisten Verben der a- und i-Konjugation bilden ein v-Perfekt.
Ausnahmen (bisher): stāre, dare, venīre, invenīre.
Die Perfektbildung zu den Ausnahmen wird später gelernt.

Verwendung des Perfekts

Gladiatores amphitheatrum intra*verunt*; et statim pugna*verunt*.

Die Gladiatoren *betraten* das Amphitheater; und sofort *kämpften* sie (miteinander).

Das lateinische **Perfekt** wird im Deutschen meist mit Präteritum wiedergegeben.
Es drückt im Lateinischen vor allem einmalige Vorgänge aus, die zum Abschluss gelangt sind. Es ist somit das Tempus, in dem die wesentlichen Ereignisse einer vergangenen Handlung erzählt werden.

28

W Wiederholungswörter

iterum	wiederum, zum zweiten Mal	relinquere	verlassen, zurücklassen
unde?	woher?	dēlēre	zerstören, vernichten
ostendere	zeigen, erklären	quamquam	obwohl

Lernwörter

timor, timōris *m*	Angst, Furcht	*timēre*
dī! *Vok.*	(oh) Götter!	*deus*
cum *Subj.*	als (plötzlich); (immer) wenn	
altus, a, um	hoch, tief	*Alt (Stimmlage)*
complēre, compleō, **complēvī**	anfüllen, auffüllen	
vōx, vōcis *f*	Stimme, Äußerung, Laut	*vocāre, Vokal, e. voice, f. voix, i. voce, s. voz*
magnā vōce	mit lauter Stimme	
flēre, fleō, **flēvī**	weinen, beweinen	
tēctum	Dach; Haus	
dēlēre, dēleō, **dēlēvī**	zerstören, vernichten	
lūx, lūcis *f*	Licht, Tageslicht	*„Lux", i. luce, s. luz*
nox, noctis *f (Gen. Pl.* **-ium***)*	Nacht	*f. nuit, i. notte, s. noche*
nōndum *Adv.*	noch nicht	
posse, possum, **potuī**	können	*potestās*
velle, volō, **voluī**	wollen	*voluntās*
esse, sum, **fuī**	sein, sich befinden	
salūs, salūtis *f*	Gesundheit, Rettung, Gruß, Glück	*salūtāre, f. salut, i. salute, s. salud*
fuga	Flucht	*Fuge (Musikstück)*

posse, possum, potuī	können	lūx, lūcis *f*	Licht, Tageslicht
velle, volō, voluī	wollen	nox, noctis *f (Gen. Pl. -ium)*	Nacht
esse, sum, fuī	sein, sich befinden	vōx, vōcis *f*	Stimme, Äußerung, Laut

Verben: Perfekt (-u-)

F1

e-Konjugation

Infinitiv	tac-u-isse

	Singular	Plural
1. Person	tac-u-ī	tac-u-imus
2. Person	tac-u-istī	tac-u-istis
3. Person	tac-u-it	tac-u-ērunt

Die Personalendungen für das Perfekt sind bereits bekannt. Das **u-Perfekt** wird mit dem Tempuszeichen -u- gebildet.
Die meisten Verben der e-Konjugation bilden ein u-Perfekt.

Ausnahmen (bisher): augēre, gaudēre, manēre, movēre, respondēre, rīdēre, sedēre, torquēre, vidēre. Die Perfektbildung zu diesen Ausnahmen wird später gelernt.
Beachte: complēre (complēvī), dēlēre (dēlēvī), flēre (flēvī) bilden ein v-Perfekt.

Perfekt zu **velle**: vol-u-ī, vol-u-istī, vol-u-it, vol-u-imus, vol-u-istis, vol-u-ērunt.

Verben: Perfekt (esse)

F2

Hilfsverb esse

Infinitiv	fu-isse

	Singular	Plural
1. Person	fu-ī	fu-imus
2. Person	fu-istī	fu-istis
3. Person	fu-it	fu-ērunt

Der Perfektstamm zu esse lautet fu-.

Perfekt zu **adesse**: ad-fuī
Perfekt zu **deesse**: dē-fuī
Perfekt zu **posse**: pot-u-ī, pot-u-istī, pot-u-it, pot-u-imus, pot-u-istis, pot-u-ērunt.

F3 Substantive: 3. Deklination (auf -x)

Beispiel: **vōx, vōcis** *Stimme, Äußerung, Laut*

3. Dekl. (-x)	Singular	Plural
Nominativ	vōx	vōc-**ēs**
Genitiv	vōc-**is**	vōc-**um**
Dativ	vōc-**ī**	vōc-**ibus**
Akkusativ	vōc-**em**	vōc-**ēs**
Ablativ	vōc-**e**	vōc-**ibus**

Die Substantive auf -x (vōx aus vōc-s) sind meist **Feminina**.

Die Endungen sind die gleichen wie bei den Substantiven auf -or, ōris.

M Wörter lernen: Verwechslungen vermeiden

Im Lateinischen gibt es viele ähnlich klingende oder ähnlich geschriebene Vokabeln, die du genau auseinanderhalten musst, da sie unterschiedliche Bedeutungen haben.
Wenn du merkst, dass du solche Wörter verwechselst, solltest du sie dir eigens notieren und die unterschiedlichen Buchstaben besonders markieren. Einige Beispiele:

tum	*Adv.*	da, damals, dann, darauf
dum	*Subj.*	während, solange, bis
cum	*Subj.*	als (plötzlich); (immer) wenn
	Präp.	mit, zusammen mit

debere	müssen, sollen
delere	zerstören, vernichten
dolere	schmerzen, wehtun
docere	lehren, unterrichten

parare	(vor)bereiten, vorhaben; erwerben
parere	gehorchen
patere	offenstehen

dicere	sagen, sprechen
ducere	führen, ziehen

ibi	*Adv.*	dort
ubi		wo

manere	bleiben, (er)warten
monere	mahnen, ermahnen
movere	bewegen, beeindrucken

mons	Berg
mors	Tod

liber		frei
libenter	*Adv.*	gerne

29

W

Wiederholungswörter

errāre	umherirren, (sich) irren	parvus	klein, gering
flēre	weinen, beweinen	cōnsilium	Beratung, Beschluss, Plan, Rat
manēre	bleiben, (er)warten	oculus	Auge

Lernwörter

līberī, līberōrum *m Pl.*	Kinder	
temptāre, temptō	angreifen; prüfen, versuchen	*e. to attempt*
tenebrae, tenebrārum *f Pl.*	Dunkelheit, Finsternis	
iacēre, iaceō	liegen	
cadere, cadō	fallen	*Kadenz*
castra, castrōrum *n Pl.*	Lager	
arma, armōrum *n Pl.*	Gerät, Waffen	*Armatur*
is, ea, id	dieser, diese, dieses; er, sie, es ; der , die , das	
dīc!	sag! sprich!	
dūc!	führe!	
Pompēī, Pompēiōrum *m Pl.*	Pompeji *(Stadt in Mittelitalien)*	
fac!	tu! mach! handle!	
posteā *Adv.*	nachher, später	*post*
reliquiae, reliquiārum *f Pl.*	Überbleibsel, Überrest, Ruine	*relinquere, Reliquie*

✳

līberī, līberōrum *m Pl.*	Kinder	tenebrae, tenebrārum *f Pl.*	Dunkelheit, Finsternis
castra, castrōrum *n Pl.*	Lager	reliquiae, reliquiārum *f Pl.*	Überbleibsel, Überrest, Ruine
arma, armōrum *n Pl.*	Gerät, Waffen		
Pompēī, Pompēiōrum *m Pl.*	Pompeji		

F Pronomen is

is, ea, id *dieser, diese, dieses; er, sie, es*

	Singular			Plural		
	m	*f*	*n*	*m*	*f*	*n*
Nominativ	is	ea	id	eī/iī	eae	ea
Genitiv		eius		eōrum	eārum	eōrum
Dativ		eī			eīs/iīs	
Akkusativ	eum	eam	id	eōs	eās	ea
Ablativ	eō	eā	eō		eīs/iīs	

S1 Pronomen is: Verwendung

Das Pronomen is hat mehrere Bedeutungen:

is servus — *dieser* Sklave

a) Das Pronomen is wird oft als **Demonstrativpronomen** (hinweisendes Fürwort) verwendet.

Ubi est gladiator? Quis *eum* videt?
Wo ist der Gladiator? Wer sieht *ihn*?

b) Das Pronomen is kommt auch als **Personalpronomen** (persönliches Fürwort) anstelle einer bereits genannten Person oder Sache vor.

Gladiator pugnat. Populus gladium *eius* videt.
Der Gladiator kämpft. Das Volk sieht *sein (dessen)* Schwert.

c) Im Genitiv werden die Formen von is, ea, id meist als **Possessivpronomen** (besitzanzeigendes Fürwort) verwendet.

S2 Substantive: Pluralwörter

liberi, liberorum *m*	tenebrae, tenebrarum *f*	castra, castrorum *n*
die Kinder	*die Dunkelheit, Finsternis*	*das Lager*

Einige lateinische Substantive kommen nur im Plural vor; teilweise müssen sie im Deutschen mit einem Singularwort übersetzt werden (z.B. *die Dunkelheit, das Lager*).

30

Wiederholungswörter

W

prīmō	zuerst	profectō	sicherlich, tatsächlich
cēnāre	essen	augēre	vergrößern, vermehren
perīculum	Gefahr	tandem	endlich

Lernwörter

avunculus	Onkel	*avus*
triclīnium	Esszimmer, Triklinium	
columna	Säule	*e. column*
spectāculum	Schauspiel	*spectāre, Spektakel*
observāre, observō	beobachten	*servāre, observieren*
fugā salūtem petere	in der Flucht die Rettung suchen, die Flucht ergreifen	

Verwendung der Tempora

S

Die Verwendung der Tempora in lateinischen Texten gibt auch Hinweise für das Verständnis.

Amicus *venit*.
Der Freund *kommt*.

Homines saepe *errant*.
Die Menschen *irren (sich)* oft.

Nox erat; subito clamorem *audio*.
Es war Nacht; plötzlich *höre* ich Lärm.

Das **Präsens** bezeichnet meist gegenwärtige Handlungen oder allgemein gültige Feststellungen.

In Erzählungen und Schilderungen wird das Präsens – wie im Deutschen – auch verwendet, um ein vergangenes Geschehen (z.B. auf dem Höhepunkt einer Handlung) anschaulicher und spannender zu gestalten.

Servi in agris *laborabant*.
Tum clamorem *audiverunt*;
statim in villam *properaverunt*.

Die Sklaven *arbeiteten* auf den Äckern.
Da *hörten* sie Lärm;
sie *eilten* sofort ins Haus.

Das **Imperfekt** gibt oft Hintergrundinformationen; es bezeichnet Vorgänge, die die Haupthandlung begleiten oder erläutern.

Das **Perfekt** ist im Lateinischen vor allem das Erzähltempus und entspricht damit dem Präteritum in der deutschen Standardsprache. Es bezeichnet einmalige Vorgänge, die zum Abschluss gelangt sind.

31

W Wiederholungswörter

libenter	gerne	timor	Angst, Furcht
oppidum	Stadt (Kleinstadt)	itaque	deshalb
respondēre	antworten	temptāre	angreifen; prüfen, versuchen
ostendere	zeigen, erklären	mortuus	tot, gestorben

Lernwörter

manēre, maneō, **mānsī**	bleiben, (er)warten	*permanent*
monumentum	Denkmal	*monēre, Monument*
sentīre, sentiō, sēnsī	fühlen, meinen, wahrnehmen	*sensibel, sentimental*
aspicere, aspiciō, **aspexī**	erblicken, ansehen	
scrībere, scrībō, **scrīpsī**	schreiben, beschreiben	
ōra	Küste	
dūcere, dūcō, **dūxī**	führen, ziehen	*addūcere, dēdūcere*
studium	Beschäftigung, Engagement, Interesse	*studēre, Studium*
dīcere, dīcō, **dīxī**	sagen, sprechen	
statua	Statue	*stāre*
ecce	Schau! Sieh da! Schaut! Seht da!	
augēre, augeō, **auxī**	vergrößern, vermehren	*Auktion*
torquēre, torqueō, **torsī**	drehen; quälen	
Herculēs, is *m*	Herkules *(berühmtester Held der griechischen Sagenwelt)*	
mittere, mitto, **mīsī**	(los)lassen, schicken, werfen	*āmittere*
dare, dō, **dedī**	geben	
stāre, stō, **stetī**	stehen	*statua, e. to stay*
etsī	auch wenn, obwohl	*et, sī*
cadere, cadō, **cecidī**	fallen	
occidere, occidō, occidī	(zu Boden) fallen, umkommen, untergehen	*Okzident*

āmittere, āmittō, **āmīsī**	aufgeben, verlieren	*mittere*	W
trahere, trahō, **trāxī**	schleppen, ziehen		
respondēre, respondeō, **respondī**	antworten		
enim *(nachgestellt)*	nämlich, denn		
rīdēre, rīdeō, **rīsī**	lachen, auslachen	*f. rire, i. ridere*	
praestāre, praestō, praestitī *m. Akk.*	gewähren, leisten, zeigen	*stāre*	

manēre, maneō, mānsī	bleiben, (er)warten	sentīre, sentiō, sēnsī	fühlen, meinen, wahrnehmen
rīdēre, rīdeō, rīsī	lachen, auslachen	mittere, mittō, mīsī	(los)lassen, schicken, werfen
torquēre, torqueō, torsī	drehen; quälen	āmittere, āmittō, āmīsī	aufgeben, verlieren
augēre, augeō, auxī	vergrößern, vermehren	scrībere, scrībō, scrīpsī	schreiben, beschreiben
respondēre, respondeō, respondī	antworten	aspicere, aspiciō, aspexī	erblicken, ansehen
dare, dō, dedī	geben	dīcere, dīcō, dīxī	sagen, sprechen
stāre, stō, stetī	stehen	dūcere, dūcō, dūxī	führen, ziehen
praestāre, praestō, praestitī *m. Akk.*	gewähren, leisten, zeigen	trahere, trahō, trāxī	schleppen, ziehen
		cadere, cadō, cecidī	fallen
		occidere, occidō, occidī	(zu Boden) fallen, umkommen, untergehen

Der griechische Held Herakles (lat. Hercules) mit seinen typischen Attributen: Keule und Löwenfell. Nach dem Sieg über den Nemeischen Löwen trug Herkules dessen Fell als Trophäe stets bei sich. Griechische Vasenmalerei. 575 v. Chr. Paris, Musée du Louvre.

Nach dem **v**-Perfekt (meistens bei Verben der a- und i-Konjugation) und dem **u**-Perfekt (meistens bei Verben der e-Konjugation) werden nun weitere **Arten der Perfektbildung** behandelt, die bei Verben aller Konjugationsklassen gleichermaßen auftreten. Die Personalendungen, die an den Perfektstamm angehängt werden, sind immer die gleichen wie beim v- und u-Perfekt.

F1 Verben: Perfekt (-s-)

Inf. Präs.	1. Sg. Präs.	Präsensstamm	Perfektstamm	1. Sg. Perf.
manēre	mane-ō	manē-	māns-	māns-ī
scrībere	scrīb-ō	scrīb-	scrīps- (aus scrībs-)	scrīps-ī
dūcere	dūc-ō	dūc-	dūx- (aus dūcs-)	dūx-ī
rīdēre	rīde-ō	rīdē-	rīs- (aus rīds-)	rīs-ī

Das **s-Perfekt** wird mit dem Tempuszeichen -s- gebildet. Daneben sind im Perfektstamm weitere lautliche Veränderungen gegenüber dem Präsensstamm möglich (z.B. dūx- aus dūcs-).

F2 Verben: Perfekt (Reduplikation)

Inf. Präs.	1. Sg. Präs.	Präsensstamm	Perfektstamm	1. Sg. Perf.
cadere	cad-ō	cad-	cecid-	cecid-ī
dare	dō	da-	ded-	ded-ī
stāre	stō	stā-	stet-	stet-ī
occidere	oc-cidō	oc-cid-	oc-cid-	oc-cid-ī

Das **Reduplikationsperfekt** wird durch **„Verdoppelung“** (Duplizierung) des Wortanfangs gebildet: Der anlautende Konsonant (z.B. **c** bei cadere) wird mit einem Bindevokal vor den Präsensstamm gesetzt. Daneben sind im Perfektstamm weitere lautliche Veränderungen gegenüber dem Präsensstamm möglich.

Bei den Komposita entfällt meist die Reduplikation im Perfekt (z.B. óc-cid-ī).

Beachte: Um die Perfektformen richtig erkennen und zuordnen zu können, ist künftig im Wortschatz neben dem Infinitiv Präsens und der 1. Pers. Sg. Präsens immer auch die 1. Pers. Sg. Perf. angegeben, die mitgelernt werden muss.

Beispiel: dūcere, dūcō, dūxī

32

Wiederholungswörter

W

audīre	hören	propter	wegen
statim	sofort	prīmō	zuerst
profectō	sicherlich, tatsächlich	nōndum	noch nicht

Lernwörter

venīre, veniō, **vēnī**	kommen	
sedēre, sedeō, **sēdī**	sitzen	*e. to sit*
vidēre, videō, **vīdī**	sehen	*Video, wissen, e. to view*
vincere, vincō, vīcī	(be)siegen, übertreffen	*victor*
interficere, interficiō, **interfēcī**	töten, vernichten	*facere*
ita *Adv.*	so	
Augīās, Augīae *m*	Augias *(mythischer König)*	
rēx, rēgis *m*	König	*Tyrannosaurus rex, i. re, f. roi*
relinquere, relinquō, **relīquī**	verlassen, zurücklassen	*e. to relinquish*
vix *Adv.*	kaum, (nur) mit Mühe	
invenīre, inveniō, **invēnī**	finden, erfinden	*venīre*
factum	Handlung, Tat, Tatsache	*facere, Faktum, e. fact*
facere, faciō, **fēcī**	machen, tun, handeln	
agere, agō, ēgī	handeln, treiben, verhandeln	*agieren*
comprehendere, comprehendō, comprehendī	begreifen, ergreifen, festnehmen	*e. to comprehend, f. comprendre*
dēscendere, dēscendō, **dēscendī**	herabsteigen	*e. to descend*
fluvius	Fluss	
capere, capiō, **cēpī**	fassen, nehmen; erobern	*kapieren, Kapazität*
cōnsilium capere	einen Plan (Entschluss) fassen	
vertere, vertō, vertī	drehen, wenden	*intro-vertiert*
movēre, moveō, **mōvī**	bewegen, beeindrucken	*e. to move*
fābula	Erzählung, Geschichte, Theaterstück	*Fabel, fabelhaft*

movēre, moveō, mōvī	bewegen, beeindrucken	interficere, interficiō, interfēcī	töten, vernichten
sedēre, sedeō, sēdī	sitzen	relinquere, relinquō, relīquī	verlassen, zurücklassen
vidēre, videō, vīdī	sehen	vincere, vincō, vīcī	(be)siegen, übertreffen
venīre, veniō, vēnī	kommen	comprehendere, comprehendō, comprehendī	begreifen, ergreifen, festnehmen
invenīre, inveniō, invēnī	finden, erfinden	dēscendere, dēscendō, dēscendī	herabsteigen
agere, agō, ēgī	handeln, treiben, verhandeln	vertere, vertō, vertī	drehen, wenden
capere, capiō, cēpī	fassen, nehmen; erobern		
facere, faciō, fēcī	machen, tun, handeln		

F1 Verben: Perfekt (Dehnung)

Inf. Präs.	1. Sg. Präs.	Präsensstamm	Perfektstamm	1. Sg. Perf.
vidēre	vide-ō	vidē-	vīd-	vīd-ī
venīre	veni-ō	venī-	vēn-	vēn-ī
agere	ag-ō	ag-	ēg-	ēg-ī
capere	capi-ō	capi-	cēp-	cēp-ī

Beim **Dehnungsperfekt** wird der Stammvokal in der Aussprache gedehnt und manchmal zusätzlich verändert.

F2 Verben: Perfekt (ohne Stammveränderung)

Inf. Präs.	1. Sg. Präs.	Präsensstamm	Perfektstamm	1. Sg. Perf.
comprehendere	comprehendō	comprehend-	comprehend-	comprehend-ī
vertere	vertō	vert-	vert-	vert-ī

Bei einigen Verben ist der Perfektstamm gegenüber dem Präsensstamm unverändert.

Daher ist bei einigen Verbformen das Tempus nicht eindeutig (z.B. vertit). Ob Präsens oder Perfekt vorliegt, ist dann nur dem Textzusammenhang zu entnehmen.

W

Wiederholungswörter

imperium	Befehl, Herrschaft, Reich	cūnctī	alle (zusammen)
potestās	(Amts-)Gewalt, Macht	līber	frei
dolus	List, Täuschung	mōnstrum	Ungeheuer

Lernwörter

Eurystheus *m*	Eurystheus *(mythischer König von Mykene)*	
gaudēre *m. Abl.* auxiliō gaudēre	sich freuen über sich über die Hilfe freuen	*Gaudi*
labōrāre *m. Abl.* dolōribus labōrāre	leiden an, in Not / Sorge sein wegen an Schmerzen leiden	*laborieren*
dolēre *m. Abl.* iniūriā dolēre	traurig sein über über ein Unrecht traurig sein	*dolor*
carēre, careō *m. Abl.* amīcīs carēre	frei sein von, ohne (etwas) sein, nicht haben keine Freunde haben, ohne Freunde sein	
labor, labōris *m*	Arbeit, Anstrengung	*Labor(atorium)*
līber, a, um (ā) *m. Abl.* līber (ā) timōre	frei von frei von Angst	
officium	Dienst, Pflicht(gefühl)	*offiziell, Offizier, e. office*
eō annō	in diesem Jahr	*annus*
tamen	dennoch, jedoch	
nocte	nachts	*nox*
paulō post	(ein) wenig später	
Plūtō, Plūtōnis *m*	Pluto *(Gott der Unterwelt)*	
prohibēre, prohibeō (ā) *m. Abl.* (ā) lacrimīs prohibēre	abhalten (von), hindern (an) von (den) Tränen abhalten, am Weinen hindern	*habēre, e. to prohibit*

Fortsetzung ⟶

W

Cerberus	Zerberus *(der dreiköpfige Höllenhund)*	
ostendere, ostendō, **ostendī**	zeigen, erklären	
servāre *(ā m. Abl.)*	bewahren (vor), retten (vor)	
prīmus, a, um	der erste	*prīmō, prīmum*
prīmā lūce	bei Tagesanbruch	*i. luce*
eā hōrā	in dieser Stunde	

S1 Ablativ als Adverbiale: Ablativ der Zeit

ann*ō* nov*ō*

im neuen Jahr

e*ā* noct*e*

in dieser Nacht

prīm*ā* lūc*e*

bei Tagesanbruch

Der Ablativ zur Angabe einer Zeit (Ablativus temporis) steht auf die Frage *„wann?"*.

S2 Ablativ als Adverbiale: Ablativ des Grundes

auxili*ō* deōrum gaudēre

sich über die Hilfe der Götter freuen

mort*e* amīcae dolēre

über den Tod der Freundin traurig sein (wegen des Todes)

Der Ablativ zur Angabe eines Grundes (Ablativus causae) steht auf die Fragen *„worüber?"* oder *„weshalb?"*.

Ablativ als Objekt / Adverbiale: Ablativ der Trennung

(ab) urb*e* prohibēre von der Stadt abhalten	*(ē)* perīcul*ō* līberāre aus der Gefahr befreien
līber *(ā)* timōr*e* frei von Furcht	amīc*īs* carēre keine Freunde haben, ohne Freunde sein

Der Ablativ der Trennung (Ablativus separativus) steht nach Verben (und Adjektiven), die im weitesten Sinn eine Trennung ausdrücken. Oft passt die Frage *„wovon?"*.

Der Ablativ der Trennung steht manchmal nach einer Präposition, die übersetzt wird. Wenn er ohne Präposition steht, wird im Wortschatz eigens darauf hingewiesen.

Nach intransitiven Verben (z.B. carēre) steht der Ablativ der Trennung als Objekt und ist als Satzglied notwendig; bei transitiven Verben (z.B. līberāre) hat er die Funktion des Adverbiales.

Verben, die ein Akkusativobjekt nach sich haben können, nennt man „transitive Verben", die anderen heißen „intransitive Verben".

Gegensätze

ridere ↔ flere
gaudere ↔ dolere

laudare ↔ monere
habere ↔ carere
dare ↔ capere
rogare ↔ respondere
dicere ↔ tacere

libertas ↔ servitus

bonus ↔ malus

antea ↔ postea

34

W Wiederholungswörter

clāmāre	laut rufen, schreien	quīn?	warum nicht?
ōra	Küste	nōnne?	(etwa) nicht?
patria	Heimat	latēre	verborgen sein
scīre	wissen, kennen, verstehen	enim	nämlich, denn

Lernwörter

Trōiānus, a, um	trojanisch; *Subst.* Trojaner, Einwohner von Troja	
Graecī, ōrum *m Pl.*	die Griechen	
putāre, putō	glauben, meinen	*Com-puter, Dis-put*
certē / certō *Adv.*	gewiss, sicherlich	*Zerti-fikat*
bellum	Krieg	
paulātim *Adv.*	allmählich	*paulō post*
cēdere, cēdō, cessī	gehen, nachgeben, weichen	
petere, petō, **petīvī**	aufsuchen, (er)streben, bitten, verlangen	
cōnsistere, cōnsistō, **cōnstitī**	stehenbleiben, haltmachen, sich aufstellen	
alius, alia, aliud	ein anderer	
animadvertere, animadvertō, animadvertī *m. AcI / Akk.*	bemerken	*animus, ad, vertere*
Lāocoōn, Lāocoontis *m*	Laokoon *(trojanischer Priester)*	
honestus, a, um	ehrenhaft, angesehen	*honor*
cōnstat Cōnstat Herculem hominibus adfuisse.	es ist bekannt, es steht fest Es ist bekannt, dass Herkules den Menschen half.	*stāre*

Akkusativ mit Infinitiv (AcI)

→ Erscheinungsform und Übersetzung

Claudia *amicum laborare* videt.

Claudia sieht *einen Freund arbeiten.*

Hier tritt zum Akkusativobjekt (amicum *einen Freund*) noch ein Infinitiv (laborare *arbeiten*) hinzu; diese Konstruktion gibt es auch im Deutschen. Im Lateinischen ist diese Konstruktion, der **AcI (Accusativus cum Infinitivo)**, jedoch viel häufiger; er kommt meist nach Verben vor, nach denen eine wörtliche Wiedergabe des AcI im Deutschen nicht möglich ist:

Claudia *amicum laborare* scit.

Claudia weiß, *dass der Freund arbeitet.*

Die übliche **Übersetzung** des AcI ist ein mit ***dass*** eingeleiteter Gliedsatz; der Akkusativ wird Subjekt, der Infinitiv wird Prädikat des Gliedsatzes.

Claudia scit: Amicus laborat.
Claudia *amicum laborare* scit.

Claudia weiß: Der Freund arbeitet.
Claudia weiß, *dass der Freund arbeitet*

Man kann den AcI als eigenständigen Aussagesatz verstehen, der vom Prädikat eines anderen Satzes (hier: scit) abhängig gemacht wird; der AcI wird daher als **satzwertige Konstruktion** bezeichnet.

Claudiam *amicum* exspectare scimus.

Wir wissen, dass Claudia *den Freund* erwartet.

Die Aussage des Infinitivs kann ergänzt werden:
... durch ein Objekt (hier: amicum),

Amicum Claudiae *diu* laborare scimus.

Wir wissen, dass Claudias Freund *lange* arbeitet.

... durch ein Adverbiale (hier: diu)

Claudiam *pulchram* esse scimus.

Wir wissen, dass Claudia *schön* ist.

... oder durch ein Prädikatsnomen im Akkusativ (hier: pulchram). Dadurch können Akkusativ und Infinitiv manchmal weit voneinander getrennt sein.

→ Auf einen Blick:

lateinisch:		A	I
		↓	↓
deutsch:	„dass"	Subjekt	Prädikat

1. Suche und markiere A und I.
2. Setze „dass" ein.
3. A wird Subjekt, I wird Prädikat des dass-Satzes.

S

→ **Zeitverhältnis**

Claudia amicum labora*re scit*.

Claudia *weiß*, dass der Freund *arbeitet*.

Claudia amicum labora*re scivit*.

Claudia *wusste*, dass der Freund *arbeitete*.

Die Formen des **Infinitiv Präsens** drücken aus, dass das Geschehen des AcI mit dem des Prädikats gleichzeitig abläuft; sie bezeichnen die Gleichzeitigkeit **(Infinitiv der Gleichzeitigkeit)**.

Claudia amicum labora*visse scit*.

Claudia *weiß*, dass der Freund *gearbeitet hat*.

Claudia amicum labora*visse scivit*.

Claudia *wusste*, dass der Freund *gearbeitet hatte*.

Die Formen des **Infinitiv Perfekt** drücken aus, dass das Geschehen des AcI vor dem des Prädikats stattgefunden hat; sie bezeichnen die Vorzeitigkeit **(Infinitiv der Vorzeitigkeit)**.

→ **Auf einen Blick:**

Hauptsatz	AcI (lat.)	Zeitverhältnis →	dass-Satz (dt.)
Präsens	Infinitiv Präsens	gleichzeitig →	Präsens
Vergangenheit	Infinitiv Präsens	gleichzeitig →	Präteritum
Präsens	Infinitiv Perfekt	vorzeitig →	Perfekt
Vergangenheit	Infinitiv Perfekt	vorzeitig →	Plusquamperfekt

→ **Satzgliedfunktionen**

Constat amicum laborare.

Es ist bekannt, dass der Freund arbeitet.

Nach unpersönlichen Ausdrücken (z.B. constat) steht der AcI als Subjekt.

Claudia *scit* amicum laborare.

Claudia *weiß*, dass der Freund arbeitet.

Nach Verben des Wahrnehmens (z.B. videre), des Meinens oder Wissens (z.B. scire), des Redens oder Erzählens (z.B. dicere) steht der AcI als Objekt.

Wiederholungswörter

aedificium	Gebäude	semper	immer
ōrnāre	ausstatten, schmücken	exīstimāre	meinen, einschätzen
autem	aber, andererseits	dēscendere	herabsteigen
tantum	nur	cūrāre	pflegen, sorgen für

Lernwörter

Dīdō, Dīdōnis *f*	Dido *(die Gründerin und Königin Karthagos)*	
cīvis, cīvis *m (Gen. Pl.* **-ium***)*	Bürger	*cīvitās, zivil, e. civil*
Aenēās, Aenēae *m*	Äneas *(Trojaner und Stammvater der Römer)*	
sibi *Dat.*	sich	
quaerere, quaerō, quaesīvī	erwerben wollen, suchen, fragen	
suus, a, um	sein, ihr	
sēcum	mit sich, bei sich	
cōgitāre, cōgitō	denken, beabsichtigen	
convenīre, conveniō, convēnī	zusammenkommen, zusammenpassen, besuchen	*venīre, invenīre*
marītus	Ehemann	*i. marito*
vīvere, vīvō, vīxī	leben	*vīta*
oportet Tē venīre oportet.	es gehört sich, es ist nötig Es ist nötig, dass du kommst. Du musst kommen.	
Carthāgō, Carthāginis *f*	Karthago *(Stadt in Nordafrika)*	
fīnis, fīnis *m (Gen. Pl.* **-ium***)*	Ende, Grenze, Ziel, Zweck; *Pl.* Gebiet	*Finale*

F1 Reflexivpronomen (Rückbezügliches Fürwort)

3. Person	Singular und Plural	
Nominativ	–	–
Dativ	sibi	*sich*
Akkusativ	sē	*sich*
Ablativ	ā sē sē-cum	*von sich* *mit sich*

Das Reflexivpronomen hat jeweils nur eine Form für die drei Genera; auch Singular und Plural werden nicht unterschieden.

Die Verwendung der wenig gebräuchlichen Genitivform wird später anhand von Wendungen gelernt.

F2 Substantive: 3. Deklination (gleichsilbige auf -is)

Beispiel: **cīvis, cīvis** *Bürger*

3. Deklination	Singular	Plural
Nominativ	cīv-**is**	cīv-**ēs**
Genitiv	cīv-**is**	cīv-**i um**
Dativ	cīv-**ī**	cīv-**ibus**
Akkusativ	cīv-**em**	cīv-**ēs**
Ablativ	(cum) cīv-**e**	(cum) cīv-**ibus**

Die gleichsilbigen Substantive auf -is haben im Nom. und Gen. Sg. die gleiche Silbenzahl. Die Endungen sind die gleichen wie bei den Substantiven auf -or, ōris.

Ausnahme: Der Gen. Pl. endet (wie bei den Substantiven auf Konsonant + s) in der Regel auf -**ium**. Er wird im Wortschatz immer eigens angegeben.

Pronomina im AcI

S1

> Syrus *se* servum bonum esse putat.
>
> Syrus glaubt, dass *er (selbst)* ein guter Sklave ist.

Ein Reflexivpronomen (hier: se) in einem AcI bezieht sich in der Regel auf das Subjekt des Satzes (hier: Syrus).

> Etiam dominus *eum* servum bonum esse putat.
>
> Auch der Herr glaubt, dass *er / dieser* (= Syrus) ein guter Sklave ist.

Formen des Pronomens is in einem AcI beziehen sich auf andere Personen (oder Sachen).

Pronomen suus: Verwendung

S2

> Gladiator gladio *suo* pugnat.
>
> Der Gladiator kämpft mit *seinem (eigenen)* Schwert.

Das Pronomen suus, a, um wird **reflexiv** (rückbezüglich) verwendet, es bezieht sich auf das Subjekt des Satzes (hier: gladiator).

> Vir gladium *eius* timet.
>
> Der Mann fürchtet *sein / dessen* Schwert.

Die Genitivformen des Pronomens is beziehen sich dagegen nicht auf das Subjekt, sondern auf andere Personen (oder Sachen).

... gladio *suo* pugnat.

... gladium *eius* timet.

36

W Wiederholungswörter

altus	hoch, tief	properāre	eilen, sich beeilen
mūrus	Mauer	animadvertere	bemerken
subitō	plötzlich	victor	Sieger
vincere	(be)siegen, übertreffen		

Lernwörter

Latīnī, Latīnōrum *m Pl.*	die Latiner *(Volksstamm in Italien)*	
mūnīre, mūniō	bauen, befestigen, schützen	*Munition*
circum *Präp. m. Akk.*	rings um, um … herum	*Zirkus*
circum mūrōs	um die Mauern (herum)	
Latīnus	Latinus *(König der Latiner)*	
dēspērāre, dēspērō	die Hoffnung aufgeben, verzweifeln	*spērāre, Desperado*
dē salūte dēspērāre	die Hoffnung auf Rettung aufgeben	
Turnus	Turnus *(Anführer der Rútuler, Gegner des Äneas)*	
spērāre, spērō	erwarten, hoffen	*dēspērāre*
dēmōnstrāre, dēmōnstrō	beweisen, darlegen	*demonstrieren, Demonstrativpronomen*
audācia	Frechheit, Kühnheit	
violāre, violō	verwunden, verletzen, entehren	
ferrum	Eisen; Waffe	
surgere, surgō, **surrēxī**	aufrichten; sich erheben, aufstehen	*e. to surge*
Italia	Italien	
caedere, caedō, cecīdī	fällen, töten	
dōnāre, dōnō	schenken	*dōnum*
venia	Gefallen; Nachsicht, Verzeihung	
quidem *Adv.*	freilich, gewiss, wenigstens, zwar	
occīdere, occīdō, occīdī	niederschlagen, töten	*caedere*

Verben: Plusquamperfekt

a-Konjugation	Singular	Plural
1. Person	rogā-v-era-m	rogā-v-erā-mus
2. Person	rogā-v-erā-s	rogā-v-erā-tis
3. Person	rogā-v-era-t	rogā-v-era-nt

Die Personalendungen für das **Plusquamperfekt** (3. Vergangenheit) sind in allen Konjugationsklassen gleich; sie entsprechen denen des Imperfekts.

Zusätzlich tritt zwischen den **Perfektstamm** und die Endungen das Kennzeichen -era-.

Beispiele für das Plusquamperfekt bei verschiedenen Arten der Perfektbildung:

Plusqpf.		
1. Person	rogāv-era-m	*ich hatte gebeten*
	tacu-era-m	*ich hatte geschwiegen*
	māns-era-m	*ich war geblieben*
	cecid-era-m	*ich war gefallen*
	vīd-era-m	*ich hatte gesehen*
	vert-era-m	*ich hatte gewendet*
	fu-era-m	*ich war gewesen*

Verwendung des Plusquamperfekts

Mercurius Aeneam *monuerat*.
Itaque Aeneas Didonem reliquit.

Merkur *hatte* Äneas *gemahnt*.
Deshalb verließ Äneas Dido.

Das lateinische **Plusquamperfekt** wird auch im Deutschen mit Plusquamperfekt (3. Vergangenheit) wiedergegeben.
Es bezeichnet ein Ereignis der Vergangenheit, das zeitlich **vor** einem anderen Ereignis der Vergangenheit liegt. Daher heißt das Plusquamperfekt auch Vorvergangenheit.

37

W Wiederholungswörter

cōnsilium	Beratung, Beschluss, Plan, Rat	puer	Junge
temptāre	angreifen; prüfen, versuchen	aspicere	erblicken, ansehen
mox	bald	ingenium	Begabung, Talent, Verstand
parvus	klein, gering	regiō	Gebiet, Gegend, Richtung

Lernwörter

Faustulus	Faustulus *(Hirte, der Romulus und Remus entdeckte)*	
ācer, ācris, ācre	energisch, heftig, scharf	
bibere, bibō, **bibī**	trinken	*s. bibir*
pellere, pellō, pepulī	stoßen, schlagen, (ver)treiben	
celer, celeris, celere	schnell	
tamquam tam so	*Adv.* wie *Subj.* wie wenn, als ob	
sīgnum	Merkmal, Zeichen; Statue	*Signal, e. sign*
Rōmulus / Remus	Romulus / Remus *(Zwillingsbrüder und sagenhafte Gründer Roms)*	
iuvenis, iuvenis *m*	junger Mann; *Adj.* jung	
comes, comitis *m/f*	Begleiter(in), Gefährte, Gefährtin	
mīles, mīlitis *m*	Soldat	*Militär*
repellere, repellō, reppulī	zurückstoßen, abweisen, vertreiben	*pellere*

✳

ācer, ācris, ācre	energisch, heftig, scharf
celer, celeris, celere	schnell

Adjektive: 3. Deklination (dreiendige)

Beispiel: **ācer** *m*, **ācris** *f*, **ācre** *n* *energisch, heftig, scharf*

Singular	*m*	*f*	*n*
Nominativ	ācer	ācr-**is**	ācr-**e**
Genitiv		ācr-**is**	
Dativ		ācr-**ī**	
Akkusativ		ācr-**em**	ācr-**e**
Ablativ		ācr-**ī**	

Plural	*m*	*f*	*n*
Nominativ		ācr-**ēs**	ācr-**ia**
Genitiv		ācr-**ium**	
Dativ		ācr-**ibus**	
Akkusativ		ācr-**ēs**	ācr-**ia**
Ablativ		ācr-**ibus**	

Die **Adjektive** der 3. Deklination stimmen in den meisten Kasusendungen mit den Substantiven der 3. Deklination (z.B. auf -or, ōris) überein.

Ausnahmen:

-ī	Abl. Sg.
-ia	Nom. / Akk. Pl. *n*
-ium	Gen. Pl.

Der Gen. Pl. -ium kommt auch bei einigen Substantiven vor.

Die dreiendigen Adjektive der 3. Deklination haben im Nom. Sg. für jedes Genus eine eigene Form.

Substantive: 3. Deklination (ungleichsilbige auf -es, itis)

Beispiel: **comes, comitis** *Begleiter(in), Gefährte, Gefährtin*

Die ungleichsilbigen Substantive auf -es, **itis** sind in der Regel **Maskulina**. Der Wortstamm (comit-) ist auch hier am Genitiv zu erkennen.

Die Endungen sind die gleichen wie bei den Substantiven auf -or, ōris.

W Wiederholungswörter

frāter	Bruder	fūr	Dieb
turba	(Menschen-)Menge	dēlēre	zerstören, vernichten
silva	Wald	venīre	kommen
comprehendere	begreifen, ergreifen, festnehmen	dīcere	sagen, sprechen

Lernwörter

locus	Ort, Platz, Stelle	*Lokal*
ūnus, a, um	einer, ein einziger	*e. one, i. uno*
ūnus ē / ex *m. Abl.*	einer von	
fortis, e	kräftig, tapfer	*i. forte*
trīstis, e	traurig, unfreundlich	*trist*
dēfendere, dēfendō, dēfendī (ā *m. Abl.*)	abwehren, verteidigen (vor / gegen)	*defensiv*
Amūlius	Amulius *(König von Alba, Bruder des Numitor)*	
accūsāre, accūsō	anklagen, beschuldigen	*Akkusativ, e. to accuse*
turpis, e	unanständig, hässlich, schändlich	
postquam *Subj.*	nachdem, als	*post, posteā*
Numitor, Numitōris *m*	Numitor *(König von Alba, Großvater von Romulus und Remus)*	
dulcis, e	angenehm, süß	*f. doux, i. dolce*
crūdēlis, e	grausam	*e./f. cruel*
omnis, e	jeder, ganz; *Pl.* alle	*Omnibus*

omnis, e	jeder, ganz; *Pl.* alle	turpis, e	unanständig, hässlich, schändlich
fortis, e	kräftig, tapfer	crūdēlis, e	grausam
trīstis, e	traurig, unfreundlich	dulcis, e	angenehm, süß
		postquam *Subj.*	nachdem, als

Adjektive: 3. Deklination (zweiendige)

Beispiel: **fortis** *m*, **fortis** *f*, **forte** *n* *kräftig, tapfer*

	Singular			Plural		
	m	*f*	*n*	*m*	*f*	*n*
Nominativ	fort-is		fort-e	fort-ēs		fort-ia
Genitiv	fort-is			fort-ium		
Dativ	fort-ī			fort-ibus		
Akkusativ	fort-em		fort-e	fort-ēs		fort-ia
Ablativ	fort-ī			fort-ibus		

Bei den zweiendigen Adjektiven der 3. Deklination fallen im Nominativ und Akkusativ die maskulinen und femininen Formen zusammen; ansonsten sind die Kasusendungen denen der dreiendigen Adjektive gleich.

Gliedsätze: Tempora nach Subjunktionen

Bei den Subjunktionen dum und postquam, die Temporalsätze einleiten, ist das unterschiedliche Tempus im Deutschen und Lateinischen zu beachten:

Faustulus, *dum* in silva *errat (Präsens)*, pueros aspexit.

Während Faustulus im Wald *umherirrte (Präteritum)*, erblickte er die Jungen.

Nach **dum** (in der Bedeutung *während*) steht im Lateinischen immer *Präsens*; im Deutschen steht in der Regel das gleiche Tempus wie im Hauptsatz.

Postquam lupa pueros *reliquit (Perfekt)*, Faustulus eos uxori portavit.

Nachdem die Wölfin die Jungen *verlassen hatte (Plusquamperfekt)*, brachte sie Faustulus seiner Frau.

Nach **postquam** (in der Bedeutung *nachdem*) steht im Lateinischen immer Perfekt; im Deutschen steht nach einem Vergangenheitstempus im Hauptsatz Plusquamperfekt, nach einem Präsens im Hauptsatz Perfekt.

Wiederholungswörter

urbs	Stadt; die Stadt Rom	mōns	Berg
aedificāre	bauen	sīgnum	Merkmal, Zeichen; Statue
placēre	gefallen	vōx	Stimme, Äußerung, Laut
invenīre	finden, erfinden	arma	Gerät, Waffen

Lernwörter

quī, quae, quod	welcher, welche, welches; der, die, das	
idōneus, a, um	geeignet, passend	*i. idoneo*
dēligere, dēligō, dēlēgī	(aus)wählen	
condere, condō, condidī	verwahren, verbergen; erbauen, gründen	
maximē *Adv.*	am meisten, besonders	
opportūnus, a, um	geeignet, günstig	*opportunistisch*
nātūra	Natur, Wesen, Beschaffenheit	*e./f. nature, i./s. natura*
multum *Adv.*	sehr, viel	*multus*
multum valēre	großen Einfluss haben	*valēre*
Aventīnus	der Aventin *(am Tiber gelegener Hügel Roms)*	
contendere, contendō, contendī	sich anstrengen, kämpfen; eilen; behaupten	*e. to contend*
Palātium	der Palatin *(einer der sieben Hügel Roms)*	*Palast*
sex *indekl.*	sechs	*e./f. six*
Līvius	Titus Livius *(berühmter römischer Geschichtsschreiber, 59 v. Chr. – 17 n. Chr.)*	
accipere, accipiō, accēpī	erhalten, erfahren, annehmen	*capere, akzeptieren, e. to accept*

Relativpronomen (Bezügliches Fürwort)

F

quī, quae, quod *welcher, welche, welches; der, die, das*

	Singular			Plural		
	m	*f*	*n*	*m*	*f*	*n*
Nominativ	quī	quae	quod	quī	quae	quae
Genitiv		cuius		quōrum	quārum	quōrum
Dativ		cui			quibus	
Akkusativ	quem	quam	quod	quōs	quās	quae
Ablativ	quō	quā	quō		quibus	

Die Ablativformen werden je nach Zusammenhang mit Hilfe entsprechender Präpositionen übersetzt, z.B. *mit dem* oder *durch das*.

Relativsatz als Attribut

S

Servus, *qui* bene laborat, dominum delectat.

Ein Sklave, *der* gut arbeitet, erfreut den Herrn.

Servus, *quem* dominus monet, non bene laborat.

Der Sklave, *den* der Herr ermahnt, arbeitet nicht gut.

Das Relativpronomen (hier: qui, quem) richtet sich in Numerus und Genus nach seinem Bezugswort (hier: servus); der Kasus wird – wie auch im Deutschen – durch die Konstruktion des Relativsatzes festgelegt.
Meist haben Relativsätze die Satzgliedfunktion des Attributs und erläutern das Bezugswort (hier: servus).

contendere

sich anstrengen

behaupten

kämpfen

eilen

40

W Wiederholungswörter

prīmō	zuerst	mox	bald
complēre	anfüllen, auffüllen	posteā	nachher, später
mulier	Frau	potestās	(Amts-)Gewalt, Macht
dēesse	abwesend sein, fehlen	parāre	(vor)bereiten, vorhaben; erwerben

Lernwörter

et ... et	sowohl ... als auch	
arcessere, arcessō, arcessīvī	herbeirufen, holen	
commūnis, e	gemeinsam, allgemein	*Kommunismus*
tūtus, a, um	sicher	
hostis, hostis *m (Gen. Pl.* **-ium***)*	Feind (Landesfeind)	
occupāre, occupō	besetzen, einnehmen	*okkupieren, Okkupation*
quemadmodum	auf welche Weise, wie	
fortūna	Schicksal, Glück	*e./f. fortune*
glōria	Ruhm, Ehre	*glorreich, e. glory, f. gloire, i./s. gloria*
inānis, e	leer, wertlos	
crēdere, crēdō, crēdidī	glauben, anvertrauen	*Kredit*

Wortfamilien

dare, dō, dedī
condere, condō, condidī
crēdere, crēdō, crēdidī

capere, capiō, cēpī
accipere, accipiō, accēpī
captīvus

esse, sum, fuī
adesse, adsum, adfuī
posse, possum, potuī

venīre, veniō, vēnī
convenīre, conveniō, convēnī
invenīre, inveniō, invēnī

Verben: Futur I (a- / e-Konjugation / esse)

a-Konjugation	Singular	Plural
1. Person	rogā-**b-ō**	rogā-**bi-mus**
2. Person	rogā-**bi-s**	rogā-**bi-tis**
3. Person	rogā-**bi-t**	rogā-**bu-nt**

e-Konjugation	Singular	Plural
1. Person	rīdē-**b-ō**	rīdē-**bi-mus**
2. Person	rīdē-**bi-s**	rīdē-**bi-tis**
3. Person	rīdē-**bi-t**	rīdē-**bu-nt**

Die Personalendungen für das **Futur I** (Zukunft) der a- und e-Konjugation sind die gleichen wie im Präsens. Zwischen Stamm und Endung tritt als Tempuszeichen in der 1. Pers. Sg. -**b**-, in der 3. Pers. Pl. -**bu**-, sonst -**bi**-.

Hilfsverb esse	Singular	Plural
1. Person	er-**ō**	er-**i-mus**
2. Person	er-**i-s**	er-**i-tis**
3. Person	er-**i-t**	er-**u-nt**

Futur I zu **posse**: pot-erō, pot-eris, pot-erit, pot-erimus, pot-eritis, pot-erunt.

Verwendung des Futur I

Das Futur I wird im Lateinischen – wie auch im Deutschen – zur Bezeichnung eines zukünftigen Geschehens verwendet.

> Mox patrem *videbo*.
>
> Bald *werde* ich meinen Vater *sehen*.
> (Bald sehe ich meinen Vater.)

Während im Lateinischen zur Bezeichnung künftiger Handlungen (oder Zustände) immer das Futur I steht, kann im Deutschen bei entsprechenden Zeitangaben (z.B. *bald*, *morgen*) auch das Präsens auftreten.

41

W Wiederholungswörter

alius	ein anderer	fōns	Quelle, Ursprung
torquēre	drehen; quälen	trīstis	traurig, unfreundlich
licet	es ist erlaubt, möglich	honor	Ehre, Ehrenamt
tum	da, dann, darauf, damals	uxor	Ehefrau

Lernwörter

cūra	Pflege, Sorge	*cūrāre, Kur*
quandō?	wann?	*i. quando*
beātus, a, um	glücklich, reich	*Beate*
aestās, aestātis *f*	Sommer	*i. estate*
vītam agere	ein Leben führen, leben	
mōs, mōris *m*	Sitte, Brauch; *Pl.* Charakter	*Moral*
Sabīnus, a, um	sabinisch; *Subst.* Sabiner *(in der Nähe Roms lebender Volksstamm)*	
cōnfirmāre, cōnfirmō	bekräftigen, ermutigen, stärken	*Konfirmation*
omittere, omittō, omīsī	aufgeben, beiseite lassen	*mittere*
aperīre, aperiō, aperuī	aufdecken, öffnen	*Aperitif, i. aperto*
Hersilia	Hersilia *(die sabinische Ehefrau des Romulus)*	

Die römische Königszeit

XI. 34. 35. 36. XII. 37. 38. 39. XIII

Latiner

Romulus
- Gründung Roms - Raub der Sabinerinnen

753 v. Chr.

Sabiner

Numa Pompilius	Tullus Hostilius	Ancus Marcius
- Friedenskönig - Organisation des religiösen Lebens	- Kampf gegen Roms Nachbarn	- Erweiterung der Sta - Anlage des Hafens von Rom (Ostia)

Verben: Futur I (i- / kons. Konjugation)

i-Konjugation	Singular	Plural
1. Person	veni-a-m	veni-ē-mus
2. Person	veni-ē-s	veni-ē-tis
3. Person	veni-e-t	veni-e-nt

kons. Konjugation	Singular	Plural
1. Person	scrīb-a-m	scrīb-ē-mus
2. Person	scrīb-ē-s	scrīb-ē-tis
3. Person	scrīb-e-t	scrīb-e-nt

(i-Erweiterung)	Singular	Plural
1. Person	capi-a-m	capi-ē-mus
2. Person	capi-ē-s	capi-ē-tis
3. Person	capi-e-t	capi-e-nt

Das Tempuszeichen für das Futur I der i- und der kons. Konjugation ist -e-.
Ausnahme: Die 1. Pers. Sg. endet auf **-a-m**.

Futur I zu **velle**: vol-a-m, vol-ē-s, vol-e-t, vol-ē-mus, vol-ē-tis, vol-e-nt.

Etrusker

40		41. 42
Tarquinius Priscus	**Servius Tullius**	**Tarquinius Superbus**
- Einführung der etruskischen Kultur - Anlage des Forums und des Circus Maximus	- Politische Organisation der Stadt - Ausdehnung der Stadt (neue Stadtmauer)	- Gewaltherrschaft - Umfassende Baumaßnahmen - Sturz durch Brutus

510/509 v. Chr.

M Texte erschließen: Methoden unterscheiden

In verschiedenen Aufgaben zur Texterschließung sind dir bereits einige Methoden begegnet, die helfen, die Thematik eines Textes – ggf. vor der Übersetzung – zu erfassen. Damit du künftig auch die Fachbegriffe verwenden kannst, werden sie hier zusammengefasst:

1. Erschließung über **Schlüsselwörter** (Beispiel vgl. I plus, V a; II plus, V a; 7, V a)
   Schon beim ersten Durchlesen eines Textes kann man die Thematik häufig an sog. Schlüsselwörtern ablesen. Wichtige Begriffe kommen entweder in wörtlicher Wiederholung oder in Umschreibungen mehrfach vor.

2. Erschließung über **Wort- und Sachfelder** (vgl. 19 M)

3. Erschließung über **Personen** (Beispiel vgl. V plus, V a)
   → Oft lassen sich aus der Abfolge im Sprechen und Handeln der Personen Schlüsse ziehen. Stelle also alle Informationen zusammen, die du zu den einzelnen Personen erhältst.
   → Beachte, dass statt des Namens der Personen oft auch Pronomina vorkommen und dass die Person manchmal im Prädikat „steckt".
   → Besonders erfolgreich lässt sich diese Methode in dialogischen Texten anwenden: Oft kann man aus den Aussagen verschiedener Personen z.B. Gegenpositionen ermitteln.

4. Erschließung über **Konnektoren**
   Durch Konnektoren (Satzverbindungen) wird der gedankliche Zusammenhang des Textes hergestellt, der für das Erfassen oft genauso bedeutend ist wie die einzelnen Informationen. Solche Konnektoren, zu denen auch die **Konjunktionen** (beiordnende Bindewörter) gehören, können z.B.
   → gleichartige Gedanken verbinden, z.B. et, neque
   → die Handlung zeitlich gliedern, z.B. primo, tum
   → eine Begründung anführen, z.B. nam
   → einen Gegensatz einleiten, z.B. sed, autem

5. Erschließung über **Tempora** (vgl. VIII plus, V a; XI plus, V a)
   In der Verwendung unterschiedlicher Tempora (Tempusprofil) spiegelt sich häufig der Inhalt.
   → So stehen im Imperfekt oder Plusquamperfekt oft die Passagen, die die Hintergrundhandlung liefern, während die eigentliche Handlung im Perfekt erzählt wird.
   → Ein Präsens kann z.B. auftreten, wenn eine ansonsten in der Vergangenheit erzählte Handlung besonders spannend wird (szenisches Präsens).
   → Ein Futur kann auf Wünsche und Absichten hindeuten.

6. Erschließung über **Satzarten**
   → Werden z.B. viele Aussagesätze aneinandergereiht, so handelt es sich oft um eine sachliche *Beschreibung* oder einen *Bericht*. Bei den Verben kommen dann hauptsächlich Formen in der 3. Person vor, bei den Substantiven z.B. kein Vokativ.
   → In einem *Dialog* wechseln dagegen Themen und Gedanken schneller, und es finden sich immer wieder Ausrufe und Fragen. Der Leser muss deshalb mit einem häufigen Wechsel der Verbformen in allen Personen (auch Imperativen), mit Personalpronomina der 1. und 2. Person und Vokativen rechnen.
   → *Erzählende Texte* zeichnen sich häufig durch wörtliche Reden mit Ausrufe- und Fragesätzen aus. Auch an besonders spannenden Stellen lassen sich Ausrufesätze finden.

Wiederholungswörter

etsī	auch wenn, obwohl
tacēre	schweigen, verschweigen
fortis	kräftig, tapfer
bellum	Krieg
superāre	besiegen, überwinden, übertreffen
diū	lange (Zeit)
petere	aufsuchen, (er)streben, bitten, verlangen
libenter	gerne

Lernwörter

gerere, gerō, gessī	ausführen, führen, tragen	
bellum gerere	Krieg führen	
Tatius	Tatius *(König der Sabiner)*	
stultus, a, um	dumm	*stolz*
ergō *Adv.*	also, deshalb	
Spurius Tarpēius	Spurius Tarpeius *(römischer Befehlshaber)*	
cōpia	Menge, Vorrat, Möglichkeit; *Pl.* Truppen	*Kopie*
Capitōlium	das Kapitol *(bedeutendster der sieben Hügel Roms)*	
resistere, resistō, restitī	stehenbleiben; Widerstand leisten	*cōnsistere, Resistance*
praemium	Belohnung, Lohn	*Prämie*
appetere, appetō, appetīvī	erstreben, haben wollen; angreifen	*petere, Appetit*
Tarpēia	Tarpeia *(Tochter des Spurius Tarpeius)*	
concēdere, concēdō, concessī	erlauben, nachgeben, zugestehen	*cēdere, Konzession*
aureus, a, um	golden, aus Gold	

Spurius Tarpeius copiis Tatii in Capitolio restitit.

F Verben: Futur II

	Singular	Plural
1. Person	rogā-v-erō	rogā-v-erimus
2. Person	rogā-v-eris	rogā-v-eritis
3. Person	rogā-v-erit	rogā-v-erint

Die Endungen des Futur II werden an den Perfektstamm angefügt; sie sind in allen Konjugationsklassen gleich.

S1 Verwendung des Futur II

Romulus: Hersiliam uxorem e tecto non *pellam*, si liberis de moribus Sabinorum *narraverit*.

Romulus: Ich *werde* meine Frau Hersilia nicht aus dem Haus *treiben*, wenn sie den Kindern von den Sitten der Sabiner *erzählt / erzählt hat* („erzählt haben wird").

Das Futur II bezeichnet ein zukünftiges Geschehen, das zeitlich vor einem anderen (ebenfalls in der Zukunft liegenden) Ereignis abgeschlossen ist. Im Deutschen wird das Futur II in der Regel mit *Präsens* oder *Perfekt* wiedergegeben.

S2 Dativ als Prädikatsnomen: Dativ des Besitzers

Mihi multi agri *sunt*.

(*Mir sind* viele Felder *zu Eigen*.)
Ich habe (besitze) viele Felder.

Der Dativ einer Person bezeichnet in Verbindung mit einer 3. Person von esse ein Besitzverhältnis. Der Dativ des Besitzers (Dativus possessoris) ist als Prädikatsnomen aufzufassen.

Wiederholungswörter

sentīre	fühlen, meinen, wahrnehmen	rīdēre	lachen, auslachen
pater	Vater	numquam	niemals
rogāre	bitten, fragen	commūnis	gemeinsam, allgemein
petere	aufsuchen, (er)streben, bitten, verlangen	tenēre	halten, festhalten, besitzen

Lernwörter

metus, metūs *m*	Angst	
Tarquinius Superbus	Tarquinius Superbus *(letzter etruskischer König von Rom)*	
superbus, a, um	stolz, überheblich	
Brūtus	Lucius Junius Brutus *(Befreier Roms)*	
gemitus, gemitūs *m*	Seufzen, Traurigkeit	
portus, portūs *m*	Hafen	*Airport, e. port, i. porto*
pertinēre, pertineō ad *m. Akk.*	betreffen, gehören (zu), sich erstrecken (bis)	*per, tenēre*
vultus, vultūs *m*	Gesicht, Gesichtsausdruck; *Pl.* Gesichtszüge	
manus, manūs *f*	Hand; Schar (von Bewaffneten)	*manuell*
tālis, e	derartig, ein solcher, so (beschaffen)	
laetus, a, um	froh; fruchtbar	*laetitia*
igitur *Adv.*	also, folglich	

metus, metūs *m*	Angst	gemitus, gemitūs *m*	Seufzen, Traurigkeit
vultus, vultūs *m*	Gesicht, Gesichtsausdruck; *Pl.* Gesichtszüge	manus, manūs *f*	Hand; Schar (von Bewaffneten)
		portus, portūs *m*	Hafen

F Substantive: u-Deklination

Beispiel: **metus, metūs** *Angst*

u-Deklination	Singular	Plural
Nominativ	met-**us**	met-**ūs**
Genitiv	met-**ūs**	met-**uum**
Dativ	met-**uī**	met-**ibus**
Akkusativ	met-**um**	met-**ūs**
Ablativ	met-**ū**	met-**ibus**

Die Substantive der u-Deklination (4. Deklination) sind in der Regel **Maskulina**.
Ausnahme: manus, manūs ***f.***

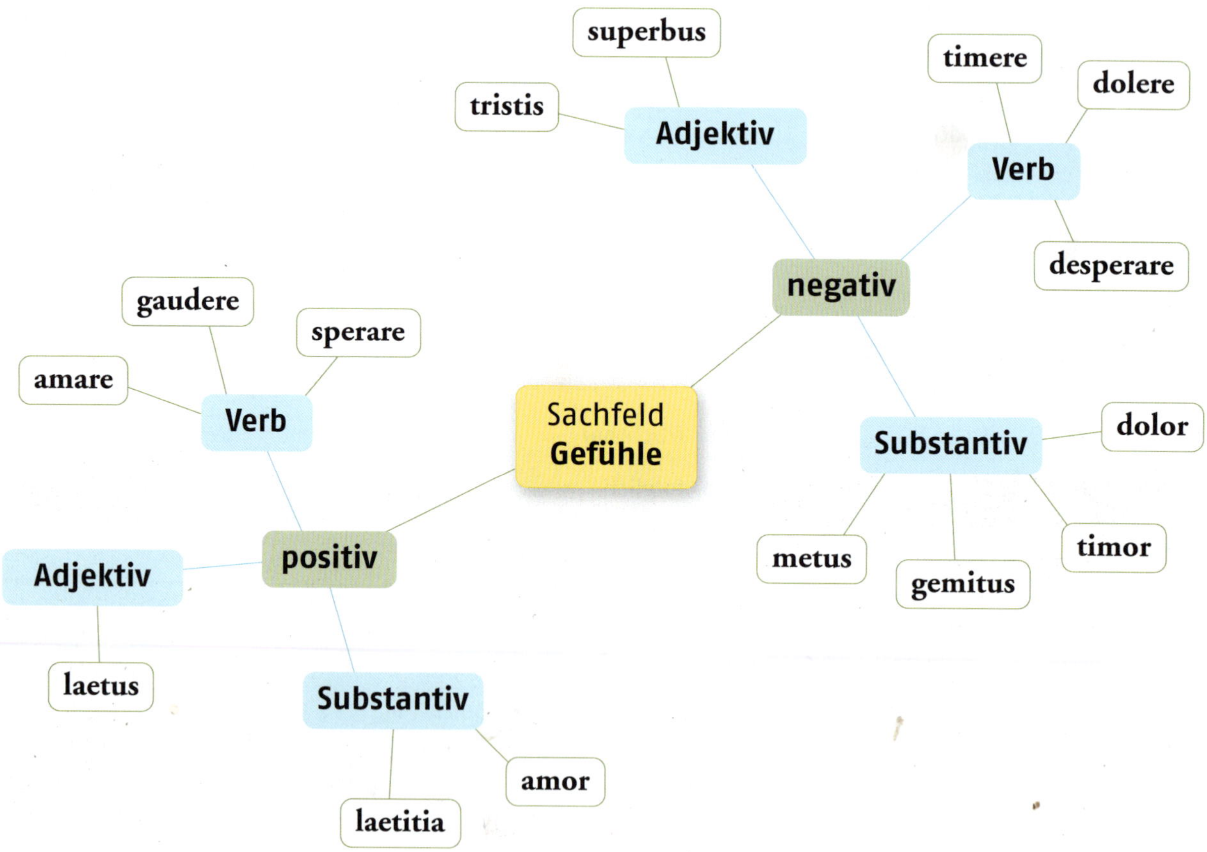

Lernwörter

W

rēs, reī *f*	Angelegenheit, Ding, Sache	*reell, Realität, Rebus*
causa	Sache, Ursache, Grund; Prozess	*kausal*
medius, a, um	der mittlere, in der Mitte (von)	*Medium, e. middle*
mediā in turbā	mitten in der Menge	
Lucrētia	Lukretia *(Heldin der röm. Frühgeschichte)*	
rēs pūblica	Staat	*Republik*
perniciēs, perniciēī *f*	Verderben, Vernichtung	
rēs adversae *f Pl.*	Unglück	
rēs futūrae *f Pl.*	Zukunft	*Futur*
rēs secundae *f Pl.*	Glück	
spēs, speī *f*	Erwartung, Hoffnung	*spērāre*
diēs, diēī *m*	Tag	*e. day, s. día*

rēs, reī *f*	Angelegenheit, Ding, Sache	perniciēs, perniciēī *f*	Verderben, Vernichtung
spēs, speī *f*	Erwartung, Hoffnung	diēs, diēī *m*	Tag

Substantive: e-Deklination

F

Beispiel: rēs, reī *Angelegenheit, Ding, Sache*

e-Deklination	Singular	Plural
Nominativ	r-ēs	r-ēs
Genitiv	r-eī	r-ērum
Dativ	r-eī	r-ēbus
Akkusativ	r-em	r-ēs
Ablativ	r-ē	r-ēbus

Die Substantive der e-Deklination (5. Deklination) sind in der Regel **Feminina**. Ausnahme: diēs, diēī ***m***.

Tabellarium

1. Substantive

a-Dekl.	*Singular*	*Plural*
Nominativ	serv-a	serv-ae
Genitiv	serv-ae	serv-ārum
Dativ	serv-ae	serv-īs
Akkusativ	serv-am	serv-ās
Ablativ	serv-ā	serv-īs

o-Dekl.	*Singular*	*Plural*	*Singular*	*Plural*
Nominativ	serv-us	serv-ī	dōn-um	dōn-a
Genitiv	serv-ī	serv-ōrum	dōn-ī	dōn-ōrum
Dativ	serv-ō	serv-īs	dōn-ō	dōn-īs
Akkusativ	serv-um	serv-ōs	dōn-um	dōn-a
Ablativ	serv-ō	serv-īs	dōn-ō	dōn-īs

3. Dekl.	*Singular*	*Plural*
Nominativ	senātor	senātōr-ēs
Genitiv	senātōr-is	senātōr-um
Dativ	senātōr-ī	senātōr-ibus
Akkusativ	senātōr-em	senātōr-ēs
Ablativ	senātōr-e	senātōr-ibus

u-Dekl.	*Singular*	*Plural*
Nominativ	met-us	met-ūs
Genitiv	met-ūs	met-uum
Dativ	met-uī	met-ibus
Akkusativ	met-um	met-ūs
Ablativ	met-ū	met-ibus

e-Dekl.	*Singular*	*Plural*
Nominativ	r-ēs	r-ēs
Genitiv	r-eī	r-ērum
Dativ	r-eī	r-ēbus
Akkusativ	r-em	r-ēs
Ablativ	r-ē	r-ēbus

2. Adjektive

a-/o-Dekl.	Singular m	Singular f	Singular n	Plural m	Plural f	Plural n
Nominativ	magn-us	magn-a	magn-um	magn-ī	magn-ae	magn-a
Genitiv	magn-ī	magn-ae	magn-ī	magn-ōrum	magn-ārum	magn-ōrum
Dativ	magn-ō	magn-ae	magn-ō		magn-īs	
Akkusativ	magn-um	magn-am	magn-um	magn-ōs	magn-ās	magn-a
Ablativ	magn-ō	magn-ā	magn-ō		magn-īs	

3. Dekl.	Singular m	Singular f	Singular n	Plural m	Plural f	Plural n
Nominativ	ācer	ācr-is	ācr-e	ācr-ēs	ācr-ēs	ācr-ia
Genitiv		ācr-is			ācr-ium	
Dativ		ācr-ī			ācr-ibus	
Akkusativ		ācr-em	ācr-e		ācr-ēs	ācr-ia
Ablativ		ācr-ī			ācr-ibus	
Nominativ		fort-is	fort-e		fort-ēs	fort-ia
Genitiv		fort-is			fort-ium	
Dativ		fort-ī			fort-ibus	
Akkusativ		fort-em	fort-e		fort-ēs	fort-ia
Ablativ		fort-ī			fort-ibus	

3. Pronomina

	Singular 1. Person	Singular 2. Person	Singular 3. Person (refl.)	Plural 1. Person	Plural 2. Person	Plural 3. Person (refl.)
Nominativ	ego	tū	–	nōs	vōs	–
Dativ	mihi	tibi	sibi	nōbīs	vōbīs	sibi
Akkusativ	mē	tē	sē	nōs	vōs	sē
Ablativ	mēcum sine mē	tēcum sine tē	ā sē sēcum	nōbīscum sine nōbīs	vōbīscum sine vōbīs	ā sē sēcum

	Singular m	Singular f	Singular n	Plural m	Plural f	Plural n
Nominativ	quī	quae	quod	quī	quae	quae
Genitiv		cuius		quōrum	quārum	quōrum
Dativ		cui			quibus	
Akkusativ	quem	quam	quod	quōs	quās	quae
Ablativ	quō	quā	quō		quibus	
Nominativ	is	ea	id	eī/iī	eae	ea
Genitiv		eius		eōrum	eārum	eōrum
Dativ		eī			eīs/iīs	
Akkusativ	eum	eam	id	eōs	eās	ea
Ablativ	eō	eā	eō		eīs/iīs	

4. Verben

Präsensstamm

	ā-Konjugation		*ē-Konjugation*		*i-Konjugation*	
Inf. Präsens	rogā-re		tacē-re		audī-re	
Präsens	*Singular*	*Plural*	*Singular*	*Plural*	*Singular*	*Plural*
1. Person	rog-ō	rogā-mus	tace-ō	tacē-mus	audi-ō	audī-mus
2. Person	rogā-s	rogā-tis	tacē-s	tacē-tis	audī-s	audī-tis
3. Person	roga-t	roga-nt	tace-t	tace-nt	audi-t	audi-u-nt
Imperfekt	*Singular*	*Plural*	*Singular*	*Plural*	*Singular*	*Plural*
1. Person	rogā-ba-m	rogā-bā-mus	tacē-ba-m	tacē-bā-mus	audi-ēba-m	audi-ēbā-mus
2. Person	rogā-bā-s	rogā-bā-tis	tacē-bā-s	tacē-bā-tis	audi-ēbā-s	audi-ēbā-tis
3. Person	rogā-ba-t	rogā-ba-nt	tacē-ba-t	tacē-ba-nt	audi-ēba-t	audi-ēba-nt
Futur I	*Singular*	*Plural*	*Singular*	*Plural*	*Singular*	*Plural*
1. Person	rogā-b-ō	rogā-bi-mus	tacē-b-ō	tacē-bi-mus	audi-a-m	audi-ē-mus
2. Person	rogā-bi-s	rogā-bi-tis	tacē-bi-s	tacē-bi-tis	audi-ē-s	audi-ē-tis
3. Person	rogā-bi-t	rogā-bu-nt	tacē-bi-t	tacē-bu-nt	audi-e-t	audi-e-nt
Imperativ	rogā	rogā-te	tacē	tacē-te	audī	audī-te

Perfektstamm

Inf. Perfekt	rogāv-isse		tacu-isse		audīv-isse	
Perfekt	*Singular*	*Plural*	*Singular*	*Plural*	*Singular*	*Plural*
1. Person	rogāv-ī	rogāv-imus	tacu-ī	tacu-imus	audīv-ī	audīv-imus
2. Person	rogāv-istī	rogāv-istis	tacu-istī	tacu-istis	audīv-istī	audīv-istis
3. Person	rogāv-it	rogāv-ērunt	tacu-it	tacu-ērunt	audīv-it	audīv-ērunt
Plusqperf.	*Singular*	*Plural*	*Singular*	*Plural*	*Singular*	*Plural*
1. Person	rogāv-eram	rogāv-erāmus	tacu-eram	tacu-erāmus	audīv-eram	audīv-erāmus
2. Person	rogāv-erās	rogāv-erātis	tacu-erās	tacu-erātis	audīv-erās	audīv-erātis
3. Person	rogāv-erat	rogāv-erant	tacu-erat	tacu-erant	audīv-erat	audīv-erant
Futur II	*Singular*	*Plural*	*Singular*	*Plural*	*Singular*	*Plural*
1. Person	rogāv-erō	rogāv-erimus	tacu-erō	tacu-erimus	audīv-erō	audīv-erimus
2. Person	rogāv-eris	rogāv-eritis	tacu-eris	tacu-eritis	audīv-eris	audīv-eritis
3. Person	rogāv-erit	rogāv-erint	tacu-erit	tacu-erint	audīv-erit	audīv-erint

Präsensstamm

	konsonantische Konjugation		*(i-Erweiterung)*		*Hilfsverb*	
Inf. Präsens	scrīb-e-re		cape-re		es-se	
Präsens	*Singular*	*Plural*	*Singular*	*Plural*	*Singular*	*Plural*
1. Person	scrīb-ō	scrīb-i-mus	capi-ō	capi-mus	su-m	su-mus
2. Person	scrīb-i-s	scrīb-i-tis	capi-s	capi-tis	es	es-tis
3. Person	scrīb-i-t	scrīb-u-nt	capi-t	capi-u-nt	es-t	s-u-nt
Imperfekt	*Singular*	*Plural*	*Singular*	*Plural*	*Singular*	*Plural*
1. Person	scrīb-ēba-m	scrīb-ēbā-mus	capi-ēba-m	capi-ēbā-mus	er-a-m	er-ā-mus
2. Person	scrīb-ēbā-s	scrīb-ēbā-tis	capi-ēbā-s	capi-ēbā-tis	er-ā-s	er-ā-tis
3. Person	scrīb-ēba-t	scrīb-ēba-nt	capi-ēba-t	capi-ēba-nt	er-a-t	er-a-nt
Futur I	*Singular*	*Plural*	*Singular*	*Plural*	*Singular*	*Plural*
1. Person	scrīb-a-m	scrīb-ē-mus	capi-a-m	capi-ē-mus	er-ō	er-i-mus
2. Person	scrīb-ē-s	scrīb-ē-tis	capi-ē-s	capi-ē-tis	er-i-s	er-i-tis
3. Person	scrīb-e-t	scrīb-e-nt	capi-e-t	capi-e-nt	er-i-t	er-u-nt
Imperativ	scrīb-e	scrīb-i-te	cape	cap-i-te	es	es-te

Perfektstamm

Inf. Perfekt	scrīps-isse		cēp-isse		fu-isse	
Perfekt	*Singular*	*Plural*	*Singular*	*Plural*	*Singular*	*Plural*
1. Person	scrīps-ī	scrīps-imus	cēp-ī	cēp-imus	fu-ī	fu-imus
2. Person	scrīps-istī	scrīps-istis	cēp-istī	cēp-istis	fu-istī	fu-istis
3. Person	scrīps-it	scrīps-ērunt	cēp-it	cēp-ērunt	fu-it	fu-ērunt
Plusqperf.	*Singular*	*Plural*	*Singular*	*Plural*	*Singular*	*Plural*
1. Person	scrīps-eram	scrīps-erāmus	cēp-eram	cēp-erāmus	fu-eram	fu-erāmus
2. Person	scrīps-erās	scrīps-erātis	cēp-erās	cēp-erātis	fu-erās	fu-erātis
3. Person	scrīps-erat	scrīps-erant	cēp-erat	cēp-erant	fu-erat	fu-erant
Futur II	*Singular*	*Plural*	*Singular*	*Plural*	*Singular*	*Plural*
1. Person	scrīps-erō	scrīps-erimus	cēp-erō	cēp-erimus	fu-erō	fu-erimus
2. Person	scrīps-eris	scrīps-eritis	cēp-eris	cēp-eritis	fu-eris	fu-eritis
3. Person	scrīps-erit	scrīps-erint	cēp-erit	cēp-erint	fu-erit	fu-erint

5. Weitere Verben

Präsensstamm

Inf. Präsens	pos-se		vel-le	
Präsens	*Singular*	*Plural*	*Singular*	*Plural*
1. Person	pos-sum	pos-sumus	volō	volumus
2. Person	pot-es	pot-estis	vīs	vultis
3. Person	pot-est	pos-sunt	vult	volunt
Imperfekt	*Singular*	*Plural*	*Singular*	*Plural*
1. Person	pot-eram	pot-erāmus	vol-ēba-m	vol-ēbā-mus
2. Person	pot-erās	pot-erātis	vol-ēbā-s	vol-ēbā-tis
3. Person	pot-erat	pot-erant	vol-ēba-t	vol-ēba-nt
Futur I	*Singular*	*Plural*	*Singular*	*Plural*
1. Person	pot-erō	pot-erimus	vol-a-m	vol-ē-mus
2. Person	pot-eris	pot-eritis	vol-ē-s	vol-ē-tis
3. Person	pot-erit	pot-erunt	vol-ē-t	vol-ē-nt

Perfektstamm

Inf. Perfekt	potu-isse		volu-isse	
Perfekt	*Singular*	*Plural*	*Singular*	*Plural*
1. Person	potu-ī	potu-imus	volu-ī	volu-imus
2. Person	potu-istī	potu-istis	volu-istī	volu-istis
3. Person	potu-it	potu-ērunt	volu-it	volu-ērunt
Plusqperf.	*Singular*	*Plural*	*Singular*	*Plural*
1. Person	potu-eram	potu-erāmus	volu-eram	volu-erāmus
2. Person	potu-erās	potu-erātis	volu-erās	volu-erātis
3. Person	potu-erat	potu-erant	volu-erat	volu-erant
Futur II	*Singular*	*Plural*	*Singular*	*Plural*
1. Person	potu-erō	potu-erimus	volu-erō	volu-erimus
2. Person	potu-eris	potu-eritis	volu-eris	volu-eritis
3. Person	potu-erit	potu-erint	volu-erit	volu-erint

Grammatisches Register

Deutsch-lateinisches Register

S

sagen dīcere, dīcō, dīxī **17. 31**
schändlich turpis, e **38**
Schar manus, manūs *f* **43**
scharf ācer, ācris, ācre **37**
Schatten umbra **13**
Schatz thēsaurus **10**
schicken mittere, mittō, mīsī **17. 31**
schlecht malus, a, um **27**
Schmerz dolor, dolōris *m* **25**
Schmuck(stück) ōrnāmentum **13**
schmücken ōrnāre, ōrnō **8**
schnell celer, celeris, celere **37**
schon iam *Adv.* **4**
schön pulcher, pulchra, pulchrum **16**
Schreibtafel tabula **4**
schreien clāmāre, clāmō **14**
Schule lūdus **11**
Schüler discipulus **12**
schwarz niger, nigra, nigrum **16**
schweigen tacēre, taceō **2**
Schwert gladius **5**
sehen vidēre, videō, vīdī **7. 32**
sein esse, sum, fuī **2. 28**
sein, ihr suus, a, um **35**
Senator senātor, senātōris *m* **21**
Seufzen gemitus, gemitūs *m* **43**
sich sē *Akk./Abl.* **22** sibi *Dat.* **35**
sich beeilen properāre, properō **8**
sich bemühen studēre, studeō **4**
sich freuen gaudēre, gaudeō **4**
sich nähern appropinquāre, appropinquō **10**
sieh da! ecce **31**
siegen vincere, vincō, vīcī **32**
Sieger victor, victōris *m* **25**
sind, sie sunt **2**
sitzen sedēre, sedeō, sēdī **3. 32**
Sklave servus **1**
Sklaverei servitūs, servitūtis *f* **23**
Sklavin serva **1**
so sīc *Adv.* **8**
so groß tantus, a, um **21**
sofort statim **5**
sogar etiam **5**
Sohn fīlius **9**
Soldat mīles, mīlitis *m* **37**
Sommer aestās, aestātis *f* **41**
sondern sed **3**
Sonne sōl, sōlis *m* **26**
sorgen für cūrāre, cūrō *m. Akk.* **27**
Speise cibus **6**
Spiel lūdus **11**
Sprache lingua **3**
Staat cīvitās, cīvitātis *f* **23**
Stadt oppidum **17** urbs, urbis *f (Gen. Pl.* -ium*)* **25**
Statue statua **31**
stehen stāre, stō, stetī **17. 31**
Stimme vōx, vōcis *f* **28**
stehenbleiben cōnsistere, cōnsistō, cōnstitī **18. 34**
Straße via **1**
Stunde hōra **26**
süß dulcis, e **38**

T

Tafel tabula **4**
Tag diēs, diēī *m* **44**
Tapferkeit virtūs, virtūtis *f* **25**
Tat factum **32**
tatsächlich profectō **6**
Teil pars, partis *f (Gen. Pl.* -ium*)* **25**
Tempel templum **12**
Tier bēstia **24**
Tisch mēnsa **8**
Tochter fīlia **8**
Tod mors, mortis *f (Gen. Pl.* -ium*)* **25**
tot mortuus, a, um **18**
töten interficere, interficiō, interfēcī **25. 32**
tragen portāre, portō **18**
trainieren exercēre, exerceō **25**
Träne lacrima **7**
traurig trīstis, e **38**
treiben agere, agō, ēgī **32**
trinken bibere, bibō, bibī **18. 37**
Trojaner Trōiānus **34**

U

üben exercēre, exerceō **25**
über dē *Präp. m. Abl.* **15**
Überrest reliquiae, reliquiārum *f Pl.* **29**
überwinden superāre, superō **9**
übrigen, die cēterī, ae, a **24**
umherirren errāre, errō **14**
und et **1** -que **15**
Ungeheuer mōnstrum **27**
Unglück rēs adversae *f Pl.* **44**
unglücklich miser, misera, miserum **16**
uns nōbīs *Dat.* **14** nōs *Akk.* **14**
unser noster, nostra, nostrum **16**
untergehen occidere, occidō, occidī **31**
unterrichten docēre, doceō **4**

V

Vater pater, patris *m* **23**
verborgen sein latēre, lateō **5**
Verbrecher scelerātus **5**
vergrößern augēre, augeō, auxī **3. 31**
verkaufen vēndere, vēndō **21**
verlassen relinquere, relinquō, relīquī **17. 32**
verlieren āmittere, āmittō, āmīsī **26. 31**
vermissen dēsīderāre, dēsīderō **11**
verschieden varius, a, um **24**
versuchen temptāre, temptō **29**
verteidigen (vor) dēfendere, dēfendō, dēfendī (ā *m. Abl.)* **38**

Lateinisch-deutsches Register

A

ā / ab *Präp. m. Abl.* von, von … her 17
ā basilicā venīre von der Markthalle kommen 17
ab oppidō venīre von der Stadt kommen 17
accipere, accipiō, accēpī erhalten, erfahren, annehmen 39
accūsāre, accūsō anklagen, beschuldigen 38
ācer, ācris, ācre energisch, heftig, scharf 37
ad *Präp. m. Akk.* zu, bei, nach, an 13
ad basilicam esse bei der Markthalle sein 13
ad basilicam properāre zu der Markthalle eilen 13
addūcere, addūcō heranführen, veranlassen 18
adesse, adsum da sein, helfen 18
amīcō adesse dem Freund helfen 18
adhūc *Adv.* bis jetzt, noch 6
aedificāre, aedificō bauen 12
aedificium Gebäude 12
Aenēās, Aenēae *m* Äneas *(Trojaner und Stammvater der Römer)* 35
Aeolus Äolus *(Herr über die Winde)* 6
aestās, aestātis *f* Sommer 41
Aetna Ätna *(Vulkan auf Sizilien)* 11
Āfrica Afrika 9
ager, agrī *m* Acker, Feld, Gebiet 16
agere, agō, ēgī handeln, treiben, verhandeln 32
vītam agere ein Leben führen, leben 41
alibī *Adv.* anderswo 20
alius, alia, aliud ein anderer 34
altus, a, um hoch, tief 28
amāre, amō lieben 8
amīca Freundin 7
amīcus Freund 4
amīcō adesse dem Freund helfen 18
amīcīs carēre keine Freunde haben, ohne Freunde sein 33
āmittere, āmittō, āmīsī aufgeben, verlieren 26. 31
amor, amōris *m* Liebe 22
amphitheātrum Amphitheater 25
Amūlius Amulius *(König von Alba, Bruder des Numitor)* 38
an *(im Fragesatz)* oder (etwa) 27
animadvertere, animadvertō, animadvertī *m. AcI / Akk.* bemerken 34
animus Geist, Mut, Gesinnung 22
in animō habēre im Sinn haben, vorhaben 22
annus Jahr 25
eō annō in diesem Jahr 33
ante *Präp. m. Akk.* vor 13
ante cēnam vor dem Essen 13
ante vīllam vor dem Landhaus 13
anteā *Adv.* vorher, früher 27
antīquus, a, um alt, altertümlich 24
aperīre, aperiō, aperuī aufdecken, öffnen 41
appetere, appetō, appetīvī erstreben, haben wollen; angreifen 42
appropinquāre, appropinquō sich nähern 10
apud *Präp. m. Akk.* bei 21
apud amīcōs bei Freunden 21
aqua Wasser 6
arcessere, arcessō, arcessīvī herbeirufen, holen 40
arma, armōrum *n Pl.* Gerät, Waffen 29
Asia Asien 9
aspicere, aspiciō, aspexī erblicken, ansehen 19. 31
ātrium Atrium *(Eingangshalle)* 20
audācia Frechheit, Kühnheit 36
audīre, audiō hören 11
augēre, augeō, auxī vergrößern, vermehren 3. 31
Augīās *m* Augias *(mythischer König, dessen Stall Herkules ausmistete)* 32
aureus, a, um golden, aus Gold 42
autem *(nachgestellt)* aber, andererseits 19
Puerī autem tacent. Die Jungen aber schweigen. 19
auxilium Hilfe 18
auxiliō gaudēre sich über die Hilfe freuen 33
Aventīnus der Aventin *(am Tiber gelegener Hügel Roms)* 39
avunculus Onkel 30
avus Großvater 1

B

balineum Bad 20
basilica Markthalle, Gerichtshalle 13
beātus, a, um glücklich, reich 41
bellum Krieg 34
bellum gerere Krieg führen 42
bene *Adv.* gut 9
beneficium Wohltat 12
bēstia (wildes) Tier 24
bibere, bibō, bibī trinken 18. 37
bonus, a, um gut, tüchtig 15
Brūtus Lucius Junius Brutus *(Befreier Roms)* 43

C

cadere, cadō, cecidī fallen 29. 31
caedere, caedō, cecīdī fällen, töten 36
caelum Himmel 24
Caesar, Caesaris *m* Cäsar; Kaiser 23
Campānia Kampanien *(fruchtbare Landschaft südlich von Rom)* 17
campus Feld, freier Platz 1
capere, capiō, cēpī fassen, nehmen; erobern 19. 32
cōnsilium capere einen Plan (Entschluss) fassen 32
Capitōlium das Kapitol *(bedeutendster der sieben Hügel Roms)* 42
captīvus Kriegsgefangener 9
carēre, careō *m. Abl.* frei sein von, ohne (etwas) sein, nicht haben 33
amīcīs carēre keine Freunde haben, ohne Freunde sein 33
carrus Wagen, Karren 17
Carthāgō, Carthāginis *f* Karthago *(Stadt in Nordafrika)* 35

cārus, a, um lieb, teuer, wertvoll 23
castra, castrōrum *n Pl.* Lager 29
causa Sache, Ursache, Grund; Prozess 44
cavus Höhle 10
cēdere, cēdō, cessī gehen, nachgeben, weichen 34
celer, celeris, celere schnell 37
cēlla Kammer 20
cēna Mahlzeit, Essen 8
cēnāre, cēnō essen 9
Cerberus Zerberus *(der dreiköpfige Höllenhund)* 33
certē / certō *Adv.* gewiss, sicherlich 34
cēterī, ae, a die übrigen 24
cibus Nahrung, Speise, Futter 6
circum *Präp. m. Akk.* rings um, um … herum 36
circum mūrōs um die Mauern (herum) 36
cīvis, cīvis *m (Gen. Pl.* **-ium***)* Bürger 35
cīvitās, cīvitātis *f* Gemeinde, Staat 23
clāmāre, clāmō laut rufen, schreien 14
clāmor, clāmōris *m* Geschrei, Lärm 22
clārus, a, um klar, hell, berühmt 21
cōgitāre, cōgitō denken, beabsichtigen 35
columna Säule 30
comes, comitis *m/f* Begleiter(in), Gefährte, Gefährtin 37
commūnis, e gemeinsam, allgemein 40
complēre, compleō, complēvī anfüllen, auffüllen 6. 28
comprehendere, comprehendō, comprehendī begreifen, ergreifen, festnehmen 32
concēdere, concēdō, concessī erlauben, nachgeben, zugestehen 42
Concordia Concordia *(Göttin der Eintracht)* 12
condere, condō, condidī verwahren, verbergen; erbauen, gründen 39
cōnfirmāre, cōnfirmō bekräftigen, ermutigen, stärken 41
cōnsilium Beratung, Beschluss, Plan, Rat 12
cōnsilium capere einen Plan (Entschluss) fassen 32
cōnsistere, cōnsistō, cōnstitī stehenbleiben, haltmachen, sich aufstellen 18. 34
cōnstat es ist bekannt, es steht fest 34
contendere, contendō, contendī sich anstrengen, kämpfen; eilen; behaupten 39
convenīre, conveniō, convēnī zusammenkommen, zusammenpassen, besuchen 35
cōpia Menge, Vorrat, Möglichkeit; *Pl.* Truppen 6. 42
cottīdiē *Adv.* täglich 10
creāre, creō erschaffen, wählen 21
crēdere, crēdō, crēdidī glauben, anvertrauen 40
Crēta Kreta *(Insel im Mittelmeer)* 11
crūdēlis, e grausam 38
cubiculum Zimmer, Schlafzimmer 20
cui? wem? 5
cum *Präp. m. Abl.* mit, zusammen mit 13
cum amīcō mit dem Freund 13
cum *Subj.* als (plötzlich); (immer) wenn 28
cūnctī, ae, a alle (zusammen) 15
cūr? warum? 2
cūra Pflege, Sorge 41
cūrāre, cūrō pflegen, sorgen für 27
equum cūrāre das Pferd pflegen 27
familiam cūrāre für die Familie sorgen 27
cūria Kurie *(Sitzungsgebäude des Senats)* 12
cūstōdīre, cūstōdiō bewachen, im Auge behalten 20

D

dare, dō, dedī geben 24. 31
dē *Präp. m. Abl.* von, von … her, von … weg, von … herab; über 15
dē lūdō narrāre vom Spiel / über das Spiel erzählen 15
dē salūte dēspērāre die Hoffnung auf Rettung aufgeben 36
dē templō vom Tempel herab 15
dea Göttin 12
dēbēre müssen, sollen 2
dēdūcere, dēdūcō wegführen, hinführen 18
dēesse, dēsum abwesend sein, fehlen 18
dēfendere, dēfendō, dēfendī (ā *m. Abl.*) abwehren, verteidigen (vor / gegen) 38
dēlectāre, dēlectō erfreuen, unterhalten 8
dēlēre, dēleō, dēlēvī zerstören, vernichten 6. 28
dēligere dēligō, dēlēgī (aus)wählen 39
dēmōnstrāre, dēmōnstrō beweisen, darlegen 36
dēscendere, dēscendō, dēscendī herabsteigen 19. 32
dēsīderāre, dēsīderō sich sehnen nach, vermissen 11
patriam dēsīderāre sich nach der Heimat sehnen 11
dēspērāre, dēspērō die Hoffnung aufgeben, verzweifeln 36
dē salūte dēspērāre die Hoffnung auf Rettung aufgeben 36
deus Gott, Gottheit 6
dī! *Vok.* (oh) Götter! 28
Diāna Diana *(Göttin der Jagd)* 24
dīc! sag! sprich! 29
dīcere, dīcō, dīxī sagen, sprechen 17. 31
Dīdō, Dīdōnis *f* Dido *(die Königin und Gründerin Karthagos)* 35
diēs, diēī *m* Tag 44
discipulus Schüler 12
diū *Adv.* lange (Zeit) 9
docēre, doceō lehren, unterrichten 4
dōnāre, dōnō schenken 36
dolēre schmerzen, wehtun 2
dolēre *m. Abl.* traurig sein über 33
iniūriā dolēre über ein Unrecht traurig sein 33
dolor, dolōris *m* Schmerz 25
dolus List, Täuschung 9
domina Herrin, Dame 8
dominus Herr 3
dōnāre, dōnō schenken 36
dōnum Geschenk 12

indicāre, indicō anzeigen, melden 13
ingenium Begabung, Talent, Verstand 12
iniūria Unrecht, Beleidigung 9
iniūriā dolēre über ein Unrecht traurig sein 33
īnsula Insel; Wohnblock 7
interficere, interficiō, interfēcī töten, vernichten 25. 32
intrāre, intrō betreten, eintreten 8
invenīre, inveniō, invēnī finden, erfinden 14. 32
invītāre, invītō einladen 10
is, ea, id dieser, diese, dieses; er, sie, es 29
eā hōrā in dieser Stunde 33
ita *Adv.* so 32
Italia Italien 36
itaque deshalb 5
iterum *Adv.* wiederum, zum zweiten Mal 5
Iuppiter, Iovis *m* Jupiter *(höchster Gott der Römer)* 24
iuvenis, iuvenis *m* junger Mann; *Adj.* jung 37

L

labor, labōris *m* Arbeit, Anstrengung 33
labōrāre, labōrō arbeiten, sich anstrengen 8
labōrāre *m. Abl.* leiden an, in Not / Sorge sein wegen 33
dolōribus labōrāre an Schmerzen leiden 33
lacrima Träne 7
laetitia Freude 7
laetus, a, um froh; fruchtbar 43
Lāocoōn, Lāocoontis *m* Laokoon *(trojanischer Priester)* 34
latēre, lateō verborgen sein 5
Latīnī, Latīnōrum *m Pl.* die Latiner *(Volksstamm in Italien)* 36
Latīnus Latinus *(König der Latiner)* 36
laudāre, laudō loben 15
leō, leōnis *m* Löwe 26
libenter *Adv.* gerne 12
līber, lībera, līberum frei 16
līber, lībera, līberum (ā) *m. Abl.* frei von 33
līber (ā) timōre frei von Angst 33
līberāre, līberō befreien, freilassen 22
līberī, līberōrum *m Pl.* Kinder 29
lībertās, lībertātis *f* Freiheit 23
licet es ist erlaubt, es ist möglich 21
lingua Sprache, Rede 3
Līvius Titus Livius *(berühmter röm. Geschichtsschreiber, 59 v. Chr. – 17 n. Chr.)* 39
locus Ort, Platz, Stelle 38
Lucrētia Lukretia *(Heldin der römischen Frühgeschichte)* 44
lūdus Spiel; Schule 11
lūx, lūcis *f* Licht, Tageslicht 28
prīmā lūce bei Tagesanbruch 33
luxuria Luxus, Genusssucht 10

M

magis mehr 19
magis ... quam mehr ... als 19
magister, magistrī *m* Lehrer, Meister 16
magnificus, a, um großartig, prächtig 20
magnitūdō, magnitūdinis *f* Größe 26
magnus, a, um groß, bedeutend 15
magnā vōce mit lauter Stimme 28
malus, a, um schlecht, schlimm 27
manēre, maneō, mānsī bleiben, (er)warten 13. 31
manus, manūs *f* Hand; Schar (von Bewaffneten) 43
marītus Ehemann 35
māter, mātris *f* Mutter 23
maximē *Adv.* am meisten, besonders 39
mē *Akk.* mich 14
mēcum mit mir 14
medius, a, um der mittlere, in der Mitte (von) 44
mediā in turbā mitten in der Menge 44
mēnsa (Ess-)Tisch 8
mercātor, mercātōris *m* Kaufmann, Händler 21
Mercurius Merkur (der Götterbote) 24
metus, metūs *m* Angst 43
meus, a, um mein 15
mihi *Dat.* mir 14
mīles, mīlitis *m* Soldat 37
Minerva Minera *(Göttin der Weisheit)* 24
mīrus, a, um erstaunlich, sonderbar 27
miser, misera, miserum arm, erbärmlich, unglücklich 16
mittere, mittō, mīsī (los)lassen, schicken, werfen 17. 31
modestia Anstand, Bescheidenheit 10
monēre mahnen, ermahnen 2
mōns, montis *m (Gen. Pl.* **-ium***)* Berg 26
mōnstrum Ungeheuer 27
monumentum Denkmal 31
mors, mortis *f (Gen. Pl.* **-ium***)* Tod 25
mortuus, a, um gestorben, tot 18
mōs, mōris *m* Sitte, Brauch; *Pl.* Charakter 41
movēre, moveō, mōvī bewegen, beeindrucken 7. 32
mox *Adv.* bald 7
mulier, mulieris *f* Frau 22
multī, ae, a viele 15
multitūdō, multitūdinis *f* große Zahl, Menge 26
multum *Adv.* sehr, viel 39
multum valēre großen Einfluss haben 39
multus, a, um viel 15
mundus Welt 20
mūnīre, mūniō bauen, befestigen, schützen 36
mūrus Mauer 1

N

nam denn, nämlich 3
narrāre, narrō erzählen 15
dē lūdō narrāre vom Spiel / über das Spiel erzählen 15
nātiō, nātiōnis *f* Volk, Volksstamm 26
nātūra Natur, Wesen, Beschaffenheit 39
-ne *Partikel im dir. Fragesatz (unübersetzt)* 14

negōtium Aufgabe, Geschäft; Angelegenheit 25
Neptūnus Neptun *(Gott des Meeres)* 24
neque und nicht, auch nicht 3
neque ... neque weder ... noch 3
nescīre, nesciō nicht wissen, nicht kennen, nicht verstehen 11
niger, nigra, nigrum schwarz, dunkel 16
nihil nichts 11
nisī *Subj.* wenn nicht 26
nōbīs *Dat.* uns 14
nocte nachts 33
noctū *Adv.* nachts 10
nōn nicht 2
nōn iam nicht mehr 4
nōndum *Adv.* noch nicht 28
nōnne? (etwa) nicht? 19
nōs *Nom. / Akk.* wir / uns 14
noster, nostra, nostrum unser 16
novus, a, um neu, ungewöhnlich 15
nox, noctis *f (Gen. Pl.* **-ium***)* Nacht 28
Numitor, Numitōris *m* Numitor *(König von Alba, Großvater von Romulus und Remus)* 38
numquam *Adv.* niemals 4
nunc *Adv.* nun, jetzt 2
nūntiāre, nūntiō melden 24
nūntius Bote, Nachricht 17

O

observāre, observō beobachten 30
occidere, occidō, occidī (zu Boden) fallen, umkommen, untergehen 31
occīdere, occīdō, occīdī niederschlagen, töten 36
occupāre, occupō besetzen, einnehmen 40
oculus Auge 2
officium Dienst, Pflicht(gefühl) 33
omittere, omittō, omīsī aufgeben, beiseite lassen 41
omnis, e jeder, ganz; *Pl.* alle 38
oportet es gehört sich, es ist nötig 35
opportūnus, a, um geeignet, günstig 39
oppidum Stadt (Kleinstadt) 17
ōra Küste 31
ōrnāmentum Schmuck(stück) 13
ōrnāre, ōrnō ausstatten, schmücken 8
ostendere, ostendō, ostendī zeigen, erklären 17. 33

P

Palātium der Palatin *(einer der sieben Hügel Roms)* 39
parāre, parō (vor)bereiten, vorhaben *(m. Inf.)*; erwerben 8
pārēre gehorchen 2
pars, partis *f (Gen. Pl.* **-ium***)* Teil, Seite 25
parvus, a, um klein, gering 15
pater, patris *m* Vater 23
patēre, pateō offen stehen 7
patria Heimat 9
  patriam dēsīderāre sich nach der Heimat sehnen 11
paulātim *Adv.* allmählich 34
paulō post (ein) wenig später 33
pecūnia Geld, Vermögen 22
pellere, pellō, pepulī stoßen, schlagen, (ver)treiben 37
per *Präp. m. Akk.* durch, hindurch 17
  per silvam durch den Wald 17
perīculum Gefahr 27
perniciēs, perniciēī *f* Verderben, Vernichtung 44
pertinēre, pertineō ad *m. Akk.* betreffen, gehören (zu), sich erstrecken (bis) 43
petere, petō, petīvī aufsuchen, (er)streben, bitten, verlangen 21. 34
  fugā salūtem petere in der Flucht die Rettung suchen, die Flucht ergreifen 30
placēre, placeō gefallen 5
plēnus, a, um voll 18
Plūtō, Plūtōnis *m* Pluto *(Gott der Unterwelt)* 33
Pompēiānus, a, um pompejanisch; *Subst.* Pompejaner, Einwohner von Pompeji 21
Pompēī, Pompēiōrum *m Pl.* Pompeji *(Stadt in Mittelitalien)* 29
populus Volk 6
  populīs imperāre über (die) Völker herrschen 16
porta Tor 12
portāre, portō bringen, tragen 18
portus, portūs *m* Hafen 43
posse, possum, potuī können 18. 28
post *Präp. m. Akk.* hinter, nach 13
  post vīllam hinter dem Landhaus 13
  post cēnam nach dem Essen 13
posteā *Adv.* nachher, später 29
postquam *Subj.* nachdem, als 38
potestās, potestātis *f* (Amts-)Gewalt, Macht 23
praebēre, praebeō geben, hinhalten 4
praemium Belohnung, Lohn 42
praestāre, praestō, praestitī *m. Akk.* gewähren, leisten, zeigen 31
pretium Preis, Wert 13
prīmō *Adv.* zuerst 4
prīmum *Adv.* erstens, zuerst, zum ersten Mal 27
prīmus, a, um der erste 33
  prīmā lūce bei Tagesanbruch 33
probāre, probō prüfen, beweisen, für gut befinden 13
profectō *Adv.* sicherlich, tatsächlich 6
prohibēre, prohibeō (ā) *m. Abl.* abhalten (von), hindern (an) 33
  (ā) lacrimīs prohibēre von den Tränen abhalten, am Weinen hindern 33
properāre, properō eilen, sich beeilen 8
propter *Präp. m. Akk.* wegen 25
  propter amōrem wegen der Liebe 25
prōvincia Provinz 9
puella Mädchen, Freundin 1
puer, puerī *m* Junge 16
pūgna Kampf 9

pūgnāre, pūgnō kämpfen **9**
pulcher, pulchra, pulchrum schön **16**
putāre, putō glauben, meinen **34**

Q

quaerere, quaerō, quaesīvī erwerben wollen, suchen, fragen **35**
quam als, wie **19**
Capua nōn tam pulchra est quam Rōma. Capua ist nicht so schön wie Rom. **23**
magis ... quam mehr ... als **19**
Quam pulchrum est templum! Wie schön ist der Tempel! **19**
quamquam *Subj.* obwohl **22**
quandō? wann? **41**
-que *(angehängt)* und **15**
servī servaeque Sklaven und Sklavinnen **15**
quemadmodum auf welche Weise, wie **40**
quī, quae, quod welcher, welche, welches; der, die, das **39**
quia *Subj.* weil **22**
quid? was? **2**
quidem *Adv.* freilich, gewiss, wenigstens, zwar **36**
quīn? warum nicht? **19**
quis? wer? **3**
quod *Subj.* weil; dass **22**

R

rēctē *Adv.* richtig, zu Recht **4**
recūsāre, recūsō zurückweisen, ablehnen **10**
regiō, regiōnis *f* Gebiet, Gegend, Richtung **26**
relinquere, relinquō, relīquī verlassen, zurücklassen **17. 32**
reliquiae, reliquiārum *f Pl.* Überbleibsel, Überrest, Ruine **29**
repellere, repellō, reppulī zurückstoßen, abweisen, vertreiben **37**
rēs, reī *f* Angelegenheit, Ding, Sache **44**
rēs adversae *f Pl.* Unglück **44**
rēs futūrae *f Pl.* Zukunft **44**
rēs pūblica Staat **44**
rēs secundae *f Pl.* Glück **44**
resistere, resistō, restitī stehenbleiben; Widerstand leisten **42**
respondēre, respondeō, respondī antworten **3. 31**
rēx, rēgis *m* König **32**
rīdēre, rīdeō, rīsī lachen, auslachen **2. 31**
rogāre, rogō bitten, fragen **8**
Rōma Rom **7**
Rōmānus, a, um römisch; *Subst.* Römer, Einwohner Roms **9. 15**
Rōmulus / Remus Romulus und Remus *(Zwillingsbrüder und sagenhafte Gründer Roms)* **37**

S

Sabīnus, a, um sabinisch; *Subst.* Sabiner *(in der Nähe Roms lebender Volksstamm)* **41**
sacrum Opfer, Heiligtum **19**
sacrum facere ein Opfer bringen, opfern **19**
saepe *Adv.* oft **4**
salūs, salūtis *f* Gesundheit, Rettung, Gruß, Glück **28**
dē salūte dēspērāre die Hoffnung auf Rettung aufgeben **36**
fugā salūtem petere in der Flucht die Rettung suchen, die Flucht ergreifen **30**
salūtāre, salūtō (be)grüßen **23**
salvē! salvēte! sei gegrüßt! seid gegrüßt! **23**
Sāturnus Saturn *(Gott der Saat und der Zeit)* **12**
scelerātus Verbrecher **5**
scīre, sciō wissen, kennen, verstehen **11**
scrībere, scrībō, scrīpsī schreiben, beschreiben **17. 31**
sē *Akk. / Abl.* sich **22**
sēcum mit sich, bei sich **35**
sed aber, sondern **3**
sedēre, sedeō, sēdī sitzen **3. 32**
semper *Adv.* immer **6**
senātor, senātōris *m* Senator **21**
sentīre, sentiō, sēnsī fühlen, meinen, wahrnehmen **31**
serva Sklavin, Dienerin **1**
servāre, servō bewahren, retten; beobachten **24**
servāre ā *m. Abl.* bewahren vor, retten vor **33**
servitūs, servitūtis *f* Sklaverei **23**
servus Sklave, Diener **1**
sex *indekl.* sechs **39**
sī *Subj.* wenn, falls **22**
sibi *Dat.* sich **35**
sīc *Adv.* so **8**
Sicilia Sizilien *(Insel im Mittelmeer)* **11**
sīgnum Merkmal, Zeichen; Statue **37**
silva Wald **1**
sine *Präp. m. Abl.* ohne **13**
sine amīcō ohne den Freund **13**
sine mē ohne mich **14**
sōl, sōlis *m* Sonne **26**
sōlum *Adv.* nur **24**
sonus Ton, Klang, Geräusch **5**
soror, sorōris *f* Schwester **22**
spectāculum Schauspiel **30**
spectāre, spectō betrachten, anschauen, hinsehen **9**
spērāre, spērō erwarten, hoffen **36**
spēs, speī *f* Erwartung, Hoffnung **44**
Spurius Tarpēius Spurius Tarpeius *(römischer Befehlshaber)* **42**
stāre, stō, stetī stehen **17. 31**
statim *Adv.* sofort **5**
statua Statue **31**
studēre, studeō sich bemühen, studieren **4**
studium Beschäftigung, Engagement, Interesse **31**
stultus, a, um dumm **42**
sub *Präp. m. Abl.* unter *(wo?)* **27**
sub carrō esse unter dem Wagen liegen **27**
sub *Präp. m. Akk.* unter *(wohin?)* **27**
sub carrum trahere unter den Wagen ziehen **27**

subitō *Adv.* plötzlich 5
summus, a, um der höchste, oberste 19
sunt sie sind 2
superāre, superō besiegen, überwinden, übertreffen 9
superbus, a, um stolz, überheblich 43
surgere, surgō, surrēxī aufrichten; sich erheben, aufstehen 26. 36
suus, a, um sein, ihr 35
Syria Syrien 9

T

tabula (Schreib-)Tafel, Gemälde 4
tacēre schweigen, verschweigen 2
tālis, e derartig, ein solcher, so (beschaffen) 43
tam so 23
tam ... quam so ... wie 23
Capua nōn tam pulchra est quam Rōma. Capua ist nicht so schön wie Rom. 23
tamen dennoch, jedoch 33
tamquam *Adv.* wie; *Subj.* wie wenn, als ob 37
tandem *Adv.* endlich 7
tantum *Adv. (nachgestellt)* nur 5
tantus, a, um so groß, so viel 21
Tarpēia Tarpeia *(Tochter des Spurius Tarpeius)* 42
Tarquinius Superbus Tarquinius Superbus *(etruskischer König von Rom)* 43
Tatius Tatius *(König der Sabiner)* 42
tē *Akk.* dich 14
tēctum Dach; Haus 28
tēcum mit dir 14
templum Tempel 12
temptāre, temptō angreifen; prüfen, versuchen 29
tenebrae, tenebrārum *f Pl.* Dunkelheit, Finsternis 29
tenēre, teneō halten, festhalten, besitzen 4
terra Erde, Land 24
terrēre, terreō erschrecken 3
thēsaurus Schatz 10
tibi *Dat.* dir 14
timēre fürchten, Angst haben 2
timor, timōris *m* Angst, Furcht 28
Titus Titus *(röm. Kaiser 79–81 n. Chr.)* 21
torquēre, torqueō, torsī drehen; quälen 5. 31
trahere, trahō, trāxī schleppen, ziehen 17. 31
triclīnium Esszimmer, Triklinium 30
trīstis, e traurig, unfreundlich 38
Trōiānus, a, um trojanisch; *Subst.* Trojaner, Einwohner von Troja 34
tū *Nom.* du *(betont)* 14
tum *Adv.* da, dann, darauf, damals 4
turba (Menschen-)Menge 7
Turnus Turnus *(Anführer der Rutuler, Gegner des Äneas)* 36
turpis, e unanständig, hässlich, schändlich 38
tūtus, a, um sicher 40
tuus, a, um dein 15

U

ubī? wo? 11
umbra Schatten 13
unde? woher? 9
ūnus, a, um einer, ein einziger 38
ūnus ē / ex *m. Abl.* einer von 38
urbs, urbis *f (Gen. Pl.* **-ium***)* Stadt; die Stadt Rom 25
ut wie 15
uxor, uxōris *f* Ehefrau 21

V

valēre, valeō gesund sein, stark sein, Einfluss haben 7
multum valēre großen Einfluss haben 39
valē! valēte! Leb wohl! Lebt wohl! 7
varius, a, um bunt, verschieden, vielfältig 24
vel oder 25
aqua vel vīnum Wasser oder Wein 25
velle, volō, voluī wollen 22. 28
vēndere, vēndō verkaufen 21
venia Gefallen; Nachsicht, Verzeihung 36
venīre, veniō, vēnī kommen 11. 32
ventus Wind 6
verbum Wort, Äußerung 12
vertere, vertō, vertī drehen, wenden 32
Vespasiānus Vespasian *(röm. Kaiser 69–79 n. Chr.)* 23
vester, vestra, vestrum euer 16
Vesuvius Vesuv *(Vulkan in Kampanien)* 17
via Weg, Straße 1
victor, victōris *m* Sieger 25
vīcus Dorf, Gasse 1
vidēre, videō, vīdī sehen 7. 32
vigilāre, vigilō wachen; unermüdlich tätig sein 10
vīlla Haus, Landhaus 1
vincere, vincō, vīcī (be)siegen, übertreffen 32
vīnea Weinberg, Weinstock 17
vīnum Wein 18
violāre, violō verwunden, verletzen, entehren 36
vir, virī *m* Mann 16
virtūs, virtūtis *f* Tapferkeit, Tüchtigkeit, Leistung 25
vīta Leben 16
vītam agere ein Leben führen, leben 41
vīvere, vīvō, vīxī leben 35
vix *Adv.* kaum, (nur) mit Mühe 32
vōbīs *Dat.* euch 14
vōbīscum mit euch 14
vocāre, vocō nennen, benennen, rufen 8
voluntās, voluntātis *f* Wille, Absicht 23
vōs *Nom. / Akk.* ihr / euch 14
vōx, vōcis *f* Stimme, Äußerung, Laut 28
magnā vōce mit lauter Stimme 28
Vulcānus Vulkan(us) *(Gott des Feuers)* 11
vultus, vultūs *m* Gesicht, Gesichtsausdruck; *Pl.* Gesichtszüge 43

Eigennamenverzeichnis

Achillēs, is *m* Achilles (stärkster der griech. Helden im Trojanischen Krieg) **34**

aedīlis, is *m* Ädil (röm. Beamter; ursprünglich gab es zwei plebejische Ädilen, die die Polizeigewalt innerhalb der Stadt innehatten. Im 4. Jh. v. Chr. kamen zwei Ädilen hinzu, denen die Besorgung der Spiele und die Beaufsichtigung der Tempel oblag. Allen vier Beamten gemeinsam war die Aufsicht über die öffentlichen Gebäude, Thermen, Wasserleitungen, Straßen, Märkte und das Bauwesen.) **21. VII**

Aenēās, ēae *m* Äneas (trojanischer Held, Sohn der Venus und des Anchises; Stammvater der Römer; nach der Zerstörung Trojas musste er gemeinsam mit seinem Vater, seinem Sohn Askanius und seinen Gefährten lange Irrfahrten bestehen, bis er zu der von den Göttern geweissagten neuen Heimat Italien gelangte; vgl. „Vergilius") **35. 36. XI. 37**

Aeolus Äolus (griech. Aiolos; der Gott der Winde) **6. 9. 10**

Aetna der Ätna (Vulkan auf Sizilien) **11**

Āfrica Afrika (Die Römer verstanden darunter in erster Linie das ihnen bekannte Nordafrika.) **9. 16. 35**

Agamemnō, onis *m* Agamemnon (König von Mykene, Bruder des Menelaos, einer der Anführer der Griechen im Trojanischen Krieg) **34**

Alba Longa Alba Longa (Stadt in Latium, die von Askanius gegründet wurde, nachdem Lavinium – die alte Hauptstadt der trojanischen Einwanderer – zu klein geworden war. Alba Longa blieb Hauptstadt, bis Romulus Rom gründete. Die Ruinen der Stadt sind südöstlich von Rom gefunden worden.) **XI. 37**

Alcmēna Alkmene (Frau des Amphitryon, des Königs von Theben. Wurde von Jupiter schwanger und gebar ihm den Herkules.) **32**

Alphēus, ēī der Alpheios (Fluss in der griech. Landschaft Elis. Mit Hilfe dieses Flusses reinigte Herkules den Stall des Augias.) **32**

Amor, ōris *m* Amor (griech. Eros; der Liebesgott)

Amūlius Amulius (König von Alba Longa. Er vertrieb seinen älteren Bruder Numitor und tötete dessen Söhne. Numitors Enkel, Romulus und Remus, töteten später Amulius und gaben Numitor die Herrschaft zurück.) **XI. 37. 38. 39**

Anchīsēs, ae *m* Anchises (trojanischer Fürst, Vater des Äneas) **35**

Ancus Mārcius Ancus Marcius (vierter König Roms. Er gründete an der Mündung des Tiber die Stadt Ostia als Hafen für Rom.)

Antiochīa Antiochia (Hafenstadt am Mittelmeer, Hauptstadt der röm. Provinz Syria, h. Antakya in der Türkei)

Aphrodītē, ēs *f* Aphrodite (vgl. „Venus")

Apollō, Apollinis *m* Apoll (griech. Apollon; Gott des Lichts, der Musik und Künste sowie der Heilkunst und Weissagung. Sohn des Jupiter und Zwillingsbruder der Diana. In der griech. Stadt Delphi befand sich sein berühmtestes Heiligtum mit Orakelstätte. Heilig ist ihm der Lorbeerbaum.) **24**

Arēs, is *m* Ares (vgl. „Mars")

Artemis, idis *f* Artemis (vgl. „Diana")

Ascanius Askanius bzw. Julus (Sohn des Äneas, Gründer von Alba Longa) **35. XI. 37**

Asia Kleinasien (seit 129 v.Chr. röm. Provinz) **9**

Athēna Athene (Schutzgöttin Athens; vgl. „Minerva")

Augīās, ae *m* Augias (König der griech. Landschaft Elis. Er besaß einen Stall mit 3.000 Rindern, der 30 Jahre lang nicht ausgemistet worden war. Herkules musste ihn auf Befehl des Eurystheus in einem Tage reinigen.) **32. 33. X**

augur, uris *m* Augur (Der Augur war ein röm. Beamter, der zu ergründen hatte, ob ein vom Staat oder von einer Einzelperson geplantes Unternehmen den Göttern gefiel. Wichtige Staatshandlungen durften nicht ohne Befragung eines Augurs durchgeführt werden. Er verkündete den Götterwillen, den er aus dem Flug und dem Geschrei der Vögel und aus verschiedenen anderen Naturphänomenen las. Das Zeichen der Auguren war ein Krummstab (lituus). Mit diesem Krummstab bezeichnete der Augur an dem Ort und Tag, an dem die geplante Handlung stattfinden sollte, einen viereckigen Bereich (das sog. templum), in dem er seine Zeremonie vornahm.) **39**

(Imperātor Caesar dīvī fīlius) **Augustus** Augustus (63 v. Chr. – 14 n. Chr., erster röm. Kaiser, ursprüngl. Name Gaius Octavius, Großneffe und Adoptivsohn Julius Cäsars; 27 v. Chr. verlieh ihm der Senat den Ehrentitel Augustus („der Erhabene"); dieses Datum gilt als Beginn des röm. Kaisertums bzw. als Ende der röm. Republik.) **26**

Aventīnus (mōns) der Aventin (einer der sieben Hügel Roms; auf dem Aventin weideten der Sage nach Amulius und Numitor ihre Herden, stellten Romulus und Remus die Vogelschau für die Gründung Roms an.) **39. XII**

Bacchus Bacchus (griech. Dionysos; Gott des Weines)

basilica Aemilia Basilika Ämilia (Die Basilika Ämilia ist die einzige noch sichtbare der vier großen Basiliken aus der Zeit der röm. Republik und befindet sich auf dem Forum Romanum. Sie wurde 179 v. Chr. errichtet. Die patrizische Familie der Ämilier ließ bis in die Kaiserzeit hinein die Basilika immer wieder restaurieren und erweitern. Die dem Forum zugewandte Fassade (70 m lang) war in 16 Bögen unterteilt, hinter denen sich Geschäftsräume (tabernae) befanden.) **13. IV**

basilica Iūlia Basilika Julia (Halle, die ab 54 v. Chr. von Julius Cäsar auf dem Forum Romanum errichtet wurde. Sie beherbergte eine Gerichtshalle und Ladengeschäfte und diente auch als Versammlungsort des Senates. Von der Basilika sind nur wenige Überreste erhalten. Interessant sind jedoch die in die Treppenstufen geritzten Spielbretter, die auf das bunte Alltagsleben in und bei der Basilika schließen lassen.) **12. 13. IV**

Brundīsium Brindisi (Stadt im Süden Italiens, am „Stiefelabsatz", röm. Flottenstützpunkt und Endpunkt der Via

Appia; von Brundisium liefen vor allem die Schiffe mit dem Reiseziel Griechenland aus.) 7

(L. Iūnius) **Brūtus** Lucius Junius Brutus (Freund des Collatinus und seiner Frau Lukretia; um 500 v. Chr. Anführer der Verschwörer gegen den letzten röm. König Tarquinius Superbus. Später wurde er – zusammen mit Collatinus – erster röm. Konsul.) 43. 44

Caelius (mōns) der Cälius (einer der sieben Hügel Roms. Hier befand sich in republikanischer Zeit ein stark bevölkertes Stadtviertel mit vielen Mietskasernen. Nach einer Feuersbrunst im 1. Jh. n. Chr. wurde der Cälius zu einer bevorzugten Wohngegend der Oberschicht.)

(C. Iūlius) **Caesar,** aris *m* Gajus Julius Cäsar (100–44 v. Chr., röm. Politiker, Feldherr und Schriftsteller. Eroberer Galliens von 58–51 v. Chr. Als Politiker strebte er die Alleinherrschaft in Rom an. Am 15. März 44 v. Chr. wurde er von einer Gruppe röm. Senatoren ermordet, die in ihm einen Tyrannen sahen.) 13

Caesar, aris *m* Cäsar / Kaiser (Der Begriff „Caesar" war seit Augustus Teil des Namens und damit Titel der römischen Herrscher.) 23. VII

Campānia Kampanien (mittelitalische Landschaft, 100 km südlich von Rom. Kampanien war berühmt für seinen Reichtum an Getreide, Gemüse, Obst, Oliven und Wein, denn der vulkanische Boden brachte eine besondere Fruchtbarkeit des Landes mit sich und gestattete 3–4 Ernten pro Jahr. Bedeutende Städte Kampaniens waren Capua, Neapel, Pompeji und Herkulaneum.) 17. 18. 26

Capitōlium das Kapitol (einer der sieben Hügel Roms; heiligster Ort Roms, denn hier stand der Tempel des Iuppiter Optimus Maximus.) 7. 42. XIII

Capua Capua (Stadt im westlichen Mittelitalien, bedeutende Stadt Kampaniens) 17. 28

Capuānī, ōrum *m Pl.* die Capuaner (Einwohner von Capua) 20

Carthāginiēnsis karthagisch; Karthager (Einwohner von Karthago) 35

Carthāgō, ginis *f* Karthago (Stadt in Nordafrika, in der Nähe des heutigen Tunis; der Sage nach war Dido die Gründerin und Königin der Stadt.) 35. 36

Cerberus Zerberus (der dreiköpfige Hund, der den Eingang zum Hades (Unterwelt) bewachte: Er wedelte mit dem Schwanz vor den Geistern, die den Hades betraten, fraß aber die auf, die versuchten, den Hades zu verlassen. Herkules zerrte ihn – im Auftrag von König Eurystheus – mit Gewalt zur Oberwelt, zeigte ihn dem König – und brachte ihn wieder zurück.) 33. X

Cerēs, Cereris *f* Ceres (griech. Demeter; Göttin des Ackerbaus und der fruchttragenden Erde)

Charōn, ōnis *f* Charon (der Fährmann, der die Verstorbenen in seinem Kahn über den Unterweltsfluss Styx in den Hades (die Unterwelt) brachte. Für diesen Dienst verlangte er ein Fährgeld; die Toten wurden deshalb stets mit einer Münze im Mund beigesetzt.) 33

Circus Maximus Circus Maximus (größte Rennbahn Roms zwischen den Hügeln Palatin und Aventin, angeblich bereits im 6. Jh. v. Chr. von König Tarquinius Priscus erbaut, später von Cäsar erneuert.)

Collātia Collatia (alte sabinische Stadt östlich von Rom, Heimat der Lukretia und des Collatinus) 44

(L. Tarquinius) **Collātīnus** Lucius Tarquinius Collatinus (Ehemann der Lukretia, die von Sextus Tarquinius vergewaltigt wurde, was die Vertreibung der Tarquinier aus Rom auslöste.) 44

Concordia Concordia (röm. Göttin der Eintracht. Sie förderte und erhielt die Eintracht und die Einheit der Bürger Roms. Ihre Attribute waren Füllhorn, Opferschale und ineinandergeschlungene Hände. Der Göttin Concordia war ein prachtvoller Tempel am Fuße des Kapitols geweiht, der anlässlich der Aussöhnung der röm. Stände (Plebejer und Patrizier) im 4. Jh. v. Chr. errichtet worden war.) 12. IV

cōnsul, cōnsulis *m* Konsul (röm. Beamter; mit dem 43. Lebensjahr konnte das Konsulat, das höchste zivile und militärische Amt, ausgeübt werden. Dieses war für eine einjährige Amtszeit auf zwei Konsuln aufgeteilt. Die Konsuln leiteten die Senatssitzungen, brachten Gesetzesanträge ein und überwachten die Durchführung der Beschlüsse und Gesetze.)

Crēta Kreta (griech. Insel) 11

Creūsa Kreusa (Ehefrau des Äneas und Mutter des Askanius; kam während der Eroberung und Zerstörung Trojas ums Leben.) 35

Delphī, ōrum *m Pl.* Delphi (Ort in Griechenland, berühmte griech. Orakelstätte des Gottes Apollon) 43

Dēmēter *f* Demeter (vgl. „Ceres")

Diāna Diana (griech. Artemis; Göttin der Jagd, des Waldes und des Mondes, Schützerin der Frauen und der Jungfräulichkeit. Zwillingsschwester des Apollo) 24

Dīdō, ōnis *f* Dido (Gründerin und Königin von Karthago; verliebte sich in Äneas, den es auf seiner Irrfahrt an die afrikanische Küste verschlagen hatte; beging Selbstmord, nachdem Äneas sie auf Geheiß Jupiters verlassen musste.) 35. 36

Diomēdēs, is *m* Diomedes (König im nordgriech. Thrakien. Er besaß vier menschenfressende Stuten, an die er seine besiegten Feinde verfütterte. Herkules tötete den grausamen Diomedes und warf ihn seinen eigenen Stuten zum Fraß vor.) 33

Dionȳsus *m* Dionysos (vgl. „Bacchus")

duumvir Duumvir (Ein Duumvir war Bestandteil eines – wie der Name schon sagt – Zweimänneramtes. Die beiden Duumvirn waren die Spitzenbeamten von Städten, die nach röm. Recht verfasst waren. Das Duumvirat war also eine „Kopie" des röm. Konsulates. Die Duumvirn übten die Rechtsprechung aus und nahmen Beurkundungen vor. Sie beriefen Volksversammlungen ein und organisierten die Wahlen zu anderen öffentlichen Ämtern.) 21. 22. 23

Elysium das Elysium (der Teil der Unterwelt, in den diejenigen Toten eingehen durften, die tugendhaft gelebt hatten. Die Verstorbenen führten im Elysium ein paradiesisches Dasein ohne Sorgen und Arbeit.) 33

Erōs *m* Eros (vgl. „Amor")

Ēsquiliae, ārum *f Pl.* (collis Ēsquilīnus) der Esquilin (der größte der sieben Hügel Roms)

Etrūscī, ōrum (auch: Tūscī) die Etrusker (Volk im nördl. Mittelitalien. Ab dem 7. Jh. v. Chr. beherrschten die Etrusker, zusammen mit den verbündeten Karthagern, das westl. Mittelmeer. Sie expandierten im Süden bis nach Kampanien, im Norden bis an den Rand der Alpen. Ihre Städte waren in einem losen Bund zusammengeschlossen. Einen Zentralstaat gab es nicht. Die Etrusker beherrschten auch Rom. Im 6. Jh. jedoch wurden die etruskischen Herrscher – die Tarquinier – aus Rom vertrieben; damit begann der allmähliche Niedergang der Etrusker. Zug um Zug eroberten die Römer die etruskischen Städte bzw. schlossen Bündnisverträge mit ihnen. Die Römer haben viele Elemente der etruskischen Kultur und Religion übernommen.) 43

Eurōpa Europa (Bereits im 5. Jh. v. Chr. teilte der griech. Historiker und Geograf Herodot die Welt in die drei Erdteile Europa, Asien und Libyen (Afrika) ein. Diese Einteilung behielt in der gesamten Antike Gültigkeit.) 11

Eurystheus, eī *m* Eurystheus (König von Mykene. Ein Cousin des Herkules, aber auch sein erbittertster Feind: Beide waren Enkel des Perseus, des Gründers von Mykene, und konkurrierten deshalb um den Thron von Mykene. Vor Herkules' Geburt erklärte Jupiter, dass der erstgeborene Enkel des Perseus dessen Königreich erhalten solle. Juno, die Herkules hasste (weil er aus einer unehelichen Verbindung ihres Mannes Jupiter stammte), veranlasste daraufhin, dass Eurystheus früher geboren und damit König von Mykene wurde. Später musste Herkules im Auftrag des Eurystheus die berühmten „zwölf Arbeiten" erledigen.) 32. 33. X

Faustulus Faustulus (Hirte, der die ausgesetzten Zwillinge Romulus und Remus fand und gemeinsam mit seiner Frau Acca aufzog) 37. 38

forum Boārium Forum Boarium (der Rindermarkt in Rom am Ufer des Tiber.) V

forum Iūlium Forum Julium (Das Forum Julium – auch Cäsarforum genannt – ist das älteste der Kaiserforen in Rom (Baubeginn 54 v. Chr.) und bildet eine Erweiterung des Forum Romanum.) 15. V

forum Rōmānum Forum Romanum (der Marktplatz und später das politische, geschäftliche und religiöse Zentrum von Rom. Das ursprünglich sumpfige Gebiet wurde im 6. Jh. v. Chr. trockengelegt und zum Marktplatz umgestaltet. Die ältesten Bauwerke waren die Tempel für Saturn (498 v. Chr.), Castor (484) und Concordia (367). Ab dem 2. Jh. v. Chr. wurden die Volksversammlungen hier abgehalten. Die Händler und Marktstände mussten zugunsten des politischen Geschehens weichen. Basiliken wurden errichtet, in denen die Gerichte tagten und Geschäfte abgewickelt wurden.) 12. 13. 15. V. 22

Gallia Gallien (Land der Gallier / Kelten, die in der 1. Hälfte des 1. Jh.s v. Chr. von Osten eingewandert waren; es umfasste Oberitalien und das heutige Frankreich und Belgien.) 16

Geryōn, ōnis *m* Geryon (dreileibiger Riese auf der Insel Erythea, unterlag Herkules im Kampf und verlor seine Rinderherde an ihn.)

Graecī, ōrum die Griechen 17. 31. 34. 35

Graecia Griechenland (seit 146 v. Chr. röm. Provinz Achaia) 3

Graecus, a, um griechisch, Grieche 17

Helena Helena (Frau des Spartanerkönigs Menelaos; wurde vom Trojaner Paris geraubt, was den Trojanischen Krieg auslöste, galt als die schönste Frau der Welt.) 34

Hēphaistos *m* (vgl. „Vulcanus")

Hēra, ae *f* Hera (vgl. „Iuno")

Herculānei, ōrum *m Pl.* die Herkulaneer (Einwohner von Herkulaneum) 31

Herculāneum Herkulaneum (Stadt in Kampanien am Golf von Neapel. Der Sage nach soll die Stadt eine Gründung des Herkules gewesen sein. Herkulaneum ist wie Pompeji beim Ausbruch des Vesuv untergegangen. Mit seinen ca. 4.000 Einwohnern war Herkulaneum deutlich kleiner als Pompeji: eine kleine wohlhabende Hafenstadt. Wegen der natürlichen Schönheit, des prächtigen Blicks über den Golf von Neapel und seiner reinen Luft erbauten viele reiche Römer ihre Sommervillen in Herkulaneum.) IX. 31. 32

Herculēs, is *m* Herkules (griech. Herakles; berühmtester der griech. Helden mit übermenschlichen Kräften. Sohn des Jupiter und der Alkmene. Um sich von einer im Wahnsinn begangenen Freveltat reinzuwaschen, musste er auf Geheiß eines Orakels dem König Eurystheus von Mykene dienen. Eifersüchtig auf Herkules' Stärke, bürdete Eurystheus ihm zwölf so ungeheuer schwierige Aufgaben auf, dass nur ein Sohn des Jupiter sie erfüllen konnte: Er musste verschiedene Ungeheuer erlegen (den Nemeischen Löwen, die Lernäische Hydra, die Stymphalischen Vögel), wilde Tiere einfangen (die Kerynitische Hirschkuh, den Erymanthischen Eber, den Kretischen Stier), den Stall des Augias ausmisten und dem Eurystheus bestimmte Dinge rauben und herbeiholen (die Stuten des Diomedes, den Gürtel der Hippolyte, das Vieh des Geryon, die Äpfel der Hesperiden). Die letzte und schwierigste Aufgabe war der Abstieg in die Unterwelt, aus der Herakles den Höllenhund Zerberus heraufholen sollte. Nachdem Herkules alle zwölf Aufgaben erfüllt und überlebt hatte, überließ Eurystheus ihm seinen Thron. Nach seinem Tod wurde Herkules in den Kreis der Götter aufgenommen.) V. 31. 32. 33. X

Hermēs *m* Hermes (vgl. „Mercurius")

Hērodotus Herodot (um 490–um 425 v. Chr., griech. Historiker aus der kleinasiatischen Stadt Halikarnassos) 11

Nemeaeus leō der Nemeische Löwe (Ungeheuer nahe der griech. Stadt Nemea. Die Tötung dieses Löwen war die erste der zwölf Arbeiten des Herkules. Nach seinem Sieg trug er das Fell des Löwen als Trophäe.) 31. 32. X

Neptūnus Neptun (griech. Poseidon; Gott des Meeres. Bruder des Jupiter.) 24. 41

(Mārcus) **Nōnius Balbus** Marcus Nonius Balbus (röm. Senator und prominenter Einwohner der Stadt Herkulaneum. Der Stadt Herkulaneum stiftete er die Basilika, Stadttore und Stadtmauer. Die Stadt ernannte ihn zum Ehrenbürger (patrōnus) und errichtete mindestens zehn Statuen für ihn.) 31. 32

Numa Pompilius Numa Pompilius (zweiter König Roms, galt als besonders weise und fromm. Die Römer schrieben ihm viele ihrer religiösen Einrichtungen zu: Feste, Opfer und Riten, die Pontifices und Vestalinnen.)

Numitor, ōris *m* (König von Alba Longa, Sohn des Prokas, Vater der Rea Silvia. Numitor wurde von seinem jüngeren Bruder Amulius abgesetzt. Seine Enkel Romulus und Remus rächten dieses Verbrechen und gaben ihm die Herrschaft zurück.) XI. 37. 38. 39

Odyssēa die „Odyssee" (Epos des griech. Dichters Homer über die Irrfahrten des Odysseus) 35. 36

Odysseus vgl. „Ulixes" 34. 35

Ōstia Ostia (Hafenstadt Roms an der Tibermündung. In Ostia landeten die für Rom bestimmten Lebensmittellieferungen, vor allem die Getreideschiffe aus Ägypten, Afrika, Sardinien und Sizilien.)

Palātium (mōns Palātīnus) der Palatin (einer der sieben Hügel Roms; ältester besiedelter Teil der Stadt. Viele prominente Römer hatten hier ihre Häuser. Kaiser Augustus errichtete hier seinen Wohnsitz, den man palātia nannte; davon leitet sich das deutsche Wort „Palast" her.) 38. XII

Pallās, antis *m* Pallas (Sohn des italischen Königs Euander. Er wurde von Turnus im Zweikampf getötet und von Äneas – dem Bundesgenossen des Euander – gerächt.) 36

Paris, idis *m* Paris (Sohn des trojanischen Königs Priamos; raubte die schöne Helena aus Sparta und löste damit den Trojanischen Krieg aus.) 34

patriciī, ōrum Patrizier (röm. Adelsfamilien; besaßen nach der Vertreibung der Könige Anfang des 5. Jh.s v. Chr. die politische Macht)

Patroclus Patroklos (Freund und Kampfgefährte des Achilles im Trojanischen Krieg, von Hektor getötet) 34

Penātēs, ium *m Pl.* die Penaten (röm. Haus- und Schutzgötter)

plēbēī, ōrum Plebejer (größter Teil der röm. Bevölkerung; zunächst ohne politischen Einfluss, im Laufe der Ständekämpfe im 5./4. Jh. v. Chr. setzten sie immer mehr Rechte durch.)

(C.) **Plīnius** (Caecilius Secundus) **Māior** Plinius der Ältere (röm. Schriftsteller, Gelehrter und Feldherr, um 23–79 n. Chr. Sein naturwissenschaftliches Werk „Naturalis historia" (Naturgeschichte) ist eine Zusammenfassung des naturkundlichen Wissens seiner Zeit in 37 Büchern. Plinius d. Ä. starb 79 n. Chr. beim Ausbruch des Vesuv. Sein Neffe, Plinius der Jüngere, überlieferte die Todesumstände seines Onkels in einem Brief an den Geschichtsschreiber Tacitus.) 30. IX

(C.) **Plīnius** (Caecilius Secundus) **Minor** Plinius der Jüngere (röm. Schriftsteller, 61 – ca. 113 n. Chr., er veröffentlichte eine große Sammlung literarischer Briefe, die ein meisterhaftes Bild der Kaiserzeit in allen Lebensbereichen vermitteln; die berühmtesten Briefe beschäftigen sich mit dem Vesuvausbruch des Jahres 79 n. Chr.) 30. IX

Plūtō, ōnis Pluto (griech. Hades; Gott der Unterwelt.) 33

Pompēiānī, ōrum *m Pl.* die Bewohner von Pompeji, die Pompejaner 21. 22. 23. 24. 25. 26. 29. 30. 31

Pompēī, ōrum *m Pl.* Pompeji (Stadt in Kampanien am Golf von Neapel; wurde 79 n. Chr. beim Ausbruch des nahegelegenen Vulkans Vesuv verschüttet. Erst in der Neuzeit wurde die Stadt – die durch die Lavamassen nahezu perfekt konserviert wurde – wiederentdeckt und ausgegraben. Im 1. Jh. n. Chr. war Pompeji eine blühende Hafen- und Marktstadt. Die Überreste der Stadt vermitteln einen Eindruck vom florierenden städtischen Leben: Tempel, Markthallen und Werkstätten, Theater, Thermen und Sportstätten, prachtvolle Villen und Vergnügungsviertel. Die riesige Zahl an Gegenständen, die bei den Ausgrabungen zutage gekommen sind (Schmuck, Haushaltsgeräte, Werkzeug, Statuen, Inschriften, Wandmalereien usw.), ist für die Kenntnis des Alltagslebens der Römer von unschätzbarer Bedeutung. Zur Zeit des Untergangs hatte Pompeji schätzungsweise 20.000 Einwohner. Ca. 2.000 Menschen sollen beim Vesuvausbruch umgekommen sein.) 7. 17. 19. 20. VI. 21. 22. VII. 24. 25. 26. 27. 28. 29. 30. IX. 31

Pompōniānus Pomponianus (ein Freund von Plinius d.Ä. Während des Vesuvausbruchs versuchte Plinius, ihn und dessen Familie auf dem Seeweg aus Stabiä zu evakuieren.) 30

Poseidōn *m* (vgl. „Neptunus")

Priamus Priamos (König von Troja zur Zeit des Trojanischen Krieges, Vater des Paris) 34

Procās, ae *m* Prokas (König von Alba Longa, Vater des Amulius und des Numitor) XI. 37

Quirīnālis (collis) der Quirinal (einer der sieben Hügel Roms. Der Sage nach befand sich auf dem Quirinal das Grab des Romulus. König Titus Tatius und die Sabiner sollen nach dem Frieden zwischen Römern und Sabinern auf dem Quirinal gesiedelt haben.)

Rēa Silvia Rea Silvia (die Tochter des Königs Numitor von Alba Longa. Ihr Onkel Amulius, der seinen Bruder Numitor vom Thron gestürzt hatte, machte Rea zur Vestapriesterin, um zu verhindern, dass sie Kinder bekäme, denn die Vestalinnen mussten unverheiratet und kinderlos bleiben.

Der Kriegsgott Mars durchkreuzte aber diese Pläne und zeugte mit Rea die Zwillinge Romulus und Remus.) XI. 37. 39

Remus Remus (sagenhafter Gründer Roms; Zwillingsbruder von Romulus, von dem er erschlagen wurde) V. XI. 37. 38. 39. XII. 40

Rōma Rom 7 ff.

Rōmānī, ōrum die Römer 9 ff.

Rōmānus, a, um römisch; Römer(in) 15 ff.

Rōmulus Romulus (sagenhafter Gründer und erster König Roms im 8. Jh. v. Chr. Zwillingsbruder von Remus. Die beiden wurden als Kinder von ihrem Großonkel Amulius in einem Weidenkorb auf dem Tiber ausgesetzt, denn dieser ahnte, dass die Enkel seines Bruders Numitor ihm den Thron von Alba Longa streitig machen würden. Eine Wölfin säugte sie jedoch, bis der Hirte Faustulus sie entdeckte und sich ihrer annahm. Als die Zwillinge erwachsen waren, stürzten sie Amulius und setzten ihren Großvater wieder in die Herrschaft ein. Zum Dank gestattete Numitor ihnen, an der Stelle, an der sie einst ausgesetzt worden waren, eine Stadt zu gründen. Romulus und Remus gerieten jedoch in Streit, wer der Bauherr und damit der Namensgeber der Stadt sein würde. Bei diesem Streit erschlug Romulus seinen Bruder. Gegründet wurde Rom der Sage nach am 21. April 753 v. Chr.) V. 35. XI. 37. 38. 39. XII. 40. 41. 42. XIII. 43

Sabīnī, ōrum die Sabiner (Bewohner des Berglandes nördlich von Rom; die Römer raubten – wegen des in Rom herrschenden Frauenmangels – auf Geheiß des Romulus ihre Töchter. Die gefangenen Sabinerinnen ließen sich jedoch eine nach der anderen von den Römern zur Heirat bewegen. Als die Sabiner später Rom angriffen, drängten sich die Frauen auf das Schlachtfeld und beschwichtigten die gegnerischen Parteien. Romulus und Titus Tatius, der König der Sabiner, verbrüderten sich daraufhin und verschmolzen ihren Staat unter einer Doppelherrschaft.) 41. 42. XIII

Sāturnus Saturn (röm. Gott der Fruchtbarkeit, besonders des Ackerbaus. In seinem Tempel auf dem Forum Romanum war das aerārium, in dem die Staatskasse, das Staatsarchiv und die Feldzeichen der röm. Legionen aufbewahrt wurden.) 12. IV

senātor, ōris *m* der Senator (Mitglied des römischen Senates) 19. 21. 31. 32

senātus, ūs *m* der Senat (die wichtigste politische Institution der röm. Republik. Er bestimmte die Richtlinien der Politik, erließ Gesetze, kontrollierte die Beamten und verwaltete die Staatsfinanzen. Die Senatsversammlung wurde von rund 300 Senatoren gebildet. In der Spätzeit der Republik wurde die Mitgliederzahl auf bis zu 900 erweitert. Die Senatoren setzten sich ursprünglich zusammen aus den „senēs“, also älteren und erfahrenen Männern, sowie den „patrēs“, den Oberhäuptern des röm. Adels. Zeichen der Senatorenwürde waren ein breiter Purpurstreifen auf der Toga und ein goldener Siegelring. Die Senatssitzungen waren öffentlich und fanden zweimal im Monat in der Kurie statt. Senatsbeschlüsse wurden niedergeschrieben und im Saturntempel aufbewahrt. In der röm. Kaiserzeit existierte der Senat weiter, die meisten senatorischen Rechte jedoch gingen in die Hand des Kaisers über. Der Rang des Senators wurde nun zum Ehrentitel, der verdienten Personen aus dem ganzen Reich verliehen wurde.)

(L. Annaeus) **Seneca,** ae *m* Seneca (röm. Schriftsteller, Politiker und Philosoph, 4 v. Chr.–65 n. Chr.) VIII

Servius Tullius Servius Tullius (sechster König Roms; errichtete im 6. Jh. v. Chr. den ersten röm. Mauerring; wurde von seinem Nachfolger Tarquinius Supérbus ermordet.)

Sicilia die Insel Sizilien (an der „Stiefelspitze" Italiens, wurde 241 v. Chr. erste röm. Provinz.) 9. 11

Stabiae, ārum Stabiä (röm. Siedlung direkt am Fuße des Vesuvs; beim Ausbruch des Vulkans im Jahre 79 n. Chr. wurde sie daher am stärksten zerstört.) 30. IX

Stymphāliae avēs die Stymphalischen Vögel (gefräßige Raubvögel mit eisernen Federn, die beim griech. Stymphalos-See ihr Unwesen trieben und Menschen anfielen. Diese Vögel zu erlegen war eine der zwölf Arbeiten des Herkules.) 32

Styx, Stygis *f* der Styx (einer der Unterweltsflüsse, bei dem die Götter den heiligsten Eid schwuren) 33

Syria Syrien (seit 64 v. Chr. röm. Provinz mit der Hauptstadt Antiocheia (h. Antakya)) 3. 9. III. 11

Tarpēia Tarpeia (Tochter des röm. Feldherrn Spurius Tarpeius. Sie ließ sich von dem feindlichen Sabinerkönig Titus Tatius bestechen und öffnete dessen Soldaten die röm. Burg. Der Verrat und ihre Gier nach Gold wurden ihr zum Verhängnis.) 42. XIII

(Spurius) **Tarpēius** Spurius Tarpeius (Kommandant der röm. Burg unter der Herrschaft des Romulus; Vater der Tarpeia) 42

Tarquinius Prīscus Tarquinius Priscus (fünfter König Roms; er soll den Circus Maximus erbaut und mit dem Bau des kapitolinischen Tempels begonnen haben. Tarquinius Priscus soll als Erster öffentliche Spiele veranstaltet haben. Auch die Einführung des Triumphes in Rom wird ihm zugeschrieben.)

Tarquinius Superbus Tarquinius Supérbus (siebter und letzter König Roms, wurde wegen seiner Grausamkeit 510/509 v. Chr. gestürzt. Dieses Datum gilt als Gründungsjahr der röm. Republik.) 43. 44

(Sextus) **Tarquinius** Sextus Tarquinius (Sohn des Tarquinius Superbus; vergewaltigte Lukretia, eine Frau aus angesehener Familie, und löste damit die Vertreibung der Tarquinier als Herrscher von Rom aus.) 44

Tartarus der Tartarus (der Teil der Unterwelt, in dem Verbrecher und Übeltäter nach dem Tod ihre Strafen verbüßen mussten) 24. 33

(Titus) **Tatius** Titus Tatius (König der Sabiner, führte sein

Volk gegen Rom, um den Raub der sabinischen Frauen zu rächen.) **42**

Tiberis, is *m* (Akk. Tiberim) der Tiber (Fluss durch Rom, Hauptfluss in Mittelitalien, natürliche Grenze zwischen Etrurien und Latium) **XI. 37. 39**

Titus (Flāvius Sabīnus Vespasiānus) Titus (röm. Kaiser von 79–81 n. Chr., Sohn des Kaisers Vespasian; eroberte 70 n. Chr. Jerusalem und wurde dafür mit dem noch heute erhaltenen „Titusbogen" in Rom geehrt. Den Betroffenen des Vesuv-Ausbruches gewährte er großzügig Hilfe. Unter die Bautätigkeit des Titus fällt die Weiterführung und Einweihung des von Vespasian begonnenen Kolosseums.) **21. 23**

Trōia Troja (Stadt im Nordwesten Kleinasiens (heutige Türkei); wurde im Trojanischen Krieg von den Griechen erobert.) **34. 35**

Trōiānī, ōrum die Trojaner, Einwohner von Troja **34. 36. 37**

Trōiānus, a, um trojanisch, Trojaner

Tullus Hostīlius Tullus Hostilius (dritter König Roms, verachtete die friedliche und fromme Art seines Vorgängers Numa Pompilius. Er eroberte und zerstörte Alba Longa und bekämpfte erfolgreich die mächtigen Sabiner.)

Turnus Turnus (Fürst und Anführer der Rutuler, eines Volksstammes in Latium. Turnus wollte Lavinia, die Tochter des Königs Latinus, zur Frau nehmen. Aber Latinus wollte – veranlasst von einem Orakelspruch – seine Tochter mit Äneas verheiraten. Als es zum Krieg zwischen Latium und den Trojanern kam, tötet Turnus im ungleichen Zweikampf den jugendlichen Pallas, einen Freund und Verbündeten des Äneas. Turnus fällt schließlich im Zweikampf mit Äneas.) **36. XI. 37**

Tūscī, ōrum vgl. „Etrūscī"

Ulixēs, is *m* Ulixes (lat. Name des Odysseus; König der griech. Insel Ithaka, konnte im Trojanischen Krieg die Trojaner mit dem hölzernen Pferd überlisten, zog sich damit den Zorn des Neptun zu und musste auf seinem zehn Jahre dauernden Heimweg viele Gefahren überstehen.) **34. 35**

Venus, Veneris *f* Venus (griech. Aphrodite; Göttin der Liebe und der Schönheit) **24**

(P.) **Vergilius** (Marō) Vergil (röm. Dichter zur Zeit des Augustus, 70–19 v. Chr.; Verfasser des röm. Nationalepos „Aeneis") **36**

(T. Flāvius) **Vespasiānus** Vespasian (röm. Kaiser von 69–79 n. Chr., Vater der Kaiser Titus und Domitian; bekannt für seinen bescheidenen Lebenswandel und seine sparsame, effiziente Verwaltung. Er ließ u.a. das Kolosseum errichten (unter Titus fertiggestellt).) **23**

Vesta Vesta (die Göttin des heiligen Herd- und Opferfeuers, Hüterin von Heim und Herd. Der Rundtempel der Vesta stand auf dem Forum Romanum.) **IV. V**

Vestālis, is *f* (virgō Vestālis bzw. sacerdōs Vestālis) Vestalin (Priesterin der Göttin Vesta. Das Kollegium der Vestalinnen bestand aus sechs Priesterinnen, die im Alter von 6–10 Jahren für eine 30-jährige Dienstzeit berufen wurden. Nach ihrem Dienst durften sie ein normales bürgerliches Leben führen, bei dem sie auch heiraten durften. Ihre Hauptaufgabe war das Hüten des heiligen Herdfeuers im Tempel der Vesta, das niemals erlöschen durfte; denn dies galt als das schlimmste Vorzeichen für den Staat. Die Vestalinnen waren zu absoluter Keuschheit verpflichtet. Verstieß eine Vestalin gegen diese Vorschrift, wurde sie lebendig begraben.) **XI. 37**

Vesuvius der Vesuv (Vulkan in Kampanien, der bei einem Ausbruch am 24. August 79 n. Chr. die Städte Pompeji, Herkulaneum und Stabiä verschüttete) **17. 18. 19. 26. 27. 28. 29. 30. IX. 31**

via Appia Via Appia (Straße, die von Rom aus in südlicher Richtung durch ganz Italien bis nach Brundisium führte, Baubeginn 312 v. Chr.) **7**

Vīminālis (collis) der Viminal (einer der sieben Hügel Roms)

Vulcānus Vulkan (griech. Hephaistos; Gott der Feuerflamme und der Schmiedekunst. Seine Schmiede lag unter dem sizilischen Vulkan Ätna. Schmiedete die Blitze des Jupiter.) **11**

Zeus *m* (vgl. „Iuppiter")

Zeittafel

vor Christus

um 900	Erste Hirtensiedlungen auf dem Palatin
8. Jh.	Entstehung der homerischen Epen „Ilias" und „Odyssee"
753	sagenhaftes **Gründungsdatum der Stadt Rom**
um 750	**Beginn der Griechischen Kolonisation:** Einwanderung der Griechen nach Unteritalien und Sizilien
um 550	**Herrschaft etruskischer Könige in Rom;** Errichtung des **Circus Maximus** und der ersten römischen Stadtmauer
510/509	Vertreibung des Tarquinius Superbus: Ende der etruskischen Königsherrschaft und **Beginn der römischen Republik**
507	Einweihung des Tempels des Iuppiter Capitolinus
450	**Zwölftafelgesetz:** Erste schriftliche Fixierung des römischen Rechts
367	Zulassung der Plebejer zum Konsulat
seit 312	Bau der Via Appia
269	Erste römische Münzprägungen
um 264	Nach zahlreichen Kriegen gegen die umliegenden Völker ist die **römische Herrschaft in Mittel- und Süditalien** gefestigt.
264–241	**1. Punischer Krieg gegen Karthago**
242	Einrichtung der ersten römischen Provinz (Sicilia)
227	Einrichtung der Provinzen Sardinia et Corsica
218–201	**2. Punischer Krieg**
219/218	**Hannibal** zieht durch Spanien bis nach Italien: **Alpenübergang**
197	Spanien wird römische Provinz (Hispania).
149–146	**3. Punischer Krieg**
148	Einrichtung der Provinz Macedonia
146	**Zerstörung Karthagos:** Africa wird römische Provinz. Griechenland wird zur römischen Provinz Achaia. **Herrschaft der Römer über den Mittelmeerraum**
129	Einrichtung der Provinz Asia
91–88	Bundesgenossenkrieg: Forderung der italischen Bundesgenossen nach dem römischen Bürgerrecht
59	**Konsulat Cäsars**
58–51	**Eroberung Galliens** durch Cäsar
51	Einrichtung der Provinz Gallia
49–46	**Bürgerkrieg:** Cäsar gegen Pompejus
46–44	Diktatur Cäsars
45	Einführung des julianischen Kalenders
15.3.44	**Ermordung Cäsars**
42	**Schlacht bei Philippi:** Niederlage der Cäsarmörder
31	**Seeschlacht bei Aktium:** Sieg Oktavians über Markus Antonius und Kleopatra
30	Selbstmord des Antonius und der Kleopatra; Ägypten wird römische Provinz.
27	Der Senat verleiht Oktavian den Ehrentitel **Augustus: Beginn des Prinzipats**
um 25	Livius beginnt mit der Herausgabe seines Geschichtswerks „Ab urbe condita"
19	Veröffentlichung der „Aeneis" Vergils

Zeittafel

nach Christus

9 n. Chr.	**„Schlacht im Teutoburger Wald“:** Sieg des Cheruskerfürsten Arminius über die Legionen des römischen Feldherrn Varus (Kalkriese bei Osnabrück)
14	Tod des Augustus
14–68	**Julisch-Claudisches Herrscherhaus**
um 30	Kreuzigung Jesu
14–37	**Kaiser Tiberius**
37–41	**Kaiser Caligula**
41–54	**Kaiser Claudius**
43	Britannien wird römische Provinz.
54–68	**Kaiser Nero**
um 55	Missionsreisen des Apostels Paulus (u.a. nach Ephesos)
64	**Brand Roms:** erste Christenverfolgungen
66–70	Aufstand der Juden gegen die römische Besatzung
68–69	Vierkaiserjahr (Galba, Otho, Vitellius, Vespasian)
69–96	**Flavisches Herrscherhaus**
69–79	**Kaiser Vespasian**
70	**Eroberung Jerusalems** durch Titus
79–81	**Kaiser Titus**
79	**Vesuv-Ausbruch:** Zerstörung von Pompeji und Herkulaneum
80	Bau des **Kolosseums** beendet
81–96	**Kaiser Domitian**
84	Baubeginn des **Limes** in Germanien
90	Einrichtung der Provinzen Germania superior und inferior
96–192	**Adoptivkaiser**
96–98	**Kaiser Nerva**
98–117	**Kaiser Trajan**
106–115	**Größte Ausdehnung des römischen Reiches** (Schaffung der Provinzen Arabia, Dacia, Armenia, Mesopotamia und Assyria)
117–138	**Kaiser Hadrian**
122	Errichtung des Hadrianswalls in Nordengland
138–161	**Kaiser Antoninus Pius**
161–180	**Kaiser Mark Aurel**
180–192	**Kaiser Commodus**
193–235	**Severisches Kaiserhaus**
235–305	**Soldatenkaiser**
um 250	Christenverfolgung unter den Kaisern Decius und Valerian
284–305	**Kaiser Diokletian**
303–311	Christenverfolgung unter Diokletian
306–337	**Kaiser Konstantin der Große**
313	Toleranzedikt von Mailand: Religionsfreiheit für die Christen
330	**Konstantinopel wird Hauptstadt des römischen Reiches.**
um 375	Die Hunnen erobern im Norden große Teile des römischen Reiches. Beginn der **Völkerwanderung**
379–395	**Kaiser Theodosius der Große**
390	Hieronymus beginnt mit der Übertragung der Bibel ins Lateinische (**„Vulgata“**).
391	Das **Christentum wird Staatsreligion** (Verbot heidnischer Kulte).
395	**Reichsteilung** nach dem Tod des Theodosius (Entstehung eines west- und eines oströmischen Reiches)
410	Rom wird von den Westgoten (Alarich) eingenommen.
455	Plünderung Roms durch die Vandalen
476	Absetzung des letzten weströmischen Kaisers durch den Germanen Odoaker: **Ende des weströmischen Reiches**
527–565	**Kaiser Justinian** (Sein Versuch, die Reichseinheit wiederherzustellen, scheitert.)
seit 7. Jh.	Ausbreitung des Islam: Die Provinzen der östlichen Reichshälfte fallen an die Araber.
800	Kaiserkrönung Karls des Großen
1453	**Ende des oströmischen Reiches** (Einnahme Konstantinopels durch die Osmanen)

DAS STADTZENTRUM VON ROM

in der Mitte des 4. Jahrhunderts n. Chr.

1 Tiber
2 Marcellus-Theater
3 Tempel des Apollo und der Bellona
4 Forum Holitorium
5 Tempel des Portunus
6 Rundtempel des Hercules Victor
7 Forum Boarium
8 Pons Aemilius
9 Tempel des Iuppiter Optimus Maximus (Iuppiter Capitolinus)
10 Capitolium
11 Arx
12 Tempel der Iuno Moneta
13 Staatsarchiv (Tabularium)
14 Vespasian-Tempel
15 Tempel der Concordia
16 Trajan-Tempel
17 Tempel der Venus Genetrix
18 Basilica Ulpia
19 Forum Traiani
20 Forum Iulium (Cäsar-Forum)
21 Curia
22 Forum Romanum
23 Saturn-Tempel (Aerarium)
24 Basilica Iulia
25 Septimius-Severus-Bogen
26 Basilica Aemilia
27 Tempel des Castor und Pollux (Tempel der Dioskuren)
28 Cäsar-Tempel (T. des Divus Iulius)

29 Tempel der Vesta
30 Haus der Vestalinnen (Atrium Vestae)
31 Forum Nervae (F. Transitorium)
32 Forum Augusti
33 Tempel des Mars Ultor
34 Tempel des Antoninus Pius und der Faustina
35 Forum Vespasiani (Forum Pacis)
36 Tempel des Romulus (bzw. Tempel des Iuppiter Stator)
37 Maxentius-Basilica (Konstantins-Basilika)
38 Tempel der Pax
39 Titus-Bogen
40 Tempel der Venus und der Roma
41 Kolossalstatue Neros
42 Colosseum (Amphitheatrum Flavium)
43 Titus-Thermen
44 Trajans-Thermen
45 Claudius-Tempel
46 Konstantins-Bogen
47 Aquädukt (Aqua Claudia)
48 Hippodrom des Domitian
49 Kaiserpaläste (Domus Augustana, D. Tiberiana, D. Flavia)
50 Palatin
51 Tempel des Apollon
52 Tempel der Kybele (Magna Mater)
53 Circus Maximus
54 Ianus-Bogen

Abkürzungen

Abl.	Ablativ
AcI	Akkusativ mit Infinitiv
Adj.	Adjektiv
Adv.	Adverb
Akk.	Akkusativ
Dat.	Dativ
Dekl.	Deklination
dir.	direkt
dopp.	doppelt(er)
dt.	deutsch
e.	englisch
f	feminin
f.	französisch
Fut.	Futur
Fw.	Fremdwort
Gen.	Genitiv
griech.	griechisch
i.	italienisch
Imp.	Imperativ
Impf.	Imperfekt
indekl.	indeklinabel
Ind.	Indikativ
Inf.	Infinitiv
jd.	jemand
jdm.	jemandem
jdn.	jemanden
intrans.	intransitiv
Jh.	Jahrhundert
Konjug.	Konjugation
kons.	konsonantisch
lat.	lateinisch
m	maskulin
m.	mit
n	neutrum
Nom.	Nominativ
örtl.	örtlich
Perf.	Perfekt
Pers.	Person
Pl.	Plural
Plusqpf.	Plusquamperfekt
Präd. nom.	Prädikatsnomen
Präp.	Präposition
Präs.	Präsens
Pron.	Pronomen
röm.	römisch
s.	spanisch
Sg.	Singular
Subj.	Subjunktion
Subst.	Substantiv
trans.	transitiv
vgl.	vergleiche
Vok.	Vokativ
wörtl.	wörtlich
zeitl.	zeitlich

Bildnachweis

akg-images **13 (6). 28. 98. 100. 115. 121 (5). 136. 139** | akg-images / Bildarchiv Monheim **89b.** | akg-images / Electa **67. 80 (1). 135** | akg-images / Erich Lessing **12 (3). 19. 22 (2). 23. 30. 44. 57. 63. 83. 108. 109. 120 (1). 134. 141. 215** | akg-images / Gérard Degeorge **36** | akg-images / Gilles Mermet **12 (2). 12 (4). 65** | akg-images / Hervé Champollion **32** | akg-images / John Hios **107** | akg-images / Joseph Martin **111** | akg-images / Peter Connolly **37. 40. 41. 42 (2). 47. 73. 95. 160. 200** | akg-images / Nimatallah **22 (1). 43 (5). 91. 110** | akg-images / Orsi Battaglini **102 (4)** | akg-images / Pirozzi **42 (1). 103 (7)** | akg-images / Rabatti - Domingie **102 (2)** | akg-images / Werner Forman **81 (6)** | Bibliothèque Sainte-Geneviève, Paris **127** | Bildarchiv Preußischer Kulturbesitz / Gerhard Murza **105** | Cinetext **90. 113** | getty images / Shaun Egan **42 (3)** | Interfoto **102 (1)** | Interfoto / D. H. Teuffen **103 (5)** | Interfoto / Fratelli Alinari **80 (3). 124. 131** | Mauritius images / FreshFood **12 (1)** | Mauritius images / René Mattes **43 (4)** | Mauritius images / Walter Bibikow **60 (2). 61 (5)** | Philipp von Zabern / Marcus Junkelmann **80 (2)** | picture-alliance / akg-images / Erich Lessing **60 (3)** | picture-alliance / Bildagentur Huber **81 (5)** | Römische Villa Borg, Perl-Borg **6. 13 (5)** | Sammlung Götz Grabert **77** | Scala, Florenz **24. 25. 27. 43 (6). 58. 61 (6). 64. 74. 79. 117. 120 (4). 121 (2). 123. 132 f.** | Scala, Florenz / CM Dixon / HIP **93** | Scala, Florenz / Fotografica Foglia **49. 66. 69. 97** | Scala, Florenz / Luciano Romano **81 (4)** | The Bridgeman Art Library **60 (1). 61 (4). 75. 106. 119. 128** | The Bridgeman Art Library / Giraudon **120 (3)** | The Bridgeman Art Library / Lauros / Giraudon **103 (6). 198** | Ullstein **102 (3)** | Verlagsarchiv.

84 in Leserichtung: (1) Mercurius: Jacopo Zucchi (1541-1589): Mercurio. Florenz, Galleria degli Uffizi. Scala, Florenz **(2) Apollo:** Ausschnitt aus einer griech. Vasenmalerei. Um 460 v. Chr. Paris, Musée du Louvre. The Bridgeman Art Library / Peter Willi **(3) Ceres:** Statue im Schlosspark von Versailles. 17. Jh. akg-images / CDA / Guillemot **(4) Minerva:** Griech. Vasenbild. Fiesole, Museo Archeologico. Scala , Florenz **(5) Juno:** Die sog. Hera Barberini. Röm. Kopie einer griech. Plastik aus dem 5. Jh. v. Chr. Rom, Vatikanische Museen. Scala, Florenz **(6) Vulcanus:** Werner Wilhelm Schuch: Die Schmiede des Vulkan. 19. Jh. München, Schloss Schleißheim. Interfoto / A. Koch.

85 in Leserichtung: (1) Bacchus: Griech. Vasenmalerei. Um 490 v. Chr. München, Staatl. Antikensammlung und Glyptothek. akg-images / Erich Lessing **(2) Venus:** Venus in der Muschel, umgeben von Amoretten. Wandmalerei aus dem „Haus der Venus" in Pompeji. 1. Jh. n. Chr. Scala, Florenz / Luciano Romano **(3) Amor:** Amor spannt den Bogen. Röm. Marmorskulptur. 1. Jh. n. Chr. Nach einem griech. Original des Lysipp (?). 4. Jh. v. Chr. Pawlowsk, Großer Palast. akg-images **(4) Jupiter:** Statue des Jupiter im Garten des Nymphenburger Schlosses in München. Ullstein Bild / imagebroker.net / Sarah Peters **(5) Mars:** Ausschnitt aus dem Gemälde „Rückkehr der verwundeten Venus in den Olymp" von Jean-Auguste-Dominique Ingres. Um 1805. Basel, Kunstmuseum. akg-images **(6) Neptunus:** Neptunbrunnen zwischen Marienkirche und Rotem Rathaus in Berlin. 1891 errichtet. Entwurf von R. Begas. akg-images / Dieter E. Hoppe **(7) Diana:** Diana als Jägerin, sog. Diana von Versailles. Röm. Kopie aus dem 2. Jh. v. Chr. nach einem griech. Original des Leochares (?). Paris, Musée du Louvre. | The Bridgeman Art Library / Peter Willi.

Einband Vorderseite: Statue der **Göttin Ceres** im Schlosspark von Versailles. 17 Jh. akg-images / CDA / Guillemot | Blick in die Kuppel des **Pantheon in Rom.** Mauritius images / imagebroker.net | Das **Theater von Palmyra (Syrien).** Mauritius images / John Warburton Lee | **Das Kolosseum in Rom.** Mauritius images / Günther Rossenbach.

Einband Rückseite: Das **Amphitheater von El Djem (Tunesien).** Ullstein | Bühnenzugang des **Theaters von Leptis Magna (Libyen).** Mauritius images / Michael Runkel | Statue und Tempel des Gottes **Apollo** am **Forum von Pompeji.** picture-alliance / Bildagentur Huber.

IMPERIUM ROMANUM
Das Römische Reich
zur Zeit seiner größten Ausdehnung
2. Jh. n. Chr.
km 200 400
Maßstab 1:145 000
CALEDONIA
HIBERNIA
Vallum Hadriani
Eburacum
BRITANNIA
Londinium
OCEANUS ATLANTICUS
Oceanus Britannicus
Mare Germanicum
Rhenus
Visurgis
Albis
Viadua
Germania inferior
Colonia Agrippina
Limes
GERMANIA
Belgica
Sequana
Lugdunensis
Lutetia
GALLIA
Mosella
Augusta Treverorum
Mogontiacum
Germania superior
Castra Regina
Liger
Vesontio
Augusta Vindelicum
Vindobona
Danuvius
Mare Cantabricum
Aquitania
Augusta Rauricorum
Raetia
Noricum
Brigantium
Burdigala
Duranius
Lugdunum
Dravus
HISPANIA
Garumna
Rhodanus
Mediolanum
Aquileia
Pannonia
Tarraconensis
Durius
Iberus
Narbonensis
Tolosa
Padus
Arelate
Aquae Sextiae
Genua
Savus
Salmantica
Numantia
Narbo
Massilia
Ravenna
ILLYRICUM
Dalma
Lusitania
Caesaraugusta
Pisae
Salonae
Tagus
Bilbilis
Olisipo
Emerita Augusta
Toletum
Tarraco
Corsica
Tiberis
Mare Adriaticum
ITALIA
Anas
Saguntum
Ostia
Roma
Valentia
Corduba
Baetis
Baleares
Sardinia
Capua
Neapolis
Pompei
Paestum
Brundi
Tarentum
Gades
Baetica
Nova Carthago
Mare Tyrrhenum
Tingis
Mare Ibericum
Mauretania Tingitana
Volubilis
Hippo Regius
Panormus
Segesta
Mare
Ion
Sicilia
Carthago
Agrigentum
Syracusae
Mauretania Caesariensis
Numidia
Zama
Thapsus
MAR
Syrtis minor
Tripolis
Leptis Magna
Africa proconsularis
Syrtis m
AFRICA